社会教育経営論

―新たな系の創造を目指して―

浅井経子・合田隆史・原義彦・山本恒夫 編著

理　想　社

はしがき

2020（令和２）年より社会教育主事の養成科目等が変わり、新設された科目の一つが社会教育経営論である。新しい養成課程を修了すると“社会教育士”を名乗って広く社会で活動することが可能になる。

ごく一般的に言えば、経営は、一定の経営理念のもとで方針を定め、組織的、継続的、発展的に事業等を行うことであろうが、事業レベルまで降りると、事業目的・目標を設定し、計画を立案して、それを実施し、評価・改善することであろう。しかも経営といった場合には、時代や社会の変化に迅速かつ効果的に対応し、人々のニーズを充足させる観点が求められる。

社会教育の分野では施設の経営ということはよく言われてきたが、社会教育そのものの経営となるとあまり論じられてこなかった。本書では、社会教育行政や社会教育施設を中心に社会教育領域の経営を取り上げる。今日、社会教育行政にあっても、時代や社会の変化の的確な把握、有効性や効率性を重視しつつも同時に住民のニーズに応えながら社会を変革していく戦略等の経営の観点が必要とされている。

時代は大きく変わろうとしている。既にＡＩ、ビッグデータ、ＩｏＴなどを駆使したSociety5.0に足を踏み入れており、それは社会教育・生涯学習の在り方はもとより社会教育行政を含めた行政の在り方をも変えていくに違いない。地域住民の生涯学習の支援やニーズの充足、地域課題の解決、地域社会の担い手の育成といったこれまでの役割を踏襲しつつ、高齢者、障害者、異なる文化、考え方を持つ人々の多様性を受容し、かつ未来に対して責任を果たす新たな経営の在り方が模索されている。Society5.0における様々なツールは異質性に起因する壁を軽々と越えることを可能にし、シミュレーションは持続可能な社会の姿を描き出す。これからは、あらゆる人々、団体、機関等が様々なネットワークを築き、それがフィラメント状につながる時代である。経営といった面でも社会の急激な変貌を見込んだ新たな系を目指していく必要がある。本書は現実に立脚しつつも、そのような新たな系の創造を目指そうとするものである。

社会教育経営論は新たな科目なので、本書では社会教育主事養成科目の内容項目に沿って、次のような構成とした。

①社会教育行政の意義と役割、②社会教育行政の経営戦略、③今日的課題に応える社会教育行政の経営、④住民の意向把握と効果的な広聴・広報、⑤学習成果の評価・活用と学習支援者の育成、⑥社会教育を推進する地域ネットワークの形成、⑦社会教育施設の経営戦略。

本書については社会教育主事を志す人々のみならず、社会教育士の称号を取得して公民館主事、社会教育指導員、学習相談員、地域コーディネーター、社会教育施設ボランティア、民間教育機関やＮＰＯ団体の専門的指導者等として活躍したいと望んでいる方々にも広くご活用いただくことを願っている。

かつてヘーゲルは「ミネルヴァの梟は夕暮れときに飛び立つ」と言った。今日でもその考え方は折に触れて顧みられ、引き合いに出されている。学問の使命は様々であるが、出版を通して研究を育て支えてくださる理想社の代表取締役 宮本純男氏の姿勢にいつも励まされる思いでいる。かれこれ20年もの長きにわたってお世話になっている。心から感謝申し上げたい。

2020（令和２）年３月

編者

目　次

第１章　社会教育行政の意義と役割

社会教育行政は、これまでも常にそれぞれの時代と向き合いつつ、進化を遂げてきた。本章では、まず社会教育行政にかかわる法的位置付けや基本的な考え方を確認し、今日までの社会教育行政の流れを振り返った上で、今後期待される役割及び方向性について概観することとする。

第１節　社会教育行政の意義

１．「社会教育」の意義

教育基本法は、第十二条第１項において、「社会教育」という見出しのもとに、「個人の要望や社会の要請にこたえ、社会において行われる教育は、国及び地方公共団体によって奨励されなければならない」と定めている。平成18（2006）年の改正により、社会教育が「個人の要望」及び「社会の要請」に応えるものであることを明記しつつ、行政の役割がこれを奨励するものであるという同法旧七条の考え方については、これを引き継ぐこととされたものである。

この考え方を前提として、社会教育法は、「社会教育とは、学校教育法に基づき、学校の教育課程として行われる教育活動を除き、主として青少年及び成人に対して行われる組織的な教育活動（体育及びレクリエーションの活動を含む。）をいう」と定めている（第二条）。

この規定は、国や地方公共団体が社会教育活動に行政としてかかわる限度において、その内容や範囲を定義したものである[(1)]。社会教育は、社会教育団体や社会教育施設における活動だけではなく、「国民の生活のあらゆる機会と場所において行われる各種の学習を教育的に高める活動を総称するもの」として、広く捉える必要がある[(2)]。

2.「社会教育行政」の意義

社会教育行政は、社会教育の奨励のために必要な環境を醸成し、社会教育を振興することをその使命とするものである。教育基本法第十二条第2項では、「国及び地方公共団体は、図書館、博物館、公民館その他の社会教育施設の設置、学校の施設の利用、学習の機会及び情報の提供その他の適当な方法によって社会教育の振興に努めなければならない」と定めている。また、社会教育法第三条においては、「国及び地方公共団体は、この法律及び他の法令の定めるところにより、社会教育の奨励に必要な施設の設置及び運営、集会の開催、資料の作製、頒布その他の方法により、すべての国民があらゆる機会、あらゆる場所を利用して、自ら実際生活に即する文化的教養を高め得るような環境を醸成するように努めなければならない」とされている。

ここに示されている社会教育行政の基本的な考え方は、

① すべての国民があらゆる機会、あらゆる場所を利用して学習ができるようにすること
② その学習は、(「社会の要請」に基くものを含めて)「自ら」、すなわち学習者の主体性のもとに行われるものであること
③ 「実際生活に即する文化的教養を高め得るようにする」ものであること
④ 社会教育行政は、これら(「個人の要望」に基づくものを含めて)のための「環境を醸成する」ように努めるものであること

の4点に整理することができる。

3. 社会教育行政の主体と役割

国においては、社会教育行政は文部科学省が所管している。具体的には、社会教育の振興に関する企画及び立案並びに援助及び助言に関すること、家庭教

育の支援に関すること等のほか、青少年の健全育成、国民の体力の保持・増進やスポーツの振興などがあげられている（文部科学省設置法第四条）。また、社会教育法は、「国は、この法律及び他の法令の定めるところにより、地方公共団体に対し、予算の範囲内において、財政的援助並びに物資の提供及びそのあっせんを行う」と定めている（第四条）。

市町村教育委員会の社会教育に関する事務については、社会教育法第五条に定められており、①社会教育に必要な援助を行うこと、②社会教育委員の委嘱に関すること、③公民館の設置及び管理に関すること、④所管に属する図書館、博物館、青年の家その他の社会教育施設の設置及び管理に関すること、⑤講座の開設及び討論会、講習会、講演会、展示会その他の集会の開催並びにこれらの奨励に関すること、⑥家庭教育に関する学習の機会を提供するための講座の開設及び集会の開催並びに家庭教育に関する情報の提供並びにこれらの奨励に関することなど、19項目があげられている。

都道府県教育委員会の事務としては、同法第六条において、「当該地方の必要に応じ」、市町村教育委員会の行う事務（公民館の設置管理を除く）のほか次の事務を行う、として、①公民館等の設置管理に関する指導、②研修施設の設置・運営、③市町村教育委員会との連絡など５項目があげられている。

以上のように、地域住民が行う社会教育の援助については、地域住民に最も身近な基礎自治体である市町村が第一義的な役割を担い、都道府県は、都道府県立施設の設置・運営等のほか、市町村の自主性・自立性に配慮しつつ、広域的自治体としての立場から、市町村事業の支援や広域的な対応が必要な事業等の役割を担うこととされている。

公民館、図書館等の社会教育施設で行われる各種事業は、学校における教育活動と同様に人格形成に直接影響を与えるものであり、対象が成人であったとしても、その内容には政治的中立性の確保が必要であるとの考え方から、原則として教育行政部局が担当することとされている[(3)]。

4．生涯学習と社会教育

生涯学習については、法的な定義は設けられていないが、平成18（2006）年に改正された教育基本法は、第三条において、「生涯学習の理念」として、「国民一人一人が、自己の人格を磨き、豊かな人生を送ることができるよう、その生涯にわたって、あらゆる機会に、あらゆる場所において学習することができ、その成果を適切に生かすことのできる社会の実現が図られなければならない」と明記した。

社会教育法第三条第２項は、国及び地方公共団体は、社会教育行政を行うに当たっては、「国民の学習に対する多様な需要を踏まえ、これに適切に対応するために必要な学習の機会の提供及びその奨励を行うことにより、生涯学習の振興に寄与することとなるよう努めるものとする」と定めている。

生涯教育という考え方は、「生涯にわたる学習の継続を要求するだけでなく、家庭教育、学校教育、社会教育の三者を有機的に統合することを要求する」ものである(4)。1981（昭和56）年の中央教育審議会答申『生涯教育について』（以下『生涯教育答申』と言う。）においては、今日求められている学習は「各人が自発的意思に基づいて」、「生涯を通じて行うもの」であることから、これを「生涯学習」と呼ぶのがふさわしいとし、生涯学習のために、社会の様々な教育機能を総合的に整備しようとするのが「生涯教育の考え方」であるとしている。

生涯学習活動は、広範な領域において行われており、社会教育活動の中で行われるものに限定されるものではない。しかし、社会教育活動は、幼児期から高齢期までの生涯にわたり行われる体育、レクリエーションまでをも含む幅広い活動であり、「社会教育活動の中で行われる学習活動が生涯学習活動の中心的な位置(5)」を占めるものである。このような観点から、社会教育行政は、生涯学習社会の実現に「中核的な役割」を果たすことが期待されている(6)。

５．学校、家庭、地域の連携

2006（平成18）年に改正された教育基本法は、「学校、家庭及び地域住民その他の関係者は、教育におけるそれぞれの役割と責任を自覚するとともに、相互の連携及び協力に努めるものとする」として、学校、家庭及び地域住民等の相互の連携協力について定めた（第十三条）。

これを受けて、2008（平成20）年に改正された社会教育法第三条第３項では、国及び地方公共団体は、社会教育行政を行うに当たっては、

① 学校教育との連携の確保に努め、及び
② 家庭教育の向上に資することとなるよう必要な配慮をするとともに、
③ 学校、家庭及び地域住民その他の関係者相互間の連携及び協力の促進に資することとなるよう努めるものとする

と定めている[7]。

我が国で学校教育と社会教育、家庭教育との連携が強調されるようになったのは、1971（昭和46）年の中央教育審議会及び社会教育審議会の答申からとされている[8]。1981（昭和56）年の『生涯教育答申』においても、学校教育と社会教育との連携・協力（学社連携）の必要性が指摘されている。さらに、1996（平成8）年の生涯学習審議会答申『地域における生涯学習機会の充実方策について』においては、これを一歩進めて、学習プログラムや教材の共同開発など多様な形態を含む「学習の場や活動など両者の要素を部分的に重ね合わせながら、一体となって子供たちの教育に取り組んでいこうという考え方（学社融合）」が提言された。

地域による学校支援という考え方はこの答申でも示されているが、教育基本法の改正を受けて、2008（平成20）年度には、前述の社会教育法改正とともに、学校支援地域本部事業が開始された。2017（平成29）年には、それまでの「学校

支援」を中心とした取組をさらに進め、地域と学校がパートナーとして連携・協働する観点から、「地域学校協働活動」を法律で位置付け、教育委員会における実施体制の整備や「地域学校協働活動推進員」の委嘱についての規定が設けられた（社会教育法第五条第２項、第六条第２項、第九条の７など[(9)]）。

第２節　社会教育行政の形成と発展

１．戦前の社会教育行政

明治初期から、図書館や博物館の整備は、主として学術上の観点から少しずつ進められていた。他方で、「学校教育の施設以外において国民一般に対し通俗平易の方法により教育を行うもの」としての「通俗教育」についても、就学奨励などの必要から、かなり早い時期から行政の対象として認識されていたと考えられる[(10)]。しかし、社会教育という用語が行政の一対象分野として正式に登場するのは、1921（大正10）年ころである。1924（大正13）年には普通学務局に社会教育課が設置され、1929（昭和４）年には社会教育局が設置される。その際、同局には成人教育課とともに青年教育課が設置され、1893（明治26）年に発足した実業補習学校制度や、大正初期からその振興が図られてきた青年団も同局で所管することとされた。他方、地方の社会教育行政においても、1925（大正14）年には社会教育主事制度が設けられ、1932（昭和7）年には社会教育委員制度が設けられた。

また、家庭教育については、1930（昭和５）年に「家庭教育の振興に関する件」という文部省訓令が発出され、母親を対象とした講座の委嘱や婦人団体の組織化も進められた。

しかし、1937（昭和12）年以降は国民精神総動員運動が展開され、当初文部省社会教育局がその事務局を担うことになったが、1939（昭和14）年以降は内閣情報局に移り、社会教育局は1942（昭和17）年に廃止されることとなった。それ以降、文部省においては教化局、教学局担当行政のみが残されることとなった。

2．戦後の社会教育行政

戦後の社会教育行政は、教育刷新審議会や米国教育使節団の積極的な提言を受け、「民主的な日本の建設を目指して」スタートした。1945（昭和20）年に文部省社会教育局が復活し、翌1946（昭和21）年の文部事務次官通牒を契機に各地に公民館の設置が進むなどの動きが広がっていった。1947（昭和22）年に制定された教育基本法第七条（2006（平成18）年改正前）には、「社会教育は国及び地方公共団体によって奨励されなければならない」ことが明記され、1948（昭和23）年の教育委員会法においては、教育委員会が社会教育行政を所管することが規定された。

このような中で、社会教育制度自体の法制化については慎重な意見もあったが、「新しい時代に即応する社会教育の在り方を明示する立法をどうしても実現しなければならない」という見地から、1949（昭和24）年に社会教育法、翌1950（25）年には図書館法、1951（同26）年には博物館法が制定された。社会教育法は、行政が社会教育活動の「具体的内容にまで深入りしすぎた[(12)]」という反省に立ち、「社会教育に関する国及び地方公共団体の任務を明らかにすること」を目的として制定された（同法第一条）。

このように、戦後の新しい日本の建設という目標を掲げ、公民館を中心とする地域づくりから出発した戦後社会教育行政は、その後、工業化、高度経済成長に伴い、生活機能と生産機能の分離と都市への人口移動が進行し、地域や家庭の在り方が変質していく中で、社会教育に対する要請の変化への対応が求められるようになっていく。

3．「生涯学習」の登場

1965（昭和40）年、ユネスコの成人教育推進国際委員会において、「生涯教育」の理念が提唱された。我が国においても、1971（昭和46）年には、社会教育審議会から、生涯教育の観点を踏まえた社会教育の在り方についての答申（『急激な社会構造の変化に対処する社会教育の在り方について』（以下、『社教審46答申』と言う。）が行われた。さらに、1973（昭和48）年には、ＯＥＣＤが「リカレント教育―生涯学習のための戦略」についての報告書を取りまとめ、職場等と学校とを往復するリカレント教育も注目されるようになった。

1981（昭和56）年の『生涯教育答申』では、生涯教育を「国民一人一人が充実した人生を送ることを目指して生涯にわたって行う学習を助けるために、教育制度全体がその上に打ち立てられるべき基本的な理念」であるとし、これに対して人々の生涯にわたる主体的な学習活動を「生涯学習」と呼んだ。(13)

4．臨時教育審議会とその後

1983（昭和58）年、臨時教育審議会が設置され、４次にわたる答申を行い、「生涯学習体系への移行」をその改革の柱として打ち出した。これを受けて、1988（昭和63）年には文部省社会教育局を改組して生涯学習局が設置された。(14)世界的に見ても、1999（平成11）年にはＧ８ケルン・サミットで『ケルン憲章―生涯学習の目的と希望―』が採択されるなど、生涯学習は大きなトレンドとして定着していった。

そして、前述のように2003（平成18）年の教育基本法改正では、教育における基本理念として「生涯学習の理念」が謳われ、2008（平成20）年の社会教育法改正では、社会教育行政の実施に当たっては「生涯学習の振興に寄与することとなるよう努めるものとする」という理念が明記された（第三条)。

改正教育基本法に基づく教育振興基本計画（計画期間：2008-12（平成20-24）年度）においては、計画期間中の「取組全体を通じて重視する考え方」として、「横」の連携、すなわち教育に対する社会全体の連携の強化とともに、「縦」の接続、すなわち一貫した理念に基づく生涯学習社会の実現を掲げた。第２期基本計画（計画期間：2013-17（平成25-29）年度）では、「自立」、「協働」、「創造」の三つの方向性を実現するための生涯学習社会の構築を目指すという理念を掲げている。第３期基本計画（計画期間：2018-22（平成30-令和４）年度）では、この理念を継承し，教育改革の取組を力強く進めていくとしている。

第３節　今後の社会教育行政の役割と方向性

１．知識基盤社会への移行

以上のように、社会教育行政は、1970年代以降、生涯学習社会への移行に向けた中核的な役割を期待されているが、これと並行して、いくつかの新たな流れが生じている。その最も基盤的な変化が、知識が社会のあらゆる活動の基盤として重要性を増す「知識基盤社会[(15)]」への移行である。

生涯学習あるいは社会教育に関する政策文書において、これからの社会の在り方を知識基盤社会と位置付けたのは、2008（平成20）年の中央教育審議会答申『新しい時代を切り拓く生涯学習の振興方策について ～知の循環型社会の構築を目指して～』（以下、『知の循環答申』という。）である。しかし、言うまでもなく知識社会と学習社会は表裏一体の関係にある。生涯学習・社会教育に関しては、それ以前から、学習ニーズの高度化、多様化、あるいは学習成果の評価と活用などの形で、社会の変化に対応する学習機会の提供とともに、学習成果の活用を含めた環境整備の必要性が指摘されてきた。

中央教育審議会は、1991（平成３）年の答申『新しい時代に対応する教育の諸制度の改革について』において、学習成果を評価する多様な仕組の整備を提言、翌1992（平成４）年の生涯学習審議会答申『今後の社会の動向に対応した生涯学習の振興方策について』では、社会人を対象としたリカレント教育の推進についての考え方と推進方策が、また1999（平成11）年の同審議会答申『学習の成果を幅広く生かす』では、生涯学習パスポートや学習成果の認証システムの整備が提言された。

さらに、2001（平成13）年以降生涯学習審議会の機能を引き継いだ中央教育審議会では、2008（平成20）年の『知の循環答申』において、知の循環型社会の構築を目指し、学習成果の社会的通用性の向上を提言、2011（平成23）年には、キャリア教育・職業教育の推進[16]、2016（平成28）年には「生涯学習プラットフォーム」の構築とあわせて、検定試験や人材認証制度の活用と質保証が提言された[17]。

知識基盤社会化のもう一つの影響は、社会教育活動への多様な主体の参入の拡大である。知識基盤社会においては、産業や雇用から地域における日常生活に至るまで、あらゆる活動の基盤として新しい知識を学び続けることが求められる。このことは、学校や公民館などの教育機関以外の様々な主体が、これまで以上に積極的に社会教育活動に参入することを意味する。社会教育は、それぞれの個別の社会的要請を超えた、あらゆる学習ニーズを含むものであるから、社会教育行政には、様々な学習機会のネットワーク化が求められる。

社会教育行政と関連行政との連携の必要性については、すでに『社教審46年答申』でも指摘されているが、さらに、幅広くネットワークを構築していくことを社会教育行政の基本的な在り方として提言したのが平成10年の生涯学習審議会答申『社会の変化に対応した今後の社会教育行政の在り方について』（以下、『ネットワーク答申』と言う。）である。

2．行政の構造改革

第２の流れは、行政改革の進展を背景とするものである。1962（昭和37）年には第一次臨時行政調査会、1981（昭和56）年には第２次臨時行政調査会が設置され、福祉国家を目指した戦後行政の構造改革の流れが進む。この流れは、2000年前後からさらに加速し、国から地方へ、官から民へ、事前規制から事後チェックへ、いわゆるＮＰＭ[18]（New Public Management）の手法の導入などの流れと同時に、行政（公助）のみに依存しない、自助・共助を重視する「新しい公共[19]」の考え方の導入も進められるようになった。

この流れの中で、社会教育行政においても、法律による規制の見直しや国の補助制度の廃止、指定管理者制度の導入、国立の社会教育施設の独立行政法人化などが進められた。

３．人口構造の変化と地方創生

第３の流れは、人口構造の変化と、それを背景とする地域・社会の持続性に対する危機感の高まりである。長寿化が進み、「人生100年時代」が到来すると同時に少子化が進み、人口が減少する中、「生涯現役、全員参加」型社会の実現が求められている。さらに、人口の一極集中が進み、地方の人口減少が加速する中、地域住民主体の地域活性化、地方創生が求められている。このような変化を背景に、地域づくりにおける社会教育の重要性が高まっている。

人口構造の変化に対応する社会教育行政の在り方については、『社教審46答申』でも触れられている。また、臨時教育審議会においては、「生涯学習を進めるまちづくり」が提唱され[20]、全国各地で生涯学習のまちづくりが進められてきた。しかし、このような、生涯学習社会の実現のために「生涯学習を実践しやすい環境をつくる」まちづくり[21]というよりも、「地域住民が地域に根ざした活動を行えるような環境を創り出す」、言い換えれば住民参加による地域社会の持続可能性を支える基盤としての「社会教育行政を通じた地域社会の活性化」を提言したのは、1998（平成10）年の『ネットワーク』答申である。そして、この観点も含め、生涯学習振興行政の中核としてネットワーク型行政を目指すべきことを指摘した。この方向性は、基本的に2008（平成20）年の『知の循環答申』に受け継がれ、同答申は、この方向での「社会教育行政の再構築」を提唱した。

しかし、この動きが本格化するのは平成20年代後半からである。2013（平成25）年の『中央教育審議会生涯学習分科会における議論の整理』では、「個人の自立」に加えて「絆づくり、地域づくり」に向けた「社会教育行政の再構築」

を改めて提起したが、翌2014（平成26）年以降地方創生に向けた国の施策が本格的に動き出す。これに呼応する形で、2018（平成30）年12月の中央教育審議会答申『人口減少時代の新しい地域づくりに向けた社会教育の振興方策について』においては、「地域における社会教育には、一人一人の生涯にわたる学びを支援し、住民相互のつながりの形成を促進することに加え、地域の持続的発展を支える取組に資することがより一層期待されている」とし、公民館等の社会教育施設には、「地域活性化・まちづくりの拠点、地域の防災拠点などとしての役割」、「住民参加による課題解決や地域づくりの担い手の育成」に向けた機能を一層強化することが求められるようになっていると指摘した。[(22)]

４．社会教育行政の今後の方向性

同答申は、地域における社会教育の意義と役割を、「社会教育を基盤とした、人づくり・繋がりづくり・地域づくり」とし、今後の社会教育の方向性として、「開かれ、つながる社会教育の実現」を掲げている。そして、このための具体的な方策を、

①　学びへの参加のきっかけづくり
②　多様な主体との連携・協働の推進
③　多様な人材の幅広い活躍の促進
④　社会教育の基盤整備と多様な資金調達手法の活用等

の４点に分けて整理している。

我が国の社会教育行政は、様々な試行錯誤を繰り返しながら、我が国独自の優れた実践を積み重ねてきた。これからも、時代の変化を見通しつつ、不断に新たな社会教育行政の姿を創造していかなければならない。

グローバル化の進展など我が国の経済社会の構造的な変化に伴い、産業経済

や教育、福祉をはじめあらゆる社会システムが、その依って立つ基盤として、これまで以上に地域社会の活力ある発展を必要としている。しかしながら、その一方で、人口減少と大都市集中、少子化、高齢化など、地域を取り巻く環境は厳しさを増している。社会教育行政がその対象としている諸活動の振興は、今まさに、社会のあらゆる方面から切実に求められていると言えよう。

このような中、ネットワーク型行政として社会教育行政を再構築していく上では、健康寿命が延び、地域における自助・共助の重要性が再認識され、豊かな学習歴を持つ、多くの元気で学習意欲の高い人々が地域の担い手として参入してくることが見込まれることは、明るい材料でもある。

社会教育行政においては、学習者が主役であり、その施策は地域の住民の主体性のもとに進められなければならない。社会教育行政は、まちづくりのための単なる一手段ではなく、「国民一人一人が、自己の人格を磨き、豊かな人生を送ることができる」生涯学習社会の構築に向けて、中核的な役割を担うものである。しかし、力強い地域なしにこの国の活力ある未来はない。そして、その基盤を支えるのが社会教育行政であることも事実である。その意味からも、社会教育行政の果たすべき使命は極めて大きいということを銘記しなければならない。

注

(1)　井内慶次郎・山本恒夫・浅井経子『改定社会教育法解説』(第3版)、2008 (平成20) 年。

(2)　社会教育審議会答申『急激な社会の構造の変化に対応する社会教育のあり方について』、1971 (昭和46) 年。

(3)　中央教育審議会答申『今後の地方教育行政の在り方について』、2013 (平成25) 年。この点については、2019 (令和元) 年の地方分権一括法により、公立社会教育施設について、社会教育の適切な実施の確保に関する一定の担保措置を講じた上で、地方公共団体の判断により首長部局へ移管することを可能とする特例が設けられた。2018（平成30）年中央教育審議会答申『人口減少時代の新しい地域づくりに向けた社会教育の振興方策について』（『地域づくり答申』）を受けた措置である。

(4)　注（2）掲答申。

(5)　生涯学習審議会答申『社会の変化に対応した今後の社会教育行政の在り方について』1998（平成10）年など。

(6)　注（5）掲答申のこの考え方は、2008（平成20）年の『知の循環答申』、注(3)掲の『地域づくり答申』にも引き継がれている。

(7)　2001（平成13）年に追加された旧同条第２項を再改正したものである。

(8)　鈴木眞理・山本珠美・熊谷愼之輔編著『社会教育計画の基礎（新版）』学之社、2012（平成24）年。

(9)　中央教育審議会答申『新しい時代の教育や地方創生の実現に向けた学校と地域の連携・協働の在り方や今後の推進方策について』（2015（平成27）年）を受けたものである。なお、2018（平成30）年10月には、国の行政組織レベルでも、「学校教育・社会教育を通じた教育政策全体を総合的・横断的に推進」するため、生涯学習政策局が総合教育政策局に再編されるとともに、社会教育課が廃止され、社会教育振興総括官が新設された。

(10)　社会教育行政研究会『社会教育行政読本―「協働」時代の道しるべ―』第一法規、2013（平成25）年。

(11)　西崎惠『新社会教育行政』良書普及会、1950（昭和25）年。

(12)　同上。

(13)　臨時教育審議会では、「学習者の視点から課題を検討する立場を明確にする」という意味で、「生涯教育」ではなく「生涯学習」という用語を用いている（「審議経過の概要その３」、1986（昭和61）年）。

(14)　2000（平成12）年には、文部省と科学技術庁との統合により、生涯学習政策局に再編された。

(15)「新しい知識・情報・技術が政治・経済・文化をはじめ社会のあらゆる領域での活動の基盤として飛躍的に重要性を増す」社会（中央教育審議会答申『我が国の高等教育の将来像』（2005（平成17）年）。1960年代末以降、P. ドラッカー、D. ベルらによって提唱された。

(16)　中央教育審議会答申『今後の学校におけるキャリア教育・職業教育の在り方について』、2011（平成23）年。

(17)　中央教育審議会答申『個人の能力と可能性を開花させ、全員参加による課題解決社会を実現するための教育の多様化と質保証の在り方について』、2016（平成28）年。

（18）　New Public Management の略。公共部門において民間企業の経営手法を取り入れること。政策決定の基準を成果主義、言い換えれば「顧客」の満足度に転換することを強調する。

（19）　地域住民やＮＰＯ、企業等が行政に代わって公共的な財・サービスの提供主体となること、またはその考え方。

（20）　臨時教育審議会第３次答申、1987（昭和62）年。

（21）　福留強『生涯学習まちづくりの方法』日常出版、2003（平成15）年。

（22）　2018（平成30）年２月の社会教育主事講習等規程の改正も、このような考え方に立つものである。この改正は2020（令和２）年４月から施行され、「社会教育士」制度がスタートすることが予定されている。

参考文献

- 日本生涯教育学会編『生涯学習研究ｅ事典』http://ejiten.javea.or.jp/
- 今西幸蔵『協働型社会と地域生涯学習支援』法律文化社、2018（平成30）年
- 生涯学習・社会教育行政研究会編『生涯学習・社会教育行政必携』（平成30年版）第一法規、2017（平成29）年
- 山本恒夫ほか編『生涯学習コーディネーター新支援技法研修テキストⅠ』社会通信教育協会、2014（平成26）年
- 浅井経子編著『生涯学習概論―生涯学習への道―』（増補改訂版）理想社、2013（平成25）年
- 社会教育行政研究会『社会教育行政読本―「協働」時代の道しるべ―』第一法規、2013（平成25）年
- 鈴木眞理・山本珠美・熊谷愼之輔編著『社会教育計画の基礎［新版］』学文社、2012（平成24）年
- 稲葉陽二『ソーシャル・キャピタル入門―孤立から絆へ』中公新書、2011（平成23）年
- 河合明宣『地域の発展と産業』放送大学教育振興会、2011（平成23）年
- 広井良典『創造的福祉社会―「成長」後の社会構想と人間・地域・価値』ちくま新書、2011（平成23）年
- 鈴木眞理・大島まな・清國祐二編『社会教育の核心』全日本社会教育連合会、2010（平成22）年
- 井内慶次郎・山本恒夫・浅井経子『改定社会教育法解説』（第３版）全日本社会教育連合会、2008（平成20）年

- 田中壮一郎監修、教育基本法研究会編著『逐条解説　改正教育基本法』第一法規、2007（平成19）年
- 福留強『生涯学習まちづくりの方法』日常出版、2003（平成15）年
- 今村武俊『社会教育行政入門』第一法規、1972（昭和47）年
- 西崎恵『新社会教育行政』良書普及会、1950（昭和25）年
- 寺中作雄『公民館の建設―新しい町村の文化施設―』公民館協会、1946（昭和21）年

第2章　社会教育行政の経営戦略

第1節　社会教育行政の経営

1．社会教育行政と行政経営

(1)　行政管理から行政経営へのシフト

行政運営において、それを進める考え方の主流は、20世紀後半までは行政管理（public administration）であった。行政管理による運営は、行政内部のルールに基づいて一律的・集権的に管理され、決められた手続きに沿って公共サービスが行われることに特徴がある。行政管理では、ルールに沿った手続きがなされること、また、人的資源、物的資源、予算（インプット、input）が投入される時点での管理に重点が置かれ、サービスが提供される。そのため、サービス提供の方法が標準化されやすく、サービスの結果（アウトプット、output）についての公平性、整合性、安定性、継続性は高まるという利点がある。その一方で、行政管理に基く運営は、国民の多様なニーズへの対応など、外部環境の変化に迅速、かつ、的確に対応することが難しいという欠点があった。

これに対して、1980年代に登場したのが行政経営（public management）の考え方である。行政経営は、公共サービスがそれを利用した人々にどれだけの成果を生み出したかを重視する考え方であり、その特徴として成果志向と顧客志向をあげることができる。また、成果（アウトカム、outcome）に対しては担当部署が責任を持つようになるため、それぞれが課題や、到達すべき目標を明確にして、サービスの提供に取り組むことが求められるようになった。このような中で、1980年代後半には、ニュー・パブリック・マネジメント（ＮＰＭ：New Public Management）と言われる民間企業の経営理念や手法、成功事例を取り入れて行政運営を行う手法が広がっていった。

日本においては、1990年代後半には、ＮＰＭの影響を受けて行政改革に取り組む自治体が見られるようになった。2000年代以降も行政改革が進行する中で、行政にはますます有効、かつ、効率的な運営が求められるようになってきている。加えて、2000年代初めに国では政策評価が義務付けられ、また、自治体では行政評価が行われるようになり、成果に対する評価を明確に意識した行政経営への動きが加速していった。

⑵　社会教育行政と行政経営

社会教育行政は行政の一領域であることから、今日、行政経営の視点と方法を取り入れることは不可欠であろう。人口減少、少子・高齢化、グローバル化、雇用の停滞、税収の減少など、深刻な課題が急速に進む中で、地域のニーズや課題を的確に捉え、目標を立て、必要な課題には優先的に取り組み、効率的な運営によって、適切な成果を生み出すような社会教育行政の経営が求められている。そのような地域のニーズや課題に応える上で重要なことは、戦略的展開の視点に立った計画策定を行うことである。これは、設定した目標を達成するまでのシナリオを描くことであり、どのくらいの期間で、どのような資源（人的資源、物的資源、予算など）をどのように組み合わせ、どのような手順で計画を進めるかといった、計画全体の見通しを持つことと言えるだろう。

２．ＰＤＣＡサイクル

成果志向の行政経営にあっては、解決すべき課題に対して適切な計画を作成し、それを的確、かつ効率的に実施することが求められる。また、その成果について評価を行い、その結果に基づいて改善を行う。これを次期の計画作成に生かすことで、より向上した計画がつくられる。このような経営活動は、ＰＤＣＡサイクルという考え方に基いている。ＰＤＣＡとは、Plan（計画）－Do（実行）－Check（評価）－Action（改善）の頭文字をとったものである。ＰＤＣＡ

サイクルで重要なことは、計画、実行、評価、改善の各活動を不断に行うこと、計画と実行、評価と改善など各活動間の継続性を重視して行うこと、さらには、計画と評価を対応させていくことなどがある。また、現在は、ＥＢＰＭ（証拠に基づく政策立案、Evidence-Based Policy Making）の考え方が広がり、エビデンスに基づいた計画作成が求められるようになっている（本章４節、５節で詳述する）。ＰＤＣＡサイクルについては、次節で詳しく述べる。

３．民間のノウハウと資金の活用

行政管理から行政経営にシフトしたときの変化の一つが、民間企業の経営手法を活用することであった。より一層の効果的、かつ効率的な行政運営が求められる昨今では、民間企業の経営手法には参考となる点が多い。税収が減少する中では、民間資金を活用した社会教育行政も求められている。

ＰＦＩ（Private Finance Initiative）と呼ばれる手法は、公共施設の建設、製造、改修、維持、管理、運営やこれらの企画に、民間の資金や経営能力を活用し、効果的で効率的な公共サービスの提供や公共事業を行う経営手法である。日本では1999（平成11）年に「民間資金等の活用による公共施設等の整備等の促進に関する法律」が施行された。現在、ＰＦＩはＰＰＰ（Public Private Partnership）という行政と民間が連携して公共サービスを展開するスキーム（基本構想、scheme）の一つとなっており、地域の実態に合わせて多様な連携を図っていくことが期待されている[(1)]。また、民間資金の調達方法として、クラウド・ファンディング（crowdfunding）等を積極的に活用することが求められている。

第２節 社会教育計画の策定

１．社会教育計画の意義と内容

(1) 社会教育計画とその意義

計画とは、一般的には、目的や目標の達成のための合理的な手段と方法を体系的にまとめたものである。これは、社会教育計画にも通じることで、社会教育計画は、「社会教育の目的を達成するために、一定期間の政策課題と優先順位を定め、その課題達成のための目標を設定した場合の、目標達成のために必要な政策手段の体系[(2)]」と定義されている。

社会教育計画は、一般には行政が策定するものを指し、計画期間の違いから、約10年間程度の計画内容をまとめた長期計画、３～５年間程度の計画内容をまとめた中期計画、各年度ごとの単年度計画（年次計画）などに分類される。

このうち、都道府県や市区町村の社会教育にかかわる中長期計画を見ると、○○市社会教育基本計画、社会教育総合計画、社会教育中期計画など、様々な名称が付けられている。また、単年度計画で見受けられるのは、主に各年度ごとの事業をまとめた社会教育事業計画（年間事業計画）である。さらに、社会教育事業計画の各事業ごとに、目標や各回の内容などを記載した個別事業計画がある。これらはいずれも総称としての社会教育計画に含まれる。

社会教育計画は、政策手段を用いて効果的、かつ効率的に社会教育の目標を達成し、住民の教育活動の維持、向上に資するところに意義がある。

(2) 社会教育計画以外の計画との関係

都道府県や市区町村には、社会教育計画のほかに、教育にかかわる計画として、学校教育にかかわる教育計画、教育全体にかかわる教育計画（教育総合計画）がある。また、自治体には、行政運営の総合的な指針としての総合計画（地域総合計画、マスタープランとも言う）がある。

これらの計画全体に社会教育計画を位置付けるとすれば、上位から「総合計画－教育総合計画－社会教育計画」と考えてよいだろう。社会教育計画は、教育総合計画と自治体の総合計画等の上位の計画を実現するための具体的な計画として捉える必要がある。

⑶　社会教育計画の特徴

社会教育計画は、自治体の行政目標の実現に資するための行政計画としての性格と、人間の形成を通して目標とする社会の実現を目指す教育計画の性格を有している。

行政計画としての社会教育計画では、社会教育のための「環境を醸成する」（社会教育法第三条）ことが第一義とされる。その意味は、計画的に社会教育の環境整備を図るところにある。それに対して、教育計画としての性格が具体的に現れるのは社会教育事業計画（年間計画、個別事業計画など）である。学習者の「実際生活に即する文化的教養を高め」、学習者の課題を解決するための支援という環境整備を図ることになる。

社会教育計画は、この両計画の性格を合わせ持つことが特徴である。このことを有効に生かすことが、社会教育計画の意義を高めることになる。

⑷　社会教育計画の条件

社会教育計画に必要なことは、①政策課題や目標が妥当であること、②目標と政策手段の関連に合理性があること、③目標の達成状況が評価できること、④計画策定における住民の参画、をあげることができる。そこで、これらの点に基づいて、社会教育計画を策定する上で具備すべきことを掘り下げてみよう。

①　社会教育計画策定のための調査、情報収集、分析

社会教育の政策課題や目標及び政策手段、施策等の妥当性を高めるためには、

図２−１のような内容の入念な調査と情報収集、及び分析が必要となる。第１は、地域課題や地域社会の必要課題、人々の学習要求、国レベルの生涯学習・社会教育の推進、法制度の動向等の調査で、これは今後の社会教育をどのような方向に進めていくかについて、その推進の方向性を明確にするためのものである。第２は、自治体の社会教育行政や教育・学習施設等のこれまでの実績、職員、施設、予算等の財政的な見通しの調査で、その後の自治体や社会教育行政の事業推進力を明確にするために行われる。第３は、自治体や首長、教育長等の社会教育の推進にかかわる意向や将来展望の調査で、行政全体における今後の社会教育行政の位置付けを把握するために行われる。

② 目標及び政策手段等の項目の段階的設定

社会教育計画の策定では、目標、政策手段等を、その関連が妥当なものとなるように設定する必要がある。ここで言う「関連」とは「目的−手段」の関係のことであり、政策手段が目標の実現や達成に結び付いていること、また、目標の実現や達成は上位目標の実現に貢献するものになっているということである。

さらに、一つの目標のもとに設定された下位の目標の間で、および、一つの目標のもとに設定された異なる政策手段の間には、取組の優先性や重要度に違

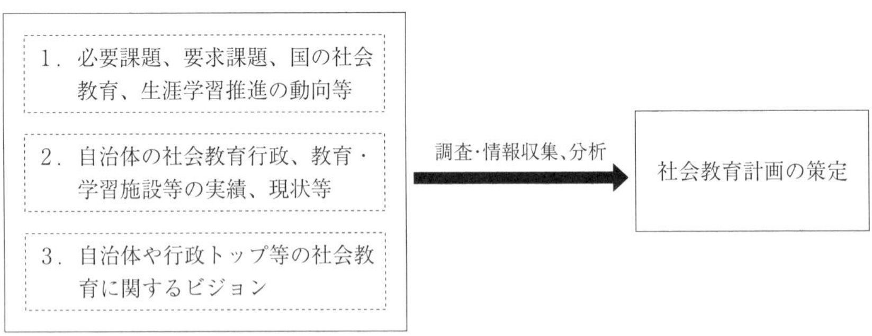

図２−１　社会教育計画策定のため調査

いがあることにも留意する必要がある。これは政策の選択や順位付けにかかわることでもある。

③　目標値の設定

社会教育計画の達成状況を評価するためには、目標状態を示す目標値を事前に設定しておく必要がある。目標値は目標の項目だけでなく、個々の施策、事業のそれぞれについても目指す状態をあらかじめ決め、目標値を設定しておくとよい。

④　住民参加・参画型の社会教育計画の策定

近年は、国や地方公共団体の計画策定に住民の意見を反映しやすくするために、住民参加・参画型の形態をとる場合が多い。社会教育計画の策定でも住民や学習者等の意見を積極的に取り入れることが求められている。住民の意見を取り入れた社会教育計画の策定の形態には、社会教育委員がかかわるケースや、最初の段階から検討委員や作成委員等として策定作業に参画するケース、公聴会のように意見を聞く機会を設けるケース、計画案ができた段階で住民から広く意見を聞くパブリックコメント（public comment）のようなケースなどがある。

２．社会教育計画の体系

(1)　社会教育計画とその評価の関係

これからの社会教育計画では、計画内容の実施状況や目標の達成状況を評価できるように策定しておく必要がある。そこで、このことをＰＤＣＡサイクルによって示してみよう。

ＰＤＣＡサイクルは、事業や活動を円滑に進めていく際のマネジメント手法の一つであり、Ｐ（Plan, 計画）→Ｄ（Do, 実行）→Ｃ（Check, 評価）→Ａ（Action, 改善）を段階的に、かつ循環的に推進し、事業改善を図るものである。**図２-２**はＰＤＣＡサイクルを図にしたもので、合わせて、計画と評価の関係を示したものである。これは、計画（目標を含む）された内容（Ｐ）を実行し（Ｄ）、そ

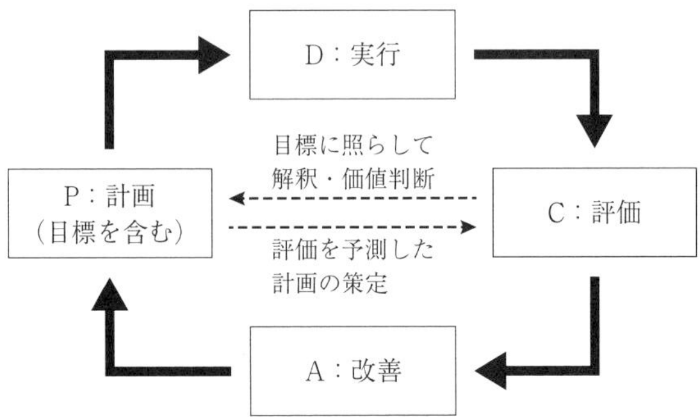

図２－２　ＰＤＣＡサイクルと「計画－評価」の関係
浅井経子「社会教育計画を策定する目的と意義」、国立教育政策研究所社会教育実践研究センター『社会教育計画策定ハンドブック』2012（平成24）年３月、１頁の図に加筆して作成した。

の実施状況と実施による結果や成果を評価し（C）、実施上の問題点や達成できなかった課題などを改善し（A）、その内容を反映させて次期の計画を策定するサイクルを表している。

ＰＤＣＡサイクルは、計画の次が実行、実行の次が評価、評価の次が改善、そして改善の次が次期の計画、という隣接する経営活動があとに続き、それによって循環する。この中で、評価は実行の次にあり、実行による結果（実績）と成果が測定されるが、評価は計画とのかかわりで行われる。それは、評価は、計画段階で設定した目標や計画した内容がどれだけ達成できたかを判断するということである。このことは、事業評価（総括的評価）の定義である「事業活動の実態や成果を分析・測定し、実施機関・施設・団体等の目標や当該事業目標に照らして解釈・価値判断を加えること[(3)]」からも明らかである。重要なことは、事業評価は事業の目標に照らして事業の実態や成果を解釈・価値判断するという点である。**図２－２**ではC（評価）からP（計画）に向かう矢印がこのことを意味している。

さらに、計画は、あらかじめ評価結果を予測して策定する必要がある。なぜなら実現不可能な計画等を策定しても意味がないからである。Ｐ（計画）からＣ（評価）に向かう矢印はこのことを表している。

⑵　社会教育計画における計画体系と評価体系

そこで、今後、必要となる計画実施後の評価を前提とした社会教育計画の構造を示したものが**図２－３**である。この図が示している重要な点は、第１に社会教育計画が計画体系と評価体系の二つの体系から構成されていることである。第２は、各体系を構成する項目が上位にあるほど全体的、総括的な内容で、下位にあるほど個別具体的な内容であることである。さらに、これを各体系ごとに見れば、計画体系では上位の項目と下位の項目が「目的－手段」の関係になっており、下位の項目は上位の項目の手段として位置付いている。一方、評価体系では上位と下位の項目は「全体－個別」の関係で、上位の項目は下位の項目を包括し、集約した内容となる。第３は、計画体系と評価体系の各項目が同レベルで対応する構造になっていることである。

この構造をくわしく見ていくことにしよう。計画体系の構造は計画内容にかかわる大項目、中項目、小項目等で成り立つ体系である。この図では、大項目は１項目のみ示しているが、通常は３～５項目くらい設定される。中項目１についても同様である。この計画体系の項目は、通常、トップダウンで設定されることが多い。つまり、上位にある大項目１を実現するための手段として中項目１が設定され、さらに中項目１を達成するための手段として小項目１及び２が設定されている。(「施策」、「施策の柱」、「事業」は参考例。)

この計画体系に対応するのが評価体系である。評価体系は、大項目の評価、中項目の評価、小項目の評価で構成される。これらの項目は、計画体系の項目とは反対にボトムアップで設定される。まず、計画体系で最も下位にある小項目１及び２を評価する「小項目１の評価（評価項目、指標)」及び「小項目２の評価（同)」が設定される。そして、この二つの評価の評価項目、指標をまとめ

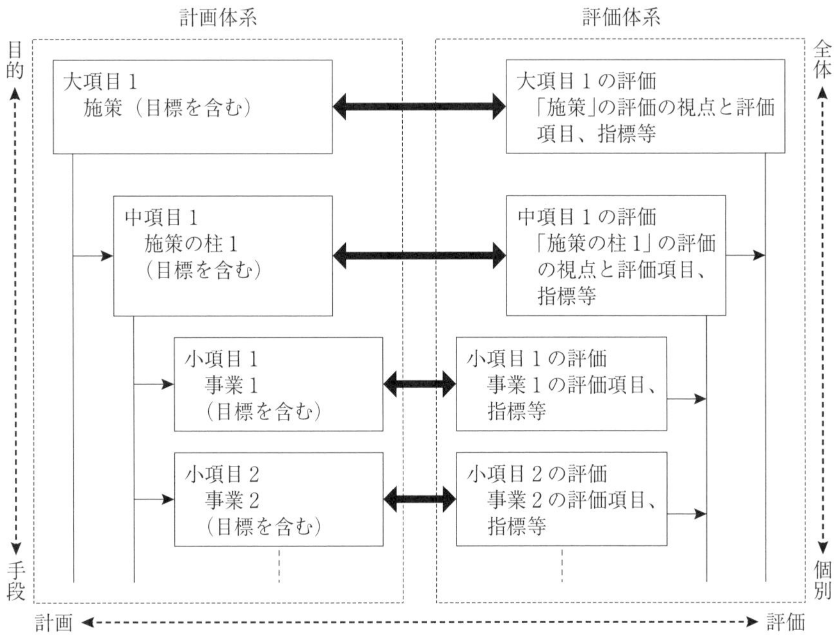

図２－３　社会教育計画の構造

山本恒夫「社会教育計画における計画と評価の体系」、国立教育政策研究所社会教育実践研究センター『地方公共団体における社会教育計画の策定及び評価に関する調査研究報告書』、2009（平成21）年３月、13頁の図に加筆して作成した。

たもの、あるいは、それらを代表するものとして「中項目１の評価（評価項目、指標）」が設定される。このとき、「中項目１の評価」は、計画体系の中項目１に対応しており、中項目１の内容を評価できる内容にする必要がある。さらに、このように設定された中項目１の評価と、そのほかの中項目の評価をまとめて大項目１の評価（評価項目、指標）を設定する。前と同じように、このようにしてまとめて設定された大項目１の評価は、計画体系の大項目１に対応するもので、大項目１を評価できる内容である必要がある。

3．社会教育計画策定の技術

(1)　現状と課題の分析

社会教育計画を策定するにあたっては、自治体ならびに社会教育の現状と課題を分析する段階と、社会教育計画の目標と政策手段、評価の内容を含む中長期計画を作成する二つの段階がある。

①　自治体の現状と課題の分析

自治体の現状と課題の分析で必要な項目は、地勢・地形条件、住民の生活状況の特徴、教育・文化的環境の特徴、地域課題、自治体のビジョンなどがある。これらの分析には、既存の行政資料や統計資料を活用するが、必要に応じて住民を対象とした調査を行ったり、関係者からの聞き取りなどを行う。

②　社会教育の現状と課題の分析

社会教育の現状と課題の分析は、地域の課題と方向性を明らかにする作業である。ここでは、**図2－1**で示した内容について具体的な項目を設定し、質問紙や聞き取りによる調査、これまでの事業実績にかかわる資料などを用いて調査する。

さらに、中長期計画の作成に向けた課題を分析する際には、ここまでの調査で得られた内容を、**表2－1**の分析シートにまとめると検討しやすい。分析シー

表2－1　中長期計画の作成に向けた課題の分析シート

施策の柱	達成目標	現行の事業		現状における問題点	新たな社会教育計画策定に向けた課題・方向性
		社会教育行政	学校・関連行政・民間団体等		

国立教育政策研究所社会教育実践研究センター『社会教育計画策定ハンドブック　計画と評価の実際』(2012（平成23）年3月)、34頁の図の一部を引用

トには、現行の社会教育計画にある施策の柱ごとに、施策の柱、施策の達成目標、社会教育行政における事業を記入する。学校・関連行政・民間団体等には、社会教育行政以外の関連する事業の現状を記入する。

続いて、達成目標と現行の事業の実績、住民の学習実態等の比較検討を行い、現行の達成目標が事業によってどれだけ達成できているかという視点から、「現状における問題点」を明らかにする。そして、この「現状における問題点」が解決された状態を想定しながら、「新たな社会教育計画策定に向けた課題・方向性」を検討する。ここで導き出される計画策定に向けた課題・方向性は、このあとに作成する中長期計画の目標につながるものとなる。

⑵　中長期計画の作成

①　中長期計画の構成

自治体の現状と課題の分析を終えると、中長期計画の作成の段階となる。社会教育の中長期計画は、一般的には、総論、基本方針、年次計画で構成される。総論では、計画策定の趣旨及び意義、総合計画などとの関係や現行の計画の推進状況等があわせて記載される。

基本方針では、計画策定の基本的な考え方として、この計画の実施によって解決する課題や上位計画を受けた本計画で目指す目標、社会教育推進の基本方針等の内容が体系図として示されることが多い。これには、社会教育計画の全体像を明示することに意味があるだけでなく、社会教育計画の目標と政策手段の関係が一目瞭然で理解できるようにする利点がある。

さらに、年次計画では、計画期間中に実施する事業について、事業の内容と到達目標を含めて年次別に記載する。

②　計画策定の手順

１）総論の作成

総論では、これまでの社会教育の現状と課題の分析の結果に基づいて、**表**

2－2に示した内容について記載する。この部分は、計画の趣旨、位置付け、計画期間、全体構成等を簡潔に分かりすく示すことが重要である。

２）基本方針の作成

基本方針は、総論を受けて、社会教育計画の基本的な考え方を明確に示し、計画の実施によって目指す状況を目標として示す。例えば、「共に学び、共に育む○○市」のように、社会教育によって実現しようとする自治体の姿を端的に表現するとよい。この目標を実現するために、社会教育行政が推進する方向性を示すものが基本方針であり、通常、基本方針１、２、３のように、複数の方針が作成される。

さらに、基本方針を具現化するために、それぞれの基本方針ごとに施策を検討する。また、「施策」を実現するための具体的な内容として「施策の柱」を、そして、「施策の柱」を具体化した事業を検討する。この「施策－施策の柱－事業」のラインが社会教育計画の計画体系となる。

一方、この計画体系の項目を評価する評価体系も作成する。次に、この両体系図の作成手順を詳細に紹介する。

＜計画体系と評価体系の作成手順＞

次に、**表2－2**に示した構造の社会教育計画の作成を念頭に置いて、計画体系とそれに対応する評価体系を作成する手順を紹介する。計画体系と評価体系は、その上位の内容である基本方針のうちの一つを具現化し、また評価するために

表2－2　中長期計画の構成と主な記載内容

	中長期計画での主な記載内容
総論	計画策定の趣旨、計画の性格、計画の期間、計画の構成　等
基本方針	計画策定の基本的な考え方、計画の目標、社会教育推進の基本方針、体系図　等
年次計画	計画期間中の事業、各年次ごとの達成目標　等

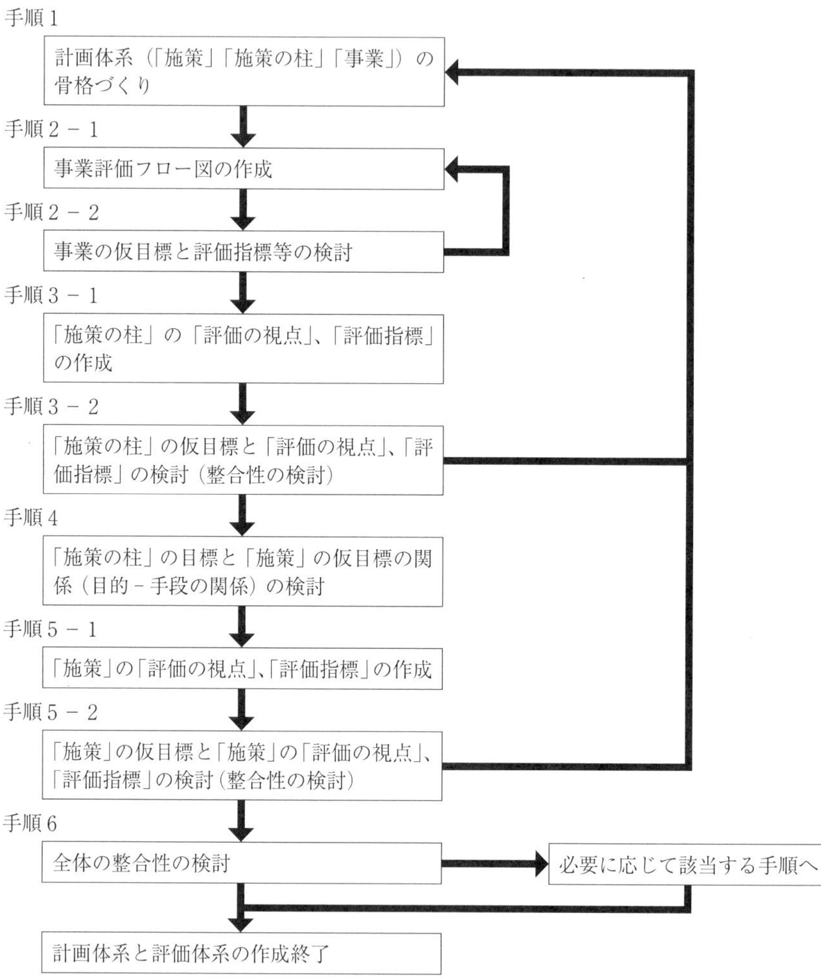

図2－4　社会教育計画策定の手順

国立教育政策研究所社会教育実践研究センター『社会教育計画策定ハンドブック』、2012（平成24）年3月、41頁の図に一部加筆して作成した。

作成される。社会教育計画の策定の手順を示すと**図２－４**のようになる。

なお、ここでは、手順を示すにあたり、基本方針の例として、「青少年健全育成の推進」を取り上げる。さらに、これを具体化した施策の例として「家庭の教育力向上の支援」を設定することにする。

〈手順１〉

手順１は、「計画体系の骨格づくり」である。ここでは、計画体系のうちの「施策」、「施策の柱」、「事業」の体系を設定する。各項目には、それぞれの内容を表す名称とともに、この時点での仮目標（あとで修正を可能とする）も合わせて設定する。たとえば、施策の一つとして「家庭の教育力の向上」とすると、**図２－５**のような「仮目標」を合わせて設定する。

また、「施策の柱」として、(i)地域における家庭教育支援の充実支援、(ii)家庭教育にかかわる団体・人材の支援、(iii)先導的・モデル的事業の実施、(iv)広域的事業の実施などの事項と、それぞれの仮目標を含めて設定する（**図２－５**）。さらに、「施策の柱」のそれぞれにおいて個別の事業とその仮目標を設定する。

ここで設定するそれぞれの目標は、いずれも仮目標として設定されているので、手順２以降の過程で必要に応じて修正、再設定されることになる。

〈手順２－１〉

手順１で設定した事業によって生じる結果や成果を事業評価フロー図の作成を通じて検討する。**図２－６**にあるように、事業による成果は、事業の終了時や終了直後の「事業実績」である。具体的には、事業の実施回数や参加者数などで測定され、事業の結果（アウトプット）と言われている。この事業実績（アウトプット）がもたらすものが、事業の成果（アウトカム）である。**図２－６**では事業の成果（アウトカム）を３段階に分けており、事業目標が達成された状況を表す「事業の直接的な効果」、複数の事業の実施を通じて達成される「事業

〈施策〉：家庭の教育力の向上
【施策の仮目標】
a．親等が身近な場所で学習できる環境を拡充する。
b．家庭教育を支援する団体・人材の活動等が充実するよう支援する。
c．地域で家庭教育を支援する仕組みをつくる。
d．親等に家庭教育に関する情報や資料を積極的に提供する。
e．先駆的・モデル的な事業を実施し、その成果の普及を図る。

〈施策の柱〉：
(i)地域における家庭教育支援の充実支援
【施策の柱(1)の仮目標】
親、保護者に最も身近な地域において、きめ細かく家庭教育を支援する体制整備に取組む。
(ii)家庭教育に関わる団体・人材の支援
【施策の柱(2)の仮目標】
地域における家庭の教育力を支援する団体・人材の活動等の一層の活発化のため、資質や能力、専門的スキルの向上を内容とする研修を実施する。
(iii)先導的・モデル的事業の実施
【施策の柱(3)の仮目標】
先駆的、モデル的な取組みとして、さまざまな理由で学習機会に参加できない親等に家庭教育に関わる学習機会を実施するとともに、父親に対しての家庭教育への参加促進を図る。
(iv)広域的事業の実施
【施策の柱(4)の仮目標】
広域的な家庭教育支援の取組みとして、家庭教育に関わる情報提供や電話相談の利用を促進する。

図2－5　施策（仮目標を含む）と施策の柱（仮目標を含む）の作成

目標達成度」（「施策の柱」レベルでの成果）、複数の「施策の柱」の実施を通じて達成される「施策目標達成度」（「施策」レベルの成果）としてある。また、各アウトカムの各段階で、それぞれの評価の視点と評価指標を作成する。

事業評価をフロー図で示したものが**図2－7**である。**図2－7**では、「地域における家庭教育支援の基盤形成」事業を例にあげた。事業評価フロー図では、事業の実施によって予想される「事業実績」、「事業の直接的な効果」、「事業目標達成度」の具体的な内容とその推移を時系列的に配置し、それらが妥当な内容で、無理のない流れになっているかを確認しながら作成する。

◆事業実績
　事業の実施や活動の状況とその結果にかかわる内容のこと。事業の実施回数、事業の参加者数、利用者数、利用団体数など。
◆事業の直接的な効果
　事業実績によって直接的に生じる事業の成果のこと。評価体系の中では施策目的の達成に向けた初期的な事業の成果である。計画体系の事業に対応した成果で、個々の事業の目標達成の状況を示す。
◆事業目標達成度
「事業の直接的な効果」から期待される「施策の柱」レベルの事業のアウトカムのこと。評価体系の中で見ると中間的なアウトカムとなる。「事業の直接的な効果」や「施策の柱」をもとにして作成される。
◆施策目標達成度
「事業目標達成度」から期待される施策レベルの事業のアウトカムのこと。

〈手順２－２〉
　作成した事業評価フロー図の「事業の直接的な効果」の内容として取り上げた具体的な項目が事業の仮目標の内容と合致しているかどうか、また、この項

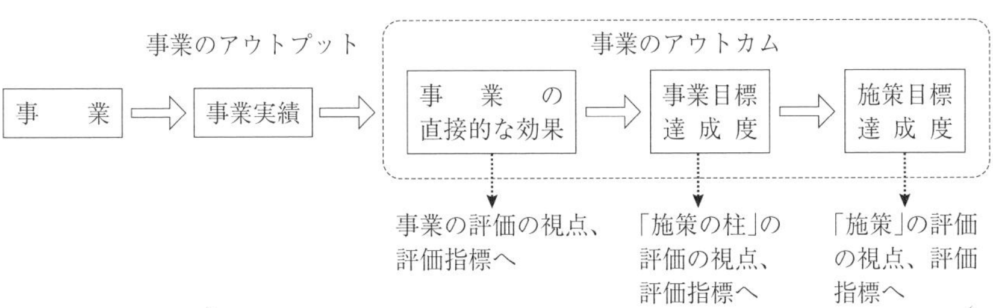

図２－６　事業のアウトプットとアウトカムの流れ

施策	家庭の教育力向上の支援		
	施策の柱	(1) 地域における家庭教育支援施策の充実支援	
		事業	1 地域における家庭教育支援のための基盤形成

事業の目標	子どもと親だけの家庭における子育ての悩みを解消するために地域に子育て支援の組織「家庭教育支援チーム」を設置する。				
事業の概要	小学校区ごとに家庭教育支援チームを設置する。 支援チームは子育てサポーターリーダーを中心とし、保健師、保育士等専門家を配置し、具体的な質問に応えられるようにする。				
年次計画	1	2	3	4	5
	○	○			

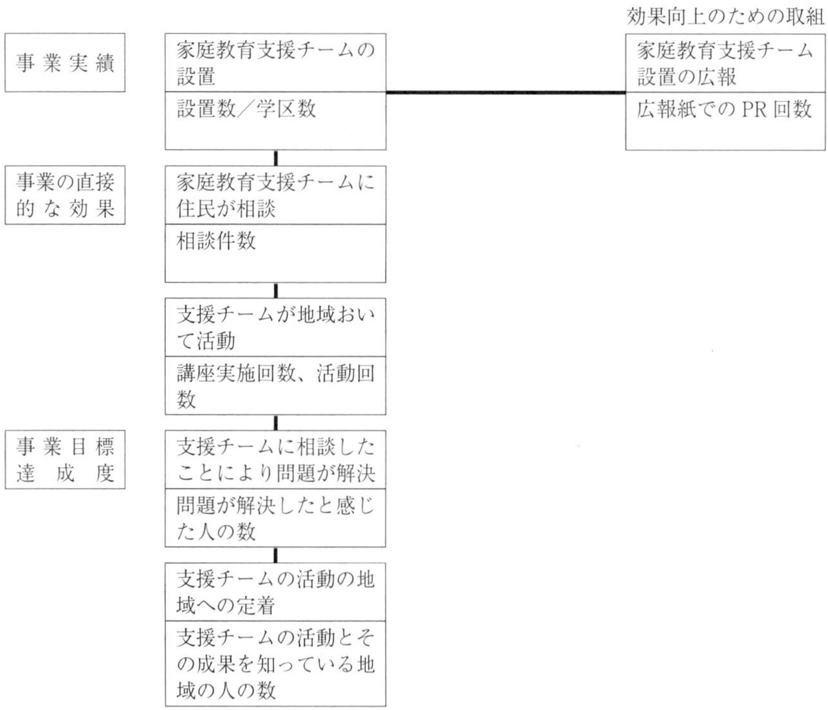

（枠内の上段が「評価の視点」、下段が「評価の指標」）

図２－７　事業評価フロー図の例

国立教育政策研究所社会教育実践研究センター『社会教育計画策定ハンドブック』2012（平成24）年３月、100頁の図に一部加筆して作成した。

目の評価指標によって、事業の仮目標の達成状況を評価できるかどうかを検討する。

〈手順３－１〉

「施策の柱」を具体化した事業の評価項目と評価指標をもとに、「施策の柱」の評価の視点と評価指標を作成する（既存の指標を活用することも含む）。「施策の柱」の評価指標作成の留意点には、包括性（下位の事業の評価の内容を包括する）、整合性（他の評価指標と矛盾しない）、単純性（分かりやすい）、測定可能性（達成度が測定できる）がある。また、事業の評価指標をそのまま「施策の柱」の評価指標として選択する方法もあり、その場合は、その重要性、優先性などを考慮する必要がある。

〈手順３－２〉

手順３－１で作成した「施策の柱」の評価の視点及び評価指標と、当初設定した「施策の柱」の仮目標の関係の検討を行う。この評価指標によって仮目標を

〈施策の柱〉

ｂ．家庭教育にかかわる団体・人材の支援

【仮目標】（修正前の仮目標）

地域における家庭の教育力向上を支援する団体・人材の活動等の一層の活発化のため、資質や能力、専門的スキルの向上を内容とする研修を実施する。

修正 ⬇

【目標】（修正後の目標）

ＰＴＡ等地域における家庭の教育力を支援する団体のリーダー等の人材の育成や能力、専門的スキルの向上を内容とする研修を通じて、その団体・人材の活動等の一層の促進を図る。

図２－８　「施策の柱」の目標（修正前と修正後）

評価することが難しいときは、「施策の柱」とその仮目標を再検討し、施策との「目的－手段」の関係を保持しながら仮目標を修正する。**図2－8**は、「施策の柱」の評価の視点と評価指標と目標（仮目標）の関係を検討し、仮目標を修正した過程を示している。

〈手順４〉

手順３－２で必要に応じて修正された複数の「施策の柱」の目標を実現することにより、その後、どのような流れで施策の仮目標の達成につながるかを検討する。

〈手順５－１〉

複数の「施策の柱」の具現化によって予想される成果などをもとに施策目標達成度を想定しながら「施策」の評価の視点と評価指標を作成する。評価指標の作成は、手順３－１の評価指標作成と同様に、包括性、整合性、重要性等を考慮して行う。

〈手順５－２〉

手順５－１で作成した評価指標を用いて「施策」の仮目標が評価できるかどうかを検討する。評価できると判断した場合は手順６に進み、評価するのが難しい場合は「施策」の仮目標を修正し、さらに、「施策の柱」、「事業」の再検討を行なう（手順１に戻る）。

〈手順６〉

計画体系と評価体系の全体の整合性を検討する。必要に応じて該当する手順に戻り、修正を加えることですべての項目が確定する。これにより一つの施策についての計画策定は終了する。さらに、別の施策についても同じ策定作業を行うことで、社会教育計画の全体を完成させる。

３）年次計画の作成

基本方針で作成した事業を、計画期間中の各年度ごとにどのように実施するかを検討する。計画期間が５年間であれば、１年目から５年目までの全期間を通じて実施する事業、１年目から３年目までの事業、３年目から５年目までの事業などがある。それぞれ事業の優先度や成果発現の有効性などの観点に基づいて、事業の年次計画を作成する。合わせて、それぞれの事業によって達成しようとする目標を、可能な限り数値目標として年次ごとに設定する。

第３節　社会教育事業の評価

１．観点別の評価と達成度の評価

社会教育事業の評価には、社会教育事業の有効性などを検討する観点別の評価と、目標の達成状況を点検し評価する達成度の評価がある。

観点別の評価は、事後の評価のみならず事業計画立案時の事前評価でも行われ、住民や社会のニーズに照らして必要か・必要であったか（必要性）、期待される効果が得られるか・得られたか（有効性）、投入しようとする予算などに見合う効果が得られるか・得られたか（効率性）などの観点に基づいて行われる。近年、施策の実施効果や有効性が厳しく問われているため、観点別の評価への要請はますます高まっていくものと考えられる。

一方、達成度の評価では、当初設定した目標をどれだけ達成できたかについて、必要な情報の収集を通じて評価するとともに、それを次期の計画の改善に生かす。次に目標達成度の事業評価の手順について見てみよう。

２．社会教育事業の評価（達成度の評価）の手順

ここでは、個別事業の評価（以下、「事業評価」とする。）の基本となる項目

別評価の手順を取り上げる。

事業評価の項目別評価とは、個別事業計画の目標に示されている具体的な内容（項目）の評価のことで、おおよそ〈手順１〉評価項目の抽出→〈手順２〉評価指標の作成→〈手順３〉目標値の設定→〈手順４〉分析、測定、価値判断→〈手順５〉判定（総合判定）、の順で行われる。このうち、手順１から３までは事業計画の段階で進めておく作業で、手順４及び５は事業の終了後に行う作業である。以下では、この手順の概略を示すことにする。

〈手順１〉評価項目の抽出

まず、個別事業計画の目標の中から具体的に評価を行う評価項目を抽出する。例えば、地域における学習グループ・団体のリーダーの資質向上を目指し、講義、演習、実地調査、ワークショップなどを組み込んだリーダー研修の学習プログラムを例に、この学習プログラムの次の目標から具体的に評価項目を抽出してみよう。

＜目標＞

地域における学習グループ・団体のリーダーを対象に、$_{\mathrm{A}}$グループ・団体のリーダーとしての役割やボランティアの役割、グループ・団体活動の課題分析手法等について研修を行い、$_{\mathrm{B}}$グループ・団体の活性化を支援する。さらに、$_{\mathrm{C}}$グループ・団体がその特徴を生かして地域課題の解決やまちづくりに積極的に貢献できるようにする。

この目標を見ると、下線Ａ、Ｂ、Ｃが具体的な目標と言え、これらから**表２−３**に示した評価項目を抽出することができる。評価項目を抽出するときは、「○○○の実施状況」、「○○○の状況」のようにするとよい。

なお、評価項目Ａは学習プログラムの実施によるアウトプットを評価する項目である。評価項目ＢとＣは学習プログラムのアウトカムを評価する項目である。

表２－３　評価項目

	中長期計画での主な記載内容
評価項目Ａ	グループ・団体のリーダーとしての役割やボランティアの役割、グループ・団体活動の課題分析手法等について研修の実施状況
評価項目Ｂ	グループ・団体の活性化の状況
評価項目Ｃ	グループ・団体による地域課題の解決やまちづくりへの貢献の状況

〈手順２〉評価指標の作成

次に、評価項目の状況を測定、分析するための評価指標を作成する。評価指標には、実数や比率、指数などによる定量的指標と、有無や判断の結果などを表す定性的指標がある。現在は定量的指標による評価が求められている。評価項目Ａ、Ｂ、Ｃのそれぞれについて、評価指標の例をあげると**表２－４**のようになる。評価指標は、評価を多角的に行う必要があることから、一つの評価項目について二つ以上の視点から作成するとよい。

表２－４　評価項目に対応した評価指標

評価項目	評価指標
Ａ：グループ・団体のリーダーとしての役割やボランティアの役割、グループ・団体活動の課題分析手法等について研修の実施状況	Ａ－１：参加したグループ・団体のリーダーの人数
	Ａ－２：参加を呼びかけたグループ・団体数に占める参加のあったグループ・団体の比率
Ｂ：グループ・団体の活性化の状況	Ｂ－１：活動時間・回数が増加したグループ・団体の数
	Ｂ－２：プログラム終了後３ヶ月以内にグループ・団体間で新たに協力して活動を行なったケースの数
Ｃ：グループ・団体による地域課題の解決やまちづくりへの貢献の状況	Ｃ－１：解決が急がれる地域課題を取り上げて学習を始めたグループ・団体の数
	Ｃ－２：地域においてボランティア活動を始めたグループ・団体の数

〈手順３〉目標値の作成

評価指標を作成したら、事業によって達成を目指す目標を設定する。ここでは、可能な限り数値目標を設定する。数値目標の設定で基準となるのは、目指すべき絶対的な水準、国や自治体が示している基準、全国平均や周辺自治体等での平均、他のモデル事例の水準、自らの過去の実績などがある。

〈手順４〉分析、測定、価値判断

評価指標を用いて、事業の結果や成果を分析、測定する。さらに、目標値を基準に達成度を分析する。二つの評価指標の分析結果をもとに、評価項目の達成状況について価値判断を行う。これを各項目ごとに行う。

〈手順５〉判定（総合判定）

項目ごとの検討結果を受けて、事業全体として目標の達成度について、総合的に判定を行う。総合判定では、目標の達成状況について「十分達成している」から「達成できていない」までの段階的な評価や、それに基づいて事業を継続の方向性について判断を行う場合もある。

３．「社会教育計画」（年次計画、中長期計画）の事後評価

「社会教育計画」の評価には、これまで述べてきた社会教育事業の評価を総合したものとしての年次計画や中長期計画の事後評価がある。年次計画の事後評価には、各年度の目標の達成状況を確認するという意味とともに、中長期の「社会教育計画」の評価に向けて、計画期間における計画内容の着実な実施とその成果を確認する作業としての意味もある。

さらに、中長期計画についても、計画期間の終了時や終了後に、計画内容の実施状況、及びその結果や成果等を評価することになる。中長期計画では、小項目（事業など）の評価というよりも、大項目（施策など）や中項目（施策の

柱）の達成状況を総括的に評価することが求められる。

これらの検討結果を総合して、施策の実施についての評定を行うことになる。評定の段階は３段階や５段階などが用いられることが多い。５段階（Ａ～Ｅ）であれば、例えば**表２－５**のようなものがある。

なお、これらの評価は、社会教育計画の実施担当者が自己評価によって行う場合、行政の他部局が行う場合、市民の参画を得て行う場合、あるいはそれらの組合せで行う場合がある。

表２－５　評価に用いられる評定段階の例

Ａ：施策の目標が十分達成されている
Ｂ：施策の目標がかなり達成されている
Ｃ：どちらともいえない
Ｄ：施策の目標があまり達成されていない
Ｅ：施策の目標が達成されていない

第４節　エビデンスに基づくＰＤＣＡサイクルの確立と社会教育行政

１．エビデンスが求められる理由

エビデンス（evidence）という言葉は、「証拠」や「根拠」、「科学的根拠」、さらには「有効性についての科学的根拠」などの意味で使われている。保健医療分野では以前から科学的根拠が求められてきたが、特に1990年代頃から「エビデンスに基づく医療」が国際的に推進され[(4)]、その考え方は教育、福祉、司法等の様々な領域に波及した[(5)]。ここでは、主として“有効性を証明する科学的根拠”の意味でエビデンスを取り上げ、その基本的な考え方について行政に求められている課題とのかかわりで述べることにしよう。

今日、行政にはエビデンスに基づく実効性のあるＰＤＣＡサイクルの確立[(6)]やロジックモデル及びエビデンスに基づいて政策を立案するＥＢＰＭ（Evidence-Based Policy Making）[(7)]が要請されており、それは社会教育行政にあっても例外ではない。例えば、エビデンスに基づく社会教育計画といった場合は、思いつきや主観的な判断で社会教育計画を策定するのではなく、政策、施策、事業等（以下、事業等と言う）の有効性を科学的に証明し、その結果に基づき計画を策定することを言う。言い換えれば、「事業等xを実施すれば、成果yが生じる」ことを科学的に証明できたときに事業等xを盛り込んで計画を策定し、計画書にはその根拠を記したりする。

エビデンスが求められる理由としては、

① 成果が期待できるので、実施して失敗に終わるなどの無駄を省くことができる
② 説得力を持つので、住民の支持を得ることができる
③ 予算を獲得しやすい
④ アウトカム指標を設定しやすい

等があげられる。

2．ＰＤＣＡサイクルとエビデンス

第2節で述べたように、ＰＤＣＡサイクルは計画（Plan)→実行（Do)→評価(Check)→改善（Action）の四つの段階から成り立っている。これらのうちエビデンスが求められるのは主に計画（Plan）の段階や評価（Check）の段階や改善（Action）の段階である。改善（Action）は計画の修正として捉えることもできるので、次に計画（その修正）と評価とのかかわりでエビデンスについて考えてみよう。

(1) 計画（その修正）とエビデンス

計画（Plan）の段階のエビデンスについて年間事業計画（単年度計画）を例にとって考えると、事業には新規事業と継続事業があるが、新規事業を社会教

育計画に盛り込むときにはエビデンスに基づくことが求められる。エビデンスを示すことは予算を確保する上でも必要とされている。一方、継続事業であるが、当該年度計画の終了時に評価、改善がなされ、その改善されたものが次年度計画に盛り込まれるので、次年度計画の段階で改めて新たなエビデンスが必要とされることは基本的にはないであろう。ただし、最初の段階であげたエビデンスが時代の変化の中で有効性の根拠とならなくなった場合、あるいは反証された場合には、新たなエビデンスが必要となる。

図２－９は社会教育計画とそれに影響を与える主な要素との関係で、エビデンスがどのようなところで求められるかを示したものである。社会教育計画に影響を与えるものとしては、まず**図２－９**の社会教育計画の上に記した上位の計画等があげられ、さらに左に記した時代や社会の要請や地域課題、住民のニーズ等、及び前段階での改善等があげられる。新規事業の場合、そのうちの時代や社会の要請や地域課題、住民のニーズ等との関係で有効性を明らかにすることが求められる。継続事業の場合は図中の左下にあげた前段階での評価後の改善との整合性が問われることになる。

社会教育事業計画とエビデンスとの関係について具体例をあげると、行き過

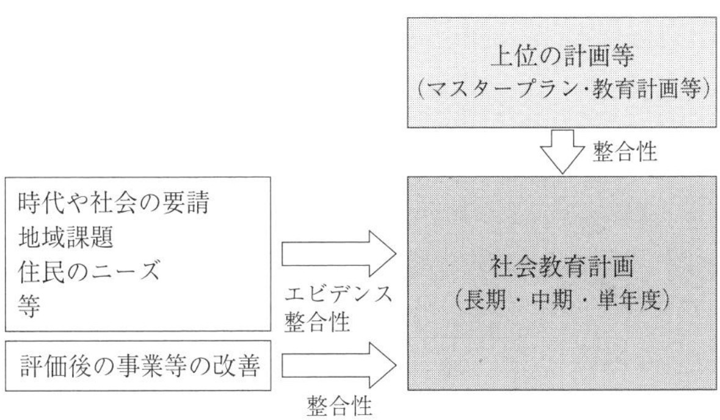

図２－９　社会教育計画に影響を与える要素とエビデンスの関係

ぎた経済優先の風潮の下で家族が解体し子どもたちが孤立する傾向が強まっているとする。そのような子どもへの教育支援や家族関係の再構築を図る家庭教育支援が社会的に要請され、社会教育計画で子どもの居場所づくりや家庭教育講座等を取り上げたとする。その場合のエビデンスとしては、指標として子どもの友人数、子どもの孤食の頻度、親子の会話の頻度等をあげ、子どもの居場所づくりや家庭教育講座等の事業を実施することによりそれらの指標の数値が改善されることを、試行等によって明らかにすることがあげられる。

(2) 評価とエビデンスの関係

評価は、一般には目標をどれほど達成したかで評価するので、計画（Plan）段階で設定した目標値に対して実際の値はどうであるかを検討することになる。その場合に、評価にあっても主観的な判断で評価するのではなく、計画段階で示したエビデンスの指標等に基づき評価することが求められており、事業等の実施後に有効であったかどうか等を測定することになる。上記の例で言えば、子どもの友人数、子どもの孤食の頻度、親子の会話の頻度等の測定結果に基づき評価する。

3．エビデンスに基づくＰＤＣＡサイクル

エビデンスに基づく実効性のあるＰＤＣＡサイクルを確立するためには、前述したように計画段階と評価段階で「事業等xを実施すれば（実施したので）、成果yが生じる（生じた）」について、科学的手続きをとって調べることになる。ところが、計画段階で「事業等xを実施すれば、成果yが生じる」を科学的に証明し、xの事業を計画に盛り込み、それを実行し、評価することになるのだが、評価段階で計画通りの結果を得ることは実際にはほとんどないと言ってもよいのではないだろうか。常に計画通りの結果が得られるのであれば評価を行う必要はないことになるであろう。

そのことを論理的に検討すると、エビデンスに基づく実効性のあるＰＤＣＡサイクルは成り立たないと言う結論になってしまうのである。具体的に説明すると、論理的には後件が否定されれば前件も否定される。評価段階で「事業等xを実施したので、成果yが生じている」かどうかを調べると、実際には成果yが否定されることになり、後件である成果yが否定されれば前件である事業等xが否定されることになってしまう。それにより計画段階で設定した「事業等xを実施すれば、成果yが生じる」自体が成り立たなくなり、エビデンスに基づく実効性のあるＰＤＣＡサイクルの確立は単なる理念でしかないことになる。

そこで、事業等xと成果yとの関係を見るのではなく、事業等xはx_1とx_2とx_3と……x_nといった要素から構成されており、それらと成果yとの関係を見ると考え、成果yが否定されても事業等xを構成している要素のいずれかが否定されるにすぎないと考える。そうすることで成果yが否定されても事業等xそのものが否定されたり「事業等xを実施すれば、成果yが生じる」という仮説が否定されるのを避けることができる。言い換えれば、評価段階で成果yを達成できないのは、x_1とx_2とx_3と……x_nのいずれかに問題があると考え、それに対処するのが改善と考えるのである。

このことは、計画段階で単純に事業等xを考えて計画に盛り込むのではなく、事業等xの構成要素x_1とx_2とx_3と……x_nを十分に検討し、「x_1・x_2・x_3……x_nで成り立つ事業等xが実施されれば、成果yが生じる」（「・」は論理記号の「そして）を表す、以下同じ）と言う仮説を立てる必要があることを意味している。そのようにすれば、漠然と事業等を行えばよいということにはならず、事業等を緻密に設計することが要請される。それは当然と言えば当然のことであろう。また評価後に改善する際にも、構成する要素が明確であり、その中から否定された要素を探せばよいので改善しやすくなるに違いない[(8)]。

4．エビデンスの求め方の例と留意点

エビデンスの求め方といった場合、計画（その修正）段階であれ評価段階であれ、x_1とx_2とx_3と……x_nで成り立つ事業等xと成果yとの間の因果的な関係を明らかにする方法のことである。それを図で示せば**図２－10**のようになり、事業等（x_1・x_2・x_3……x_n）と成果yの間の関係は

$$y = f\ (x_1 \cdot x_2 \cdot x_3 \cdot \cdot \cdot x_n)$$

で表すことができる。

一般には、fは因果関係であることを前提としてエビデンスが論じられている。なお、因果関係を前提としていることは、ＥＢＰＭを構成するロジックモデルでも同様である。

しかし、実際にはfは必ずしも因果関係とは限らない。目的と手段の関係であることもあるし、事業等（x_1・x_2・x_3……x_n）は成果yを生み出す条件にすぎない場合もある。また、成果yを生み出す原因はαであるのだが、事業等（x_1・x_2・x_3……x_n）は高い確率でαを誘発するとき、事業等（x_1・x_2・x_3……x_n）を実施すると成果yが得られ易いことになる。そのようなケースもあり、事業等（x_1・x_2・x_3……x_n）とyの関係は必ずしも因果関係とは言えないが、いずれもその事業等（x_1・x_2・x_3……x_n）を実施する意義は大きいと考えることができる。

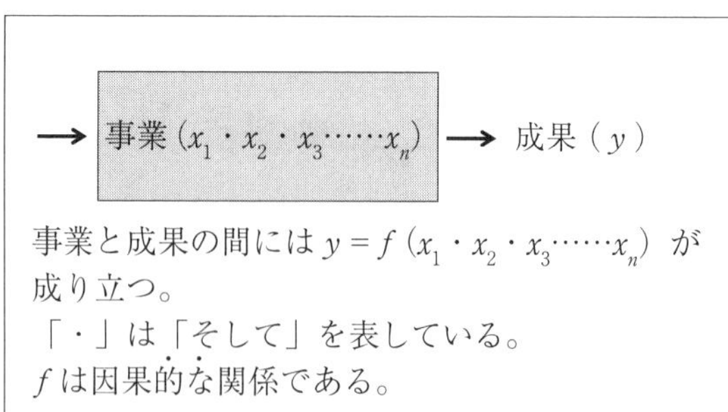

図２－10　事業と成果（outcome）

そのようなこともあるので、**図2-10**では因果的な関係と言い、ここではそのように理解することにする。

したがってエビデンスを求めるためには事業等（$x_1 \cdot x_2 \cdot x_3 \cdots\cdots x_n$）と成果$y$の間の因果的な関係を探すことになるが、何をもってエビデンスとするかについては様々な見解がある。量的分析の成果に限るか、その中でも実験による分析の成果に限るか、質的分析の成果も含むか等、いろいろである。エビデンスを科学的手続きの質でグレード化し、一定水準以上のものしかエビデンスとして認めないという領域もあるが、教育領域にあっては何をエビデンスとするかについては必ずしも共通理解が得られているとは言えない[(9)]。社会教育計画の策定の際にもエビデンスの質は問われるであろうが、住民等の多くの人が有効性について納得できるという意味での客観性を有した証拠や根拠であれば質的な分析結果でもよいのではないかと思われる。まずは、住民等が納得できる根拠を検討し、それを示すことの重要性を認識することの方が大事である。

そこで、ここでは、エビデンスの例として、条件を科学的に統制した他地域との比較、有効性を示す直近のデータ（アンケート調査、統計等）、有効性を表す指標との数量的関係、予測値、過去の事例、モデル等となる地域や海外の事例などをあげることにしよう。**表2-6**は、それらについての主な分析方法と分析する際の留意点を整理したものである。

重要なことは、エビデンスを算出する過程での信頼度や精度を示したり、事例の場合はその抽出方法を示したりして、分析結果が一定の条件下で得られたものであることを明らかにすることであろう。さらに、社会的な事象にあっては厳密な意味で因果関係を確定することはできないことを認識することも大事である。例えば、実験状態をつくることはできないので、外的要因のすべての影響を排除することは不可能である。また取り上げたい要因間の因果関係を定式化したとたんに、その定式を見込んだ計画が立てられるため、その定式は次の時点では成り立たなくなることもありうる。そのため、エビデンスを示すと

表２-６　エビデンス例とその主な分析方法と留意点

例	分析方法	留意点
外的要因（条件）の影響を除き、事業等を実施した地域と実施していない地域を比較	ランダム化比較試験（ＲＣＡ）や実施計画法などで分析する ビッグ・データを活用して分析する	意味のある要因（条件）を選択して統制することができたかどうかを検討する
有効性を示す直近のデータ（アンケート調査、統計等）	アンケート調査を実施する 統計資料を収集する	説得力あるデータを収集できたか、因果的な関係を説明できるかどかを検討する
指標との関係 予測値	相関係数、回帰分析（単回帰、重回帰）などを使うシミュレーションを行う	因果的な関係を説明できるかどうかを検討する
過去の事例	比較検討する	時間差による条件をできるだけそろえるようにする
モデル等となる地域や海外の事例	比較検討する	地域差による条件をできるだけそろえるようにする
・ ・ ・		

言ってもその有効性は傾向性を示しているに過ぎないと自覚することも大事であろう。

第５節　ＥＢＰＭと社会教育行政

１．ＥＢＰＭの背景

ＥＢＰＭ（Evidence-Based Policy Making）は、『統計改革推進会議最終取りまとめ』（2017（平成29）年５月19日統計改革推進会議決定）（以下『統計改革最終とりまとめ』と言う。）において、「証拠に基づく政策立案」と示されている。この中では、欧米諸国では、客観的な証拠に基づくエビデンス・ベース（Evidence-Base）での政策立案への取組が比較的進んできたのに比べ、我が国では往々にしてエピソード・ベース（Episode-Base）での政策立案が行われているとの指摘がされており、我が国の経済社会構造が急速に変化する中、限られた資源を有効に活用し、国民により信頼される行政を展開するためには、政策部門が、統計等を積極的に利用して、ＥＢＰＭを推進する必要があるとしている[(10)]。

一方で、ＥＢＰＭは、明確なモデルとなるような事例は示されておらず、比較的参考となりうる事例と試行を積み上げていくことでその在り方を模索するようなアプローチを取っている状況である。そのような中で一定の示唆を与えるものが、『ＥＢＰＭ推進の「次の一手」に向けたヒント集』（以下『ヒント集』と言う。）である。この中では、政策の立案に当たって、ロジックモデルの作成やアウトカム、アウトカム指標の設定に加え、エビデンスの構築やデータの収集・活用といったアイディアが示されている[(11)]。

この『ヒント集』における記載内容を以下のとおり一部抜粋する。

内閣官房行政改革推進本部事務局『ＥＢＰＭ推進の「次の一手」に向けたヒント集』より抜粋

・　問題があってそれを改善するために新しいことをやる場合に、どの政策手法がよいのかを評価するためにＥＢＰＭに取り組むことは意義がある。この意味で、政策のロジックをはっきりさせる等の活動を含むＥＢＰＭは、新規の政策や、政策を変更する際に行うのが有益。
・　ＥＢＰＭは、技術的に高度な実験的・数学的手法を用いた因果推論により政策効果を把握するような取組に限られるものではない。高度な手法を用いることができないからとＥＢＰＭの検討対象から外すのではなく、政策の改善のためにどのように歩みを進められるかという観点から発想することが必要。
・　データありきではなく、まず課題、解決策、成果として自分たちはこう考えるということから始めてロジックモデルを作成すべき。関連しそうなデータを集め、それで説明できるロジックを作るという手順は逆転しており、適切でない。

・　例えば、「成功事例」と言われる政策や個別の事例（外国の例を含む。）を参考にして政策を立案する場合、その「成功」の尺度は何かを十分評価した上で、立案しようとする政策のアウトカム指標等を検討することが必要。
・　政策対象者のみに対して行う事後アンケートは、バイアスがあるため評価方法として適切でない。政策対象者以外のデータとの比較が必要。
・　モデル事業の場合には、あらかじめ事業設計の段階から、後の事業拡大や全国展開等のためにどのような課題があるか、そのためにどのような情報が必要かを検討・整理し、モデル事業の実施過程でそうした情報を得ることができるよう事業設計することが必要。

2．教育分野におけるＥＢＰＭ

ＥＢＰＭは、前述の統計改革最終とりまとめ等に基づき、政府全体での推進が求められているところであるが、教育分野におけるＥＢＰＭの推進に関しても、政府の様々な提言等において見ることができる。

たとえば、「経済財政運営と改革の基本方針2017」（2017（平成29）年６月９日閣議決定）においては、データプラットフォーム（data platform）の整備を通じたＥＢＰＭの推進に資する方策として、教育分野における教育関連データの整備充実や研究成果の蓄積、多様な研究者による活用等の促進が求められている[(12)]。また、翌年の「経済財政運営と改革の基本方針2018」（平成30年６月15日閣議決定）においては、主要分野の一つとして文教・科学技術等があげられ、そこでは、エビデンスに基く実効性のあるＰＤＣＡサイクルの確立、教育政策全般にわたる実証研究の設計や分析結果の検証を行う体制の構築、ロジックモデルの構築による政策目標と施策との関係の合理的設計等を進めるといった記載が見られる[(13)]。

文部科学省においては、第３期の「教育振興基本計画」（2018（平成30）年６月15日閣議決定）において、今後の教育政策の遂行に当たって特に留意すべき視点の一つとして「客観的な根拠を重視した教育政策の推進」をあげ、この中では、客観的な根拠を重視した政策推進の基盤形成に資するため、教育政策に関するＥＢＰＭを推進する体制を文部科学省に構築する必要があるとしている[(14)]。これを受け、文部科学省では、2018（平成30）年10月に組織改変を行い、ＥＢＰＭを推進するための部局として調査企画課を新たに設けている。

また、当該基本計画では、中央教育審議会の答申時において、五つの基本的な方針それぞれについて、①教育政策の目標、②目標の進捗状況を把握するための測定指標及び参考指標、③目標を実現するために必要となる施策群を設定した上で、今後５年間の教育施策の目標と施策群（ロジックモデル）を提示している。このうち社会教育に関係の深いロジックモデルを**図２－11**に例示する

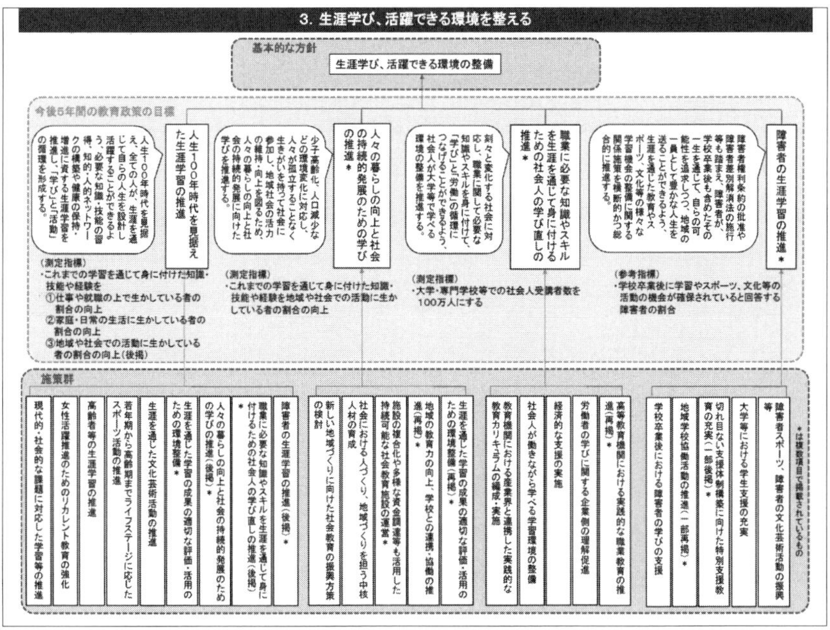

図２－11　文部科学省「第３期教育振興基本計画について（答申）」におけるロジックモデルの例

が、ここでは「人々の暮らしの向上と社会の持続的発展のための学びの推進」の目標に対する施策群として「新しい地域づくりに向けた社会教育の振興方策の検討」といった記載が見られる。

3．文部科学省におけるＥＢＰＭの試行事例

次に文部科学省が取り組んだＥＢＰＭに係る事例を示す。この事例は、2017（平成29）年度において、政府におけるＥＢＰＭ推進のとりまとめを行っている内閣官房の主導のもと、文部科学省の事業をロジックモデルに当てはめた上でＥＢＰＭの視点に立って検証を行ったものである。

まず、内閣官房が示したロジックモデルを**図２－12**に示す。従前のＰＤＣＡサイクルにおいては、インプット、アウトプット、アウトカムを設定しつつその構成を検討することを前提とすると、そこでは見られない「インパクト」の記載があることが特徴的である。なお、ここで言うインパクトは、「社会への影

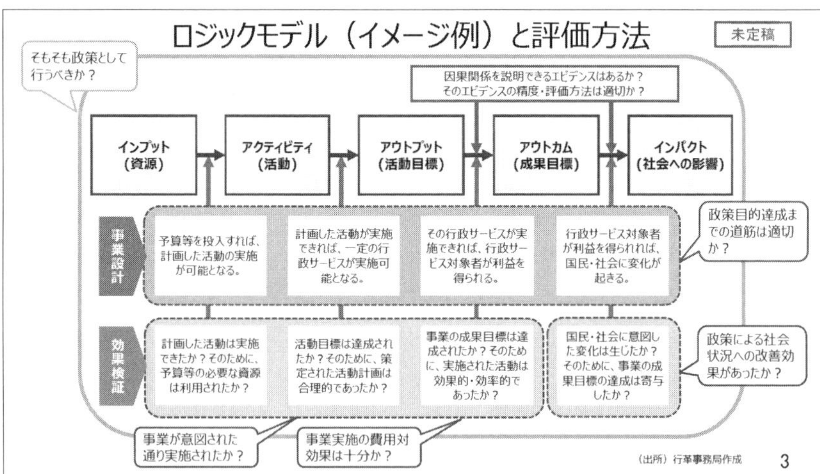

図２－12　ロジックモデル（イメージ例）と評価方法
内閣官房行政改革本部事務局

響」とされている。

次に文部科学省における「情報教育の推進等に関する調査研究」の事例をこのロジックモデルに当てはめたものを**図2－13**に示す。[15]

2017（平成29）年度の検証の場は、各省が作成したロジックモデルに対して有識者が意見を述べており、文部科学省の場合は、次のような議論（指摘）が示されている。

・　情報活用能力を把握していない中でロジックモデルに入れ込んで良いのか、まずはそれを把握し、国際比較などをとおした上で、ロジックモデルに入れるべき。
・　モデル事業は本来諸外国の事例などから仮説があってそれがこの国でもなじむのかを見定めた上で結果としてうまくいったら全国展開すべきもの

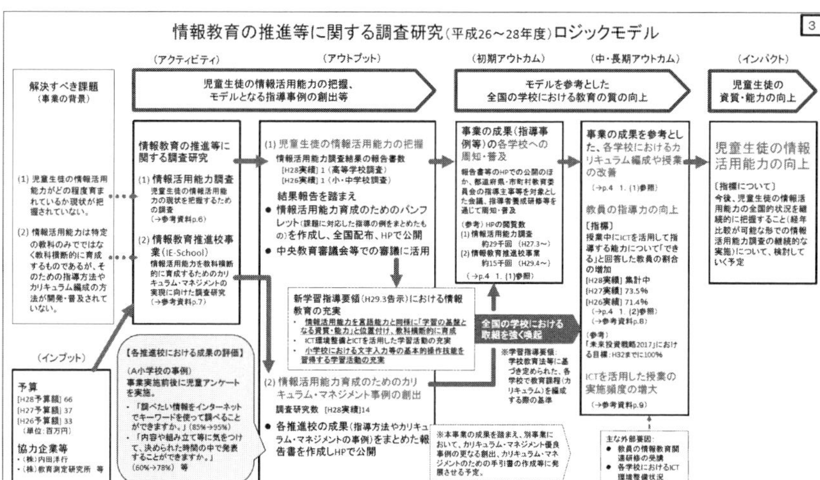

図2－13　情報教育の推進等に関する調査研究（平成26～28年度）ロジックモデル
内閣官房行政改革本部事務局、文部科学省資料

であるにもかかわらず当然のように全国展開ありきとなっていることへは違和感がある。

この指摘からは、適切なロジックモデルを構築するためには、適切な前提条件やエビデンスが求められていることが見て取れる。なお、前述のヒント集は、このような意見が集約されて取りまとめられたものである。

４．ＥＢＰＭの留意事項

上述の事例や意見等を踏まえると、ＥＢＰＭは、エビデンスの設定とロジックモデルの構築を並行して行うことが特徴であると言える。このことはＰＤＣＡを確立するプロセスという点において既存の政策評価と概念が近似していると捉えられることは避けられず、組織内においてＥＢＰＭを推進することを企図するに当たり、屋上屋の取組ではないかとの指摘を受ける可能性があることを示している。

政策評価は、ＰＤＣＡサイクルのうち、特にチェック（Ｃ）を検証する段階において、既存のデータやエビデンスを適宜活用する事例が多かったかと考えられるが、これに対して、ＥＢＰＭは、ＰＤＣＡの確立に当たって何がエビデンスとなりうるか、それは既に存在するのか、存在しない場合はどのように取得するのかといった立ち上げの段階から検証を行っていくことが求められており、このことこそ従前の政策評価との違いや特徴であると言える。

なお、ＥＢＰＭの検討に当たり、エビデンスを何によって求めるかといったことは大きな課題となりうる。定量的なデータこそがエビデンスのレベルを高めるといった議論もあるが、こと教育分野に関しては、一概にそれが適用できるものとも言い難い。ＥＢＰＭはこれまでのエピソード・ベースから脱却してエビデンス・ベースへの変革を求めるものでありつつも教育分野では、前述の教育振興基本計画において「他の政策分野と比較して、成果が判明するまでに長い時間を要するものが多いこと、成果に対して家庭環境など他の要因が強く影響している場合が多く、政策と成果の因果関係の証明が難しいものが多いことなどの特性があることにも留意し、研究者や大学、研究機関など、多様な主体と連携・協力しながら、数値化できるデータ・調査結果のみならず、数値化が難しい側面（幼児、児童、生徒及び学生等の課題、保護者・地域の意向、事例分析、過去の実績等）についても可能な限り情報を収集・分析し、あるべき教育政策を総合的に判断して取り組むことが求められる。」と記載されていることからも、定量的なデータ以外にもエビデンスとして活用ができるものがないか、教育分野におけるエビデンスとはそもそも何なのかといった点に留意が必要である。今後、文部科学省では、教育振興基本計画のフォローアップ手法の確立に向けた検討と併せて、教育分野におけるＥＢＰＭの在り方についても検討を進めることとしている。

５．社会教育行政における展開等

文部科学省では、前述の教育振興基本計画等を受け、教育・スポーツ・文化及び科学技術といった分野のＥＢＰＭを推進するため、**図２−14**のとおり全省的な体制を構築した。

また、教育・スポーツ・文化分野のＥＢＰＭ推進を担う調査企画課においては、**図２−15**のとおり新規事業を立ち上げた。

この事業では、新たなエビデンスを創出するため、多角的な新たな調査研究の実施と既存の統計調査等のデータからエビデンス取得等に資する基盤整備をセットで行いつつ、ネットワークを構築し、地方公共団体も含めたＥＢＰＭの推進を目指すものである。

ＥＢＰＭは、依然として具体的な取組が不足しており、社会教育行政においてもそれは同様である。ロジックモデルやそれに付帯するエビデンスといった点では、前述の教育振興基本計画におけるロジックモデルが参考となりうる。

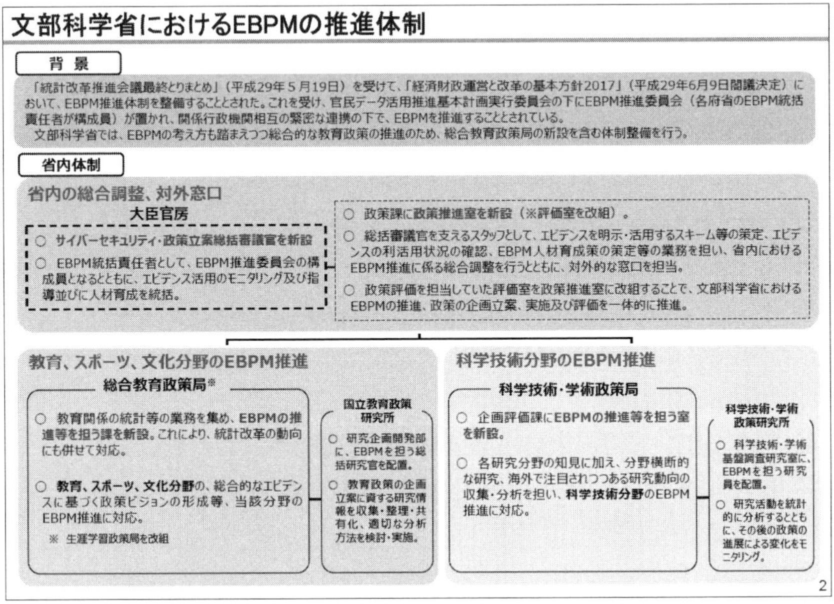

図２－14　文部科学省におけるＥＢＰＭ推進体制
内閣府、文部科学省説明資料

前述のヒント集にも記載があるとおりＥＢＰＭは、事業を新規又は拡充する際に有益である性質を持つ。事例はまだまだ乏しい状況であるが、今後の事例に注視しつつも、試行的に実践を行うことが重要である。そのためには、日頃からＥＢＰＭ推進の意識を高めるとともに適切なエビデンスを取得できるよう既存及び新規の調査や組織が保有するデータの洗い出しを行うことが重要である。

ＥＢＰＭによって検討がなされた事業は、自ずと論理的な整理を伴うこととなることからステークホルダー（stake holder）に対して説得力のある説明ができるという点で有効である。それは、財政部局に対する予算要求の場等において力を発揮することにもなる上に、ひいては、社会教育の存在感をより高める

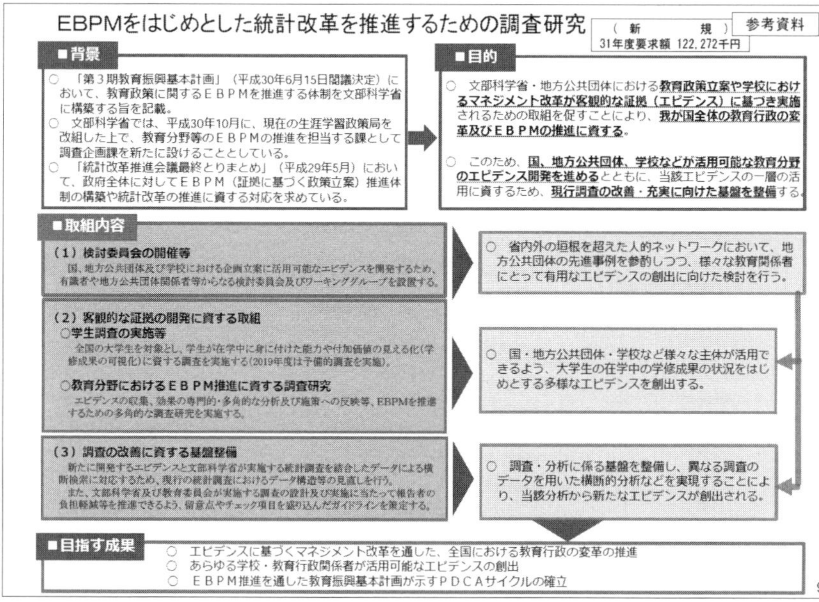

図２－15　文部科学省におけるＥＢＰＭ推進事業
内閣府、文部科学省説明資料

ことにもなるであろう。

注

(1)　内閣府「経済財政運営と改革の基本方針2015」、2015（平成29）年６月30日、民間資金等活用事業推進会議「多様な PPP／PFI 手法導入を優先的に検討するための指針」、2015（平成27）年12月15日、などを参照。

(2)　山本恒夫「都道府県社会教育行政における計画の意義と定義」、国立教育政策研究所社会教育実践研究センター『地方公共団体における社会教育計画の策定及び評価に関する調査研究報告書』、2008（平成20）年４月、10頁。

(3)　井内慶次郎監修、山本恒夫・浅井経子・椎廣行編著『生涯学習［自己点検・評価］

ハンドブック』文憲堂、2004（平成16）年、10頁。

(4)　正木朋也・津谷喜一郎「エビデンスに基づく医療（ＥＢＭ）の展開から学ぶもの―ＥＢＭ普及に伴い経験した課題と解決策―」、『日本評価研究』第10巻第１号、2010（平成22）年３月、３頁等を参照のこと。『日本評価研究』第10巻第１号では「エビデンスに基づく実践の世界的動向と日本における取り組み」を特集している。

(5)　惣脇宏「英国におけるエビデンスに基づく教育政策の展開」国立教育政策研究所紀要第139号、2010（平成22）年３月、155頁等を参照。

(6)　内閣府「経済財政運営と改革の基本方針2018」、2018（平成30）年６月15日。

(7)　ＥＢＰＭは、政策、施策、事業と成果の関係を論理的にかつデータや情報等の証拠に基づいて捉え政策、施策、事業の計画を立案することであり、データや情報等の証拠に基づいて評価、改善することである。ここで言う「論理的」にとは「ロジックモデルに基づく」ということであり、「データや情報等の証拠に基づき」ということは「エビデンスに基づく」ことである。したがって、ＥＢＰＭはロジックモデルとエビデンスという二つの要素に基づいて、政策立案を行うことを意味している。ロジックモデルとは政策、施策、事業等への投入（input）から成果（outcome）までの道筋を因果推論で示したものである。図に示すと**図２－16**のようになる。四角で表した要因の間には if － then の関係があり、ＥＢＰＭでは一般には因果関係とされている。

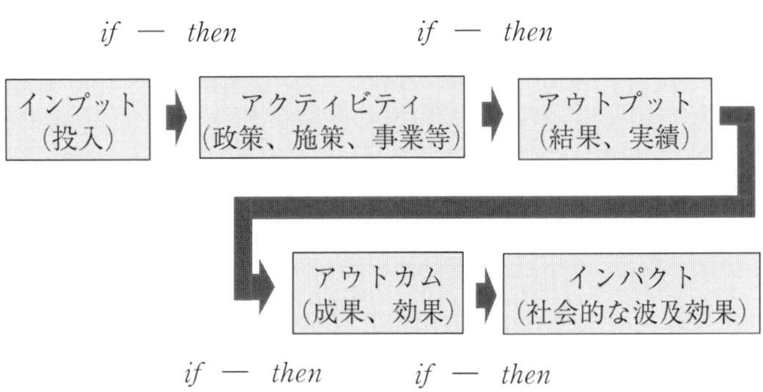

図２－16　ロジックモデルの構造

(8)　x は事業等、y は成果として論理記号を使って説明すると、次のようになる。

$x \supset y$　　　　⊃は「ならば」

しかし評価段階で y の達成は極めて難しく、実際には次のようになる。

$x \supset \sim y$　　　　～は「否定」

yが否定されれば$x \supset y$は成り立たず、後件が否定されれば前件も否定されるので、x自体も否定されてしまう。そこで、次のように考える。

$$x = (x_1 \cdot x_2 \cdot x_3 \cdots\cdots x_n)$$ ・は「そして」

xの否定は次のように表される。

$$\sim x = \sim (x_1 \cdot x_2 \cdot x_3 \cdots\cdots x_n)$$
$$= (\sim x_1 \vee \sim x_2 \vee \sim x_3 \cdots\cdots \sim x_n)$$ ∨は「あるいは」

したがって、

$$(x_1 \cdot x_2 \cdot x_3 \cdots\cdots x_n) \supset y$$

とすれば、ｙが否定されても

$$\sim (x_1 \cdot x_2 \cdot x_3 \cdots\cdots x_n)$$
$$= (\sim x_1 \vee \sim x_2 \vee \sim x_3 \cdots\cdots \sim x_n)$$

となるので、x_1、x_2、$x_3 \cdots\cdots x_n$から～のつくもの（否定されたもの）を探せばよいということになる。また、それが改善すべき点でもある。

(9)　惣脇宏「より一層エビデンスに基づいた教育政策と実践を」、ＯＥＣＤ教育研究革新センター（編著）、岩崎久美子・菊澤佐江子・藤江陽子・豊浩子（訳）『教育とエビデンス　研究と政策の協同に向けて』明石書店、2009（平成21）年12月、７頁等を参照のこと。

(10)　首相官邸「統計改革推進会議最終とりまとめ」
https://www.kantei.go.jp/jp/singi/toukeikaikaku/pdf/saishu_honbun.pdf

(11)　内閣官房行政改革推進本部事務局「ＥＢＰＭ推進の「次の一手」に向けたヒント集」
https://www.kantei.go.jp/jp/singi/toukeikaikaku/kanjikai/dai5/sankou1-1.pdf

(12)　経済財政運営と改革の基本方針2017（2017（平成29）年６月９日閣議決定）
https://www5.cao.go.jp/keizai-shimon/kaigi/cabinet/2017/decision0609.html

(13)　経済財政運営と改革の基本方針2018（2018（平成30）年６月15日閣議決定）
https://www5.cao.go.jp/keizai-shimon/kaigi/cabinet/2018/decision0615.html

(14)　教育振興基本計画（2018（平成30）年６月15日閣議決定）
http://www.mext.go.jp/a_menu/keikaku/detail/1406127.htm

(15)　「【ＥＢＰＭの試行的検証一モデル事業（ＩＣＴの活用)】」(2017（平成29）年11月15日、文部科学省）https://www.gyoukaku.go.jp/review/aki/H29/img/siryo9.pdf

この事業の内容として「情報活用能力育成に向けた施策の展開、学習指導の改善、教育課程の検討に資することを目的として、児童生徒の情報活用能力の実態を把握するための調査を実施。具体的には、小・中学校調査においては、小学５年生約3,000人、中学２年生約3,000人、高等学校調査においては、高校２年生約5,000人を抽出し、Ｃ

ＢＴ（コンピュータを使用して出題・解答する方式）により把握。それぞれ３年間をかけて実施。」と説明されている。

参考文献

- 国立教育政策研究所社会教育実践研究センター『社会教育経営論ハンドブック』、2020（令和２）年
- 内閣府「平成30年10月16日 経済・財政一体改革推進委員会 経済社会の活力ＷＧ（第1回）文部科学省説明資料～ＥＢＰＭ関係の取組～」
  https://www5.cao.go.jp/keizai-shimon/kaigi/special/reform/wg7/301016/shiryou3-2.pdf
- 中央教育審議会答申『第３期教育振興基本計画について、第２部　今後５年間の教育政策の目標と施策群（ロジックモデル）』、2018（平成30）年３月
  http://www.mext.go.jp/component/b_menu/shingi/toushin/__icsFiles/afieldfile/2018/03/08/1402213_04_1.pdf
- 内閣官房行政改革推進本部事務局「行政事業レビュー　ＥＢＰＭの試行的検証（Ⅰ）モデル事業（ＩＣＴの活用）」
  https://www.gyoukaku.go.jp/review/aki/H29/2nd/index.html
- 内閣官房行政改革推進本部事務局「「ＥＢＰＭの試行的検証」ＥＢＰＭ推進に向けた取組み・ロジックモデルなどについて」（2017（平成29）年11月15日 内閣官房行政改革推進本部事務局説明資料）
  https://www.gyoukaku.go.jp/review/aki/H29/img/z6.pdf
- 内閣官房行政改革推進本部事務局「【ＥＢＰＭの試行的検証一モデル事業（ＩＣＴの活用）】」（2017（平成29）年11月15日、文部科学省説明資料）
  https://www.gyoukaku.go.jp/review/aki/H29/img/siryo9.pdf
- 浅井経子・合田隆史・原義彦・山本恒夫編著『地域をコーディネートする社会教育―新社会教育計画―』理想社、2015（平成27）年
- 国立教育政策研究所『教育研究とエビデンス―国際的動向と日本の現状と課題―』、2012（平成24）年。
- 国立教育政策研究所社会教育実践研究センター『社会教育計画策定ハンドブック』、2012（平成24）年３月。
- 大山莊四郎・上山信一・玉村雅敏・永田潤子『日本型 NPM―行政の経営改革への挑戦』ぎょうせい、2003（平成15）年。

- 上山信一・伊関友信『自治体再生戦略』日本評論社、2003（平成15）年
- 新たな行政マネジメント研究会『新たな行政マネジメントの実現に向けて』、2002（平成14）年5月
- 上山信一『行政経営の時代―評価から実践へ』NTT 出版、1999（平成11）年

第3章　今日的課題に応える社会教育行政の経営

第1節　少子高齢化と社会教育行政

1．少子高齢化の現状

我が国の総人口は、2017（平成29）年10月1日現在、1億2,671万人であった。65歳以上の高齢者人口は、3,515万人となり、総人口に占める割合（高齢化率）も27.7％となった。地域別に見ると高齢化率が最も高い秋田県で35.6％、最も低い沖縄県で21.0％となっている。今後、高齢化率は、すべての都道府県で上昇し、2045（令和27）年には、最も高い秋田県では50.1％となり、最も低い東京都でも、30.7％に達すると見込まれている。

一方、市町村に目を転じると、高齢者が半数を超える自治体も散見される。商業施設に通うことができない「買い物難民」の問題や、医療や介護などの行政サービスにかかる費用の増加など、極めて深刻な状況にある。こうした高齢化には、大別すると二つの要因がある。一つは、平均寿命の延伸による65歳以上人口の増加である。そして、二つは、少子化の進行による若年人口の減少である。

今日の急速な高齢化の進行は、単に高齢者の増加に起因しているだけではなく、高齢化と同時進行している少子化による影響も大きい。すなわち、少子化が進めば進むほど、高齢化が加速するという関係にある。我が国の年間の出生数は、第1次ベビーブーム期には約270万人、第2次ベビーブーム期には約200万人であったが、1975（昭和50）年に200万人を割り込み、それ以降、毎年減少し続けた。1984（昭和59）年には150万人を割り込み、1991（平成3）年以降は増加と減少を繰り返しながら、緩やかな減少傾向となっている。2016（平成28）年の出生数は、97万6,978人となり、1899（明治32）年の統計開始以来、初めて100万人を割った。こうした少子化の原因としては、未婚化・非婚化・晩婚化などに伴う晩産化や無産化が指摘されている。

2．少子高齢化と社会教育計画

社会教育計画は、地域の有する課題を解決し、目指すべき姿へと導くためのシナリオである。各種資料や調査の結果等を客観的に分析したものを基礎データとして、計画は立てられなければならない。そのためには、当該地域の位置、地勢、人口（年齢人口構成を含む）、産業、労働、行財政、教育、文化などの状況や、住民の生活構造の実態、意識・行動等のあらゆる地域資料を収集し、主観的・観念的な憶測を避け、具体的な裏付けのある展望を持つことができるように分析し、「知る」だけではなく、将来を読み取ること、すなわち将来予測が求められる。2014（平成26）年、日本創成会議[(1)]の分科会が発表した今後の人口減少に関する予測は、たいへん深刻な内容であった。2040（令和22）年には、全国の約半数にあたる896の市区町村で20～39歳の女性の数が現在の半分以下に減り、このうち523の自治体では人口が１万人未満となり、「消滅の危機」に直面するというものである。人口と年齢構成にかかわる予測は、地域の存続をも左右する重要なデータである。こうした予測データは、現在ではほとんどの自治体が公開している。社会教育計画の策定に当たっては、データを踏まえ、将来の地域課題を予測し、必要な社会教育事業を計画の中で位置付けていくことが重要である。

3．少子高齢化の進展による新たな地域課題

少子高齢化の進展は、地域に様々な形で暗い影をおとす。社会教育は、こうした影響により生じる新たな地域課題と真摯に対峙し、地域づくり・人づくりを進めなければならない。ここでは、少子高齢化の進展による影響を、「子ども・家庭」、「地域社会」、「経済社会」の三つの視点から捉え、今後懸念される

主な地域課題について概観する。

(1)　子ども・家族への影響

地域における子どもの減少は、同年齢や異年齢の子どもたちの社会集団を構成することができなくなる。そして、子ども同士の交流や切磋琢磨の機会を減少させ、コミュニケーション能力をはじめとする子どもの社会性の形成を一層難しくする。また、学校や地域における一定規模の集団を前提とした教育活動やその他の活動（学校行事や部活動、地域における伝統行事等）も成り立たなくなる。一方、親については、子どもに対する過保護・過干渉を招きやすくなることや、子育てについての経験や知恵の伝承・共有が困難になることも危惧されている。さらには、世帯の人数も減少し、単身者や子どものいない世帯が増加するなど、「家族」の形が変容することから、家族の支え合う機能の低下が懸念される。

(2)　地域社会への影響

地域社会におけるつながり、結び付きといったコミュニティ機能は、住民同士の支え合いや危険要因の除去、注意喚起等、災害だけでなく犯罪や福祉、教育、環境等の様々な問題を解決する際に、その役割を果たしてきた。しかしながら、今日の急激な少子高齢化の進行は、これまで主に町内会・自治会が母体となって地域住民が自主的に連帯して取り組んできた防災をはじめとする様々な地域活動を衰退させている。地域コミュニティの崩壊は地域の活力だけでなく、地域の安心・安全を脅かす原因ともなっている。とりわけ、単身高齢者にとっては、地域コミュニティは緊急時のセーフティネットである。「孤独死」の問題や介護その他の社会的扶養の必要性を高めるなど、地域の福祉にも大きな影響を及ぼすことが懸念される。さらには、高齢化による地域活動を支える世代の減少は、田畑や森林の管理や長年培われてきた地域の歴史や伝統文化の継承にも影響を及ぼしている。

(3) 経済社会への影響

少子高齢化による経済社会への影響として第一にあげられるのは、生産年齢人口の減少による生産現場などへの労働力の供給が困難となることである。また、急激な少子化により高齢化がさらに進めば、年金、医療、介護等の社会保障費は急速に増大し、それが現役世代の税や社会保険料の負担増につながっていく。さらには、現役世代の人口の減少と所得の減少により、税収が減少し、行政による公共サービスの縮小にもつながっていく。現行の地方行政の体制のままでは、市町村によっては、住民に対する基礎的なサービスの提供が困難になるケースも懸念されている。

4．少子高齢化と社会教育計画立案の視点

(1) 子どもを産み育てる環境の充実

少子化に際して、「安心して子どもを産み育てられる環境づくり」を重点施策として位置付ける自治体が多い。行政内における子育て環境の整備は、福祉をはじめとする様々な一般行政部局においても取組が行われている。社会教育計画には、一般行政とは異なる社会教育行政として取り組むべき事業の視点を明確にすることが重要である。学習者の意識を変え、行動変容を目指す社会教育の特質を念頭に、教育的な視点に立った人づくりこそが、子どもを安心して産み育てる環境の構築に向けて、社会教育計画の中に位置付けるべき事業の視点である。以上のことを踏まえ、社会教育計画の中で位置付けるべき主な事業は次のとおりである。

① 子どもを対象に、異世代交流や様々な体験学習を取り入れた子育ちを支援するための事業。

② 子育て中の親を対象に、家庭教育に関する学習機会を提供する親育ちを支援する事業。

③ 親子を対象に、親子のふれあいを図る親子関係を支援する事業。

④ 地域のすべての住民を対象に、子育てボランティアやサークル育成のための学習機会を提供する子育て環境づくりを支援する事業。

⑵ 高齢者の健康の維持と地域活動の促進

急速な高齢化により、高齢者医療費の増大、地域社会の活力の低下、単身老人世帯の増加等の問題が顕在化しつつある。また、65 歳以降の平均寿命は非常に長くなり、退職後の人生を自ら設計し、生きがいを持って主体的に生きるとともに、地域における様々な活動において、重要な担い手として活躍していくことは、本人のみならず、地域社会の活性化という観点からも重要である。こうした状況を踏まえ、高齢化に伴う地域課題に対処するためには、意図的計画的に必要な学習機会を提供し、高齢者自らが学習成果を活用し、各自の課題や地域の課題の解決に取り組むことができるような仕組づくりが必要である。以下に示すのが、社会教育計画の中で位置付けるべき主な事業の視点である。

① 高齢者を対象に、職業的知識や技術に関する学習機会を提供することによって再就職を支援する事業。

② 高齢者を対象に、余暇を有意義に過ごすための仲間づくりや趣味・教養に関する学習機会を提供することによって健康な生活を支援する事業。

③ 高齢者を対象に、地域活動に参加するためのノウハウ等にかかわる学習機会を提供することによって地域への参画を支援する事業。

④ 地域のすべての住民を対象に、高齢者をサポートするボランティアやサークル育成のための学習機会を提供することによって高齢者の福祉環境づくりを支援する事業。

(3) 新しい「公共」による共生社会の構築

少子高齢化が急速に進展する中で、多様な個人が能力を発揮しつつ、自立して共に社会に参加し、支えあう、「共生社会」の形成が求められる。今日の地域コミュニティの衰退は、家族や共同体の互助という仕組の中でまかなわれてきたサービスの供給を困難にしつつある。しかし、こうした事態に、代替すべき行政機関が、逼迫した財政状況故に、十分に役割を果たせない状況にある。そこで、注目されるのが、これまでもっぱら行政に委ねられてきた「公共」を市民が担う「新しい公共」という仕組である。地域のＮＰＯ、ボランティアなどの住民組織が担い手となり保育所に入所できない子どもの保育サービスや高齢者の配食サービス等は、すでに全国で散見することができる。今後の持続可能な地域社会を確立・維持するためには、欠くことのできない仕組であり、住民の地域活動の積極的なサポートとともに、ＮＰＯやボランティア等の組織育成の視点を社会教育計画の中に位置付けることが必要であろう。

第２節 人生100年時代の社会教育行政

1．高齢化と長寿化

今日で言う人生100年時代とは、単に日本人の寿命が伸びた（長寿化）ということではなく、同時に少子化であり人口減少社会であり、超高齢化社会である。

高齢化とは、その国の総人口に占める高齢者の割合（高齢化率）で示される。統計上、高齢者とは65歳以上（後期高齢者とは75歳以上）のことである。高齢化率が７％を超えると「高齢化社会」、14%を超えると、「高齢社会」、21%を超えると「超高齢社会」とされている。日本は少子高齢化が問題となって久しいが、2018（平成30）年時点で28.1%と超高齢社会となっている。

一方、長寿化については、いわゆる平均寿命（0歳の平均余命）が、2017（平成29）年時点で男性が81. 09歳、女性が87. 26歳、将来推計では2065年にはそれぞれ84. 95歳、91. 35歳となると予測されている。日本は世界一の長寿国である。

単位：万人（人口）、%（構成比）

		平成30年10月１日		
		総数	男	女
人口（万人）	総人口	12,644	6,153 （性比）94.8	6,491
	65歳以上人口	3,558	1,546 （性比）76.8	2,012
	65～74歳人口	1,760	840 （性比）91.3	920
	75歳以上人口	1,798	706 （性比）64.6	1,092
	15～64歳人口	7,545	3,818 （性比）102.4	3,727
	15歳未満人口	1,542	789 （性比）104.9	752
構成比	総人口	100.0	100.0	100.0
	65歳以上人口（高齢化率）	28.1	25.1	31.0
	65～74歳人口	13.9	13.7	14.2
	75歳以上人口	14.2	11.5	16.8
	15～64歳人口	59.7	62.1	57.4
	15歳未満人口	12.2	12.8	11.6

図３－１　高齢化の現状

総務省「人口推計」平成30年10月１日（確定値）
（注）「性比」は、女性人口100人に対する男性人口
内閣府「令和元年度版　高齢社会白書」

また、日常的・継続的な医療や介護を必要とせず、健康で自立した生活を送ることができる期間を「健康寿命」と言うが、2016年時点の健康寿命は男性が72.14歳、女性で74. 79歳である。平均寿命と健康寿命の間には10年前後の開きがある。政府はこの健康寿命を2040年までに３年以上伸ばす目標を掲げ、取組を進めている。

広井良典（京都大学こころの未来研究センター教授）は、地域における子ど

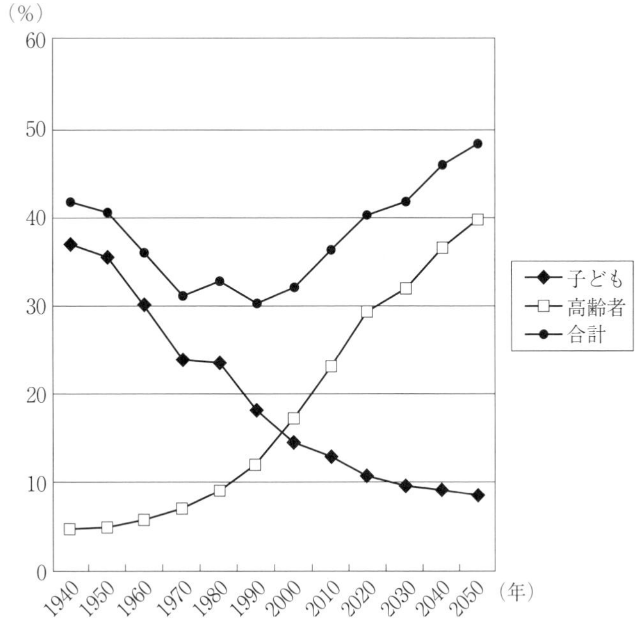

図3－2 「地域密着人口」の増加

(注) 子どもは15歳未満、高齢者は65歳以上。
2000年までは国勢調査。2010年以降は「日本の将来推計人口」(平成18年12月推計)。
広井良典「人口減少社会と地域コミュニティ」、『人口減少社会の構想』一般財団法人 放送大学教育振興会、2017(平成29)年、201頁より。

も(15歳未満)と高齢者(65歳以上)の合計を地域とのかかわりが深い、土着性が強い層として「地域密着人口」と定義している。広井は、最近までこの地域密着人口が減り続けた時代とすると、今後は増加する時代となっていき、その中心は高齢者となる、「現役世代に比べて圧倒的に“地域で過ごす時間”が多く、おのずと地域の様々なことに関心が向く人々の群が着実かつ急速に増えていくのがこれからの時代である」と指摘している[(2)]。つまり地域課題を解決する中心層は否も応もなく、高齢者層だということである。

人口が減少し(特に地方)、子どもが減り高齢者が増え、高齢者が長寿となり、地域の多数を構成する社会が到来しており、こうした中で社会教育行政をどう設計していくかが問われている。

2．高齢社会対策と高齢期の学習支援

1995（平成７）年に高齢社会対策基本法が成立し、同法を根拠に政府はおおむね５年毎に高齢社会対策大綱を定めることが義務付けられている。直近の2018（平成30）年に閣議決定された大綱では、今後の高齢社会対策をつらぬく基本的な考え方として三つあげている。

①　年齢による画一化を見直し、全ての年代の人々が希望に応じて意欲・能力をいかして活躍できるエイジレス社会を目指す。
②　地域における生活基盤を整備し、人生のどの段階でも高齢期の暮らしを具体的に描ける地域コミュニティをつくる。
③　技術革新の成果が可能にする新しい高齢社会対策を志向する。

これらの基本的な考え方を踏まえ、基本的施策の方向として「学習・社会参加」の分野においては「学習活動や社会参加活動を通じての心の豊かさや生きがいの充足」や「就業を継続したり日常生活を送ったりする上でも社会の変化に対応して絶えず新たな知識や技術を習得」することが不可欠であること、「一人暮らしの高齢者の増加も背景に、地域世代が交流することの意義の再認識」の観点から、高齢期の学習支援の重要性を指摘している。また、「活力ある地域社会の形成を図るとともに、高齢者が年齢や性別にとらわれることなく、他の世代とともに社会の重要な一員として、生きがいを持って活躍したり、学習成果をいかしたりできるよう、高齢者の社会参加活動を促進する」としている。

大綱策定の事前の検討に、文部科学省『超高齢社会における生涯学習の在り方に関する検討会報告』（2012（平成24）年）[(3)]がある。同報告書では、これまで

は、超高齢社会にどのように対応すればよいかといった課題（医療、介護、年金、雇用等）に焦点が当たりがちだったが、人生100年時代を迎える長寿社会の積極面をもっと評価し、「高齢者を含むすべての人々が健康で、生きがいをもち、安心して暮らせる社会をどのように実現するか」という観点が今後ますます重要になると指摘している。「高齢者をこれまでのような社会的弱者として保護される人という誤った見方から、地域社会の一員であるという見方へ」国民全体の意識を変える必要があり、「むしろ高齢者がその豊かな知識や経験を生かして、地域社会の担い手として活躍することは、地域社会が抱える課題の解決や活力ある社会の形成にもつながる」と。

その上で、高齢者にとっての生涯学習の役割を四つに整理している。

① 生きがいの創出に資する生涯学習
② 個人の自立と社会での協働に資する生涯学習
③ 新たな縁の構築に資する生涯学習
④ 健康維持や介護予防に資する生涯学習

これまでの高齢者の「生きがい」中心の学習支援をあげつつも、社会が変わり続ける中で、地域社会の中心となる高齢者の自立（生活を保障することにもつながる）や地域参画・社会貢献につながる多様な学び直し、「高齢者一人一人が、若者と同様に社会の重要な一員として共生する豊かで活力ある長寿社会を実現するため」の、新たな「地縁」を形成し得る生涯学習の重要性を説いている。

3．リカレント教育と地域課題の解決

⑴ リカレント教育

人生100年時代ということは、つまりは事実上の「現役世代」でいる時期が長

くなる、ということである。ただ「現役」であり続けるためには、変わり続ける社会にキャッチアップ（catch-up）するため、最新の知識・技術を習得し続ける必要がある。いわば「学び続ける社会」でもある。

このため、政府の人生100年時代構想会議による『人づくり革命　基本構想』（2018（平成30）年）では、「人生100年時代には、高齢者から若者まで、全ての国民に活躍の場があり、全ての人が元気に活躍し続けられる社会、安心して暮らすことのできる社会をつくる必要があり、その重要な鍵を握るのが『人づくり革命』、人材への投資である」とし、幼児教育や高等教育の無償化、大学改革やリカレント教育の抜本的拡充、高齢者雇用の促進と、あらゆる世代に向けた具体的な政策を提案している。

「リカレント教育」とは、ＯＥＣＤ（経済協力開発機構、Organization for Economic Co-operation and Development）による報告書で広く提唱されたもので、個人が社会に出て職業生活を送るようになった後に、最新の知識や技術の習得など必要に応じて大学等に戻って学修する再教育のことである（recurrentとは、反復、回帰といった意味）。日本においても、既に1992（平成４）年の生涯学習審議会答申(4)において、今後取り組むべき重点課題の一つとして「社会人を対象としたリカレント教育の推進」が提言されている。

ただし、その重要性を理解しつつも社会の変化が今日に比べ、まだまだゆったりとしていたこと、同答申が、広く個人が教養を身に付け、人間性を豊かにするために学習することもリカレント教育に含められるとしたこともあり、政策として十分な定着をみなかった。

前述の『人づくり革命　基本構想』では、多様な局面での社会変化の加速化、人生100年時代を踏まえ、「何歳になっても学び直し、職場復帰、転職が可能となるリカレント教育を抜本的に拡充する」とし、大学等高等教育機関の新たな役割としてリカレント教育を位置付けた。

(2) 地域課題を解決する担い手

先にあげた検討会報告で指摘された、地域社会が抱える課題の解決や活力ある社会の形成に向け、高齢者が地域社会の担い手として活躍することを支援する仕組の一つとして、鳥取県雲南市が2005（平成17）年から始めた「地域自主組織」の取組がある。雲南市は人口４万人程度で、広さはほぼ東京23区に相当、中山間地域で全域が過疎指定であり、高齢化率は38.8％（2019（令和元）年である。

地域にあったこれまでの地縁型（自治会、町内会）、目的型（消防団、営農組織など）、属性型（女性グループ、高齢者の会など）の組織をテーマ毎に再編成（例えば保健福祉部、文化部など）した地域全体を覆う自治組織で、現在、市内全域で結成が完了し、40をこえる地域自主組織が活動している。

地域自主組織の活動の柱は、地域づくり、地域福祉、生涯学習の三つで、その活動については、市が指導・助言をはじめ活動費を負担している。地域自主組織である「躍動と安らぎの里づくり鍋山」では、市水道局の委託を受け（行政からのアウトソーシングではなく、住民のアイデア）、水道メーターの検針を行い、その機会を利用し、全世帯を訪問、高齢者を含めた住民に声かけをする「まめなか君の水道検針」(出雲弁で「お元気ですか」は「まめなかね」)、「波多

図３－３　「まねなか君の水道検針」と「はたマーケット」
総務省「地域の元気創造プラットフォーム公式サイト」掲載
https://www.chiikinogennki.soumu.go.jp/index.html

コミュニティ協議会」では、地域の唯一の小売店が撤退したため、自分たちで店舗を開店、買い物客の無料送迎も行い、地域住民の交流サロンともなっている「はたマーケット」を企画・運営している。こうした活動の中心は、地域密着人口を構成する高齢者である。

第３節　地方分権、民間活用と社会教育行政

1．生涯学習推進と地方分権改革

戦後の行政改革は、主に「地方分権の推進」（行政の民主化・分権化）と「小さな政府の実現」（行政の効率化・市場化）を求めて展開されてきた。その時々の時代背景・社会環境により改革の力点こそ異なるものの、省庁・部局等の再編・整理、審議会等の整理・統合、国から地方への権限・財源等の移譲、行政手続きの簡素化・適正化、国営事業の公社化・民営化、規制緩和や民間活力の導入などの諸施策が含まれる。

教育委員会制度を中心とする地方教育行政は、行政改革から受ける影響は比較的小さかったが、90年代以降の「地方分権改革」の時代を迎え、教育法制の見直しの頻度も高まっていく。同じ頃、臨時教育審議会（1984（昭和59）～87（昭和62）年）による「生涯学習体系への移行」の政府方針を受けて、文部省（当時）は社会教育局を生涯学習局へと改編（1988（昭和63）年）し、生涯学習推進の体制構築に着手する。地方でも、「生涯学習の振興のための施策の推進体制等の整備に関する法律[(5)]」（1990（平成２）年）の施行などを契機として、生涯学習推進の機運も徐々に高まっていた。このように、「行政改革における地方分権・規制緩和」と「教育改革における生涯学習振興」とが連動しつつ、地方社会教育行政の改革が進められることとなる。

90年代以降の地方分権改革は、①衆議院・参議院両院による「地方分権の推進に関する決議[(6)]」（1993（平成５）年６月）ならびに地方六団体[(7)]が内閣と国会に提出した「地方分権の推進に関する意見書」（1994（平成６）年９月）を契機と

する「第１次地方分権改革」、②地方六団体の12年ぶりの意見書（2006（平成18）年６月）を受けた「骨太の方針2006」[8]（同年７月）を契機とする「第２次地方分権改革」、③全閣僚から成る「地方分権改革推進本部」（2013（平成25）年３月）、地方分権改革の評価・検討を行う「地方分権改革有識者会議」が設置されて以降の近年の改革などに分けることができる[9]。

第１次改革においては、地方分権推進法（1995（平成７）年）に基づく「地方分権推進委員会」の勧告を実行に移すため、政府は「地方分権推進計画」（1998（平成10）年）を閣議決定し、その法律事項を具現化するため「地方分権一括法」[10]（1999（平成11）年）を成立させ、475本の法律の一括改正により各行政分野での地方分権・規制緩和等を進めた。次いで、第２次改革においては、地方分権改革推進法（2006（平成18）年）に基づく「地方分権改革推進委員会」の４次にわたる勧告に対応した「地方分権一括法」[11]（第１～４次一括法、2011（平成23）～14（平成26）年）を成立させ、やはり関連の法律の一括改正により、義務付け・格付けの見直し、国から地方、都道府県から市町村への権限移譲などを進めた。

近年の改革においては、「国と地方の協議の場に関する法律」（2013（平成25）年）により地方分権・規制緩和に関する協議の場が法制化されるとともに、地方の主体的な取組を促す仕組[12]も整えられつつある。市町村合併（平成の合併）による市町村数の減少も進む中（1999（平成11）年度末：3, 232団体→2010年度末：1, 727団体）、国・地方の厳しい財政状況とも相まって、各地域・各領域で新たな時代にふさわしい地方自治・住民参加の在り方が模索されている。

２．生涯学習審議会答申（1998年（平成10））と地方分権・規制緩和

このような地方分権改革の動向を受けて、1997（平成９）年６月、文部大臣は生涯学習審議会（いずれも当時）に対し「社会の変化に対応した今後の社会教育行政の在り方について」諮問、広く関係者の意見をふまえ、翌98（平成10）

年、審議結果を取りまとめている（生涯学習審議会答申1998（平成10）年）。同答申は「地方分権等を推進していく見地から、社会教育行政について、種々の指摘がなされている」とし、「地方分権・規制緩和の推進」や「民間の諸活動の活発化への対応」の在り方を検討している。このうち、「地方分権・規制緩和の推進」については、「戦後の社会教育行政制度は、地方分権の考え方に立ち、また、公民館運営審議会の設置をはじめとして住民が社会教育施設の運営に参加する仕組みを持つなど」の先進性を有する半面、「住民自治の考え方に基づく制度でありながら、その定め方が固定的・画一的」あり、住民参加の仕組みの形骸化などの課題を指摘する。

同答申は「社会教育行政の今後の展開」として、「地方公共団体の自主的な取組の促進」ならびに「社会教育行政における住民参加の推進」を内容とする「地方分権と住民参加の推進」のための具体策[13]を提言しているが、翌99（平成11）年の「地方分権一括法」の制定による第１次改革、さらには第２次改革を通じて、社会教育法ならびに関連法令は大幅な改正を受けることとなる。具体的には、社会教育法制における住民参加条項（社会教育委員、公民館運営審議会・図書館協議会・博物館協議会の各委員）を中心とする要件の緩和・廃止ならびに条例への権限移譲、図書館における国庫補助に関わる基準の緩和・廃止等が含まれる（**表３-１**）。

ただし、2011（平成22）年の社会教育法改正において、公民館運営審議会の委員の委嘱の基準（第30条第１項）が削除された際に、「委員の委嘱の基準、定数及び任期」などの必要な事項を条例で定める場合、「委員の委嘱の基準については、文部科学省令で定める基準を参酌するものとする」（第２項）との規定が設けられた[14]。このように、地方分権（条例への権限移譲）を前提とした「法律による規制」から「省令による基準設定」へと国の役割が変化している[15]。

このような地方分権・規制緩和の流れの中で、各地方公共団体における生涯学習推進行政・社会教育行政は、今後さらに経営的力量を高めていく必要があ

表３－１　社会教育分野の主な規制緩和・権限移譲等（第１次・第２次地方分権改革）

制度	変更内容	関連条項	改正年
社会教育委員（社会教育法）	委員構成に関する要件（緩和）	法15条２項	1999（平成11）年
	委嘱手続きに関する規定（削除）	法15条３・４項	
	委員構成の指定に関する規定（削除）	法15条２項	2013（平成25）年
公民館（社会教育法）	公民館運営審議会の必置規制（廃止）	法29条１項	1999（平成11）年
	公民館運営審議会の委員構成に関する要件（緩和）	法30条１項	
	公民館運営審議会委員の定数・任期等の規定（条例へ）	法30条２項	
	公民館長の任命に際しての公運審への意見聴取規定（削除）	法28条２項	
	公民館運営審議会委員の構成等の要件に関する規定（削除）	法30条１項	2011（平成23）年
図書館（図書館法）	（国庫補助を受ける場合）公立図書館長の司書資格要件規定（削除）	法13条３項	1999（平成11）年
	図書館協議会の委員構成に関する要件（緩和）	法15・16条	
	（国庫補助を受ける場合）公立図書館の最低基準（廃止）	法19・21条	
	（国庫補助を受ける場合）図書館長の専任規制（廃止）	施行規則11条	
	（国庫補助を受ける場合）司書・司書補の配置規制（廃止）	施行規則13・16条	
	図書館協議会委員の資格要件の規定（廃止）	法15条	2011（平成23）年
	図書館協議会委員の設置等に関する規定（条例へ）	法16条	
博物館（博物館法）	博物館協議会委員の委嘱手続きに関する規定（削除）	法22条２項	1999（平成11）年
	博物館協議会委員の資格要件の規定（廃止）	法21条	2011（平成23）年

竹内俊子「教育行政領域における『分権改革』の現状と課題」、三橋良士明・村上博・榊原秀訓編『自治体行政システムの転換と法―地域主権改革から再度の地方分権改革へ』2014（平成26）年、ならびに竹内俊子「教育分野における『分権改革』の検証の課題―義務付け・枠付けの見直しと権限移譲を中心に」、本多滝夫・榊原秀訓編著『どこに向かう地方分権改革―地方分権改革の総括と地方自治の課題』自治体研究社、2014（平成26）年等を参考に筆者作成。

る。住民参加や施設運営にかかわる国の基準を参考にしながらも、地域の特性や課題、資源等を見極め、地域住民の参加・参画、関係機関との連携・協働を図りながら、個性的かつ主体的な社会教育行政を展開していくことが求められる。

３．社会教育の提供主体の多様化と社会教育行政

先述の生涯学習審議会答申（1998（平成10）年）は、「民間の諸活動の活発化への対応」という社会教育行政の課題を指摘している。「従来、社会教育行政が行ってきた民間活動支援施策は、主として、社会教育関係団体に対する補助金や指導・助言」であったが、今後は「民間教育事業者、ボランティア団体をはじめとするＮＰＯ等とも幅広く連携協力を進めるとともに、これら民間活動がより一層活性化」するための環境整備が必要としている。

今後、社会教育の提供主体はさらに多様化することが予想される。関連の動向として、「特定非営利活動促進法」（1998（平成10）年）の制定によるＮＰＯ等による社会貢献活動・市民活動等の活発化、「民間資金等の活用による公共施設等の整備等の促進に関する法律（ＰＦＩ法）[(16)]」（1999（平成11）年）の制定による公共施設の整備における民間資金の活用、地方自治法の改正（2003（平成15）年）による指定管理者制度の導入促進、構造改革特区（2003（平成15）年〜）・総合特区（2011（平成23）年〜）・国家戦略特区（2014（平成26）年〜）などの構造改革・規制改革の取組、「地方創生関連二法[(17)]」（2014（平成26））の成立・施行による地方創生に関する施策群などをあげることができる。これらはいずれも、行政と民間事業者との連携（官民パートナーシップ、PPP：Public Private Partnership）を促進させる条件となり、公共サービスの提供に民間事業者の参画・参入がより一層活発になる時代の到来を予感させる。

文部省（当時）は、1995（平成７）年、学校の教育課程として行われる教育活動以外の民間の事業者が行う組織的な教育活動は「社会教育」に含まれること、「営利事業を援助すること」に該当しない限りにおいて、民間営利社会教育

事業者による営利目的の事業に公民館の施設の使用を認めることは差し支えないとの判断を示している[18]。このことは、施設運営にかかわる重要な変化ではあるが、これからの社会教育行政に求められるのは、このような民間事業者等への施設利用の許可に留まるものではない。近年、公共施設の管理・運営を営利企業や財団法人、ＮＰＯ法人などに包括的に代行させる指定管理者制度のほかにも、施設の所有権を公共主体が有したまま、施設の運営権を民間事業者に設定する「公共施設等運営権制度[19]」などの導入事例が社会教育施設にも見られるようになり、民間事業者が公共サービスに参入する基盤が着々と整備されている。ふるさと納税制度やクラウドファンディング（crowdfunding）といった資金調達手法への期待も集まるなど、社会教育行政においても民間事業者の有するノウハウを導入することは一般的なものとなりつつある。

社会教育の提供主体が多様化する時代の中で、今後の社会教育行政の課題として、地域に所在するコミュニティ（生活者）とアソシエーション（事業者）という二種類の資源を活用するための基盤整備を指摘することができる。整備されるべき基盤は、ネットワークやコンソーシアム（consortiam）、プラットフォーム（platform）など、様々にイメージすることが可能であるが、当該地域で共有するためのイメージづくりを含め、社会教育行政がその構築のための中心的役割（仲介役、コーディネーター）を担うことが期待される。そのために、多様な主体（地域住民・団体、民間事業者等）との日常的なかかわりの中で、公共経営（企業経営）に関する基礎的な知識・理解、技能を身に付けるとともに、地域生涯学習・社会教育のビジョンを説得的に示すための（一段高い）企画構想力が求められると言える。

第４節　地域学校協働に取り組む社会教育行政

１．「開かれた学校」から「地域とともにある学校」へ

2008（平成20）年、政府は教育振興基本計画（第１次）を閣議決定し、「学校・

家庭・地域の連携協力のための様々な具体的仕組を構築するとともに、社会全体の教育力向上に取り組む」ことを宣明した。これは、改正教育基本法（2006（平成18）年）の「学校、家庭及び地域住民等の相互の連携協力」（第十三条）の条項、さらには教育再生会議の「学校、教育委員会ほか教育関係者、地方自治体関係者、企業関係者等が協力して、社会総がかりでの教育再生に貢献するネットワークを構築する」という提言[20]（2007（平成19）年）など一連の動向に位置付くものである。

学校教育に過度に教育機能を集中させることへの批判は、少なくともユネスコの生涯教育論の提起（1965年）まで遡ることが可能であるが、我が国の教育政策において正面から取り上げられるのは、80年代の臨時教育審議会の諸答申を待たなければならない。臨教審は「学校中心の考え方を改め、生涯学習体系への移行を主軸とする教育体系の総合的再編成を図っていかなければならない」（最終答申）と教育体系の再編を改革論議の中核に位置付けていた。その一方で、「従来いわれてきた『開かれた学校』は、学校施設の地域社会への開放というような比較的狭義の意味でとらえられがちであった」が、これからは「学校の管理・運営への地域・保護者の意見の反映等」「開かれた学校経営への努力」（第三次答申）を促すなど、学校経営改革の志向も示していた。

以前の社会教育政策においても「家庭教育、学校教育と社会教育との連携」の必要性が提起され（社会教育審議会答申、1974（昭和49）年）、「学社連携」という言葉も社会教育関係者の間で用いられてはいたが、臨教審が指摘したように法令に根拠を持つ施設の開放や講座の開設などに留まっていた。社会教育施設が「学校との連携・協力を図りつつ、学校教育の中で活用しやすいプログラムや教材を開発し、施設の特色を活かした事業を積極的に展開していく」（生涯学習審議会、1996年（平成８））「学社融合[21]」の取組は、一部の先進的な事例に留まり、保護者や地域住民の日常的な活動へと広がりを見せるのは、放課後子どもプラン（2007（平成19）年）や学校支援地域本部（2008（平成20）年）

表3－2 「学校・家庭・地域の連携」にかかわる主な動向

年	事項
1987 (昭和62)	・臨教審「教育改革に関する第三次答申」(開かれた学校と管理・運営、民間教育産業への対応)
1996 (平成8)	・中教審「21世紀を展望した我が国の教育の在り方について」第一次答申
1998 (平成10)	・新学習指導要領告示(完全学校週5日制への対応、総合的な学習の時間) ・中教審「今後の地方教育行政の在り方について」答申(学校評議員の設置)
1999 (平成11)	・全国子どもプラン(緊急3カ年計画)→2002新子どもプラン
2000 (平成12)	・学校教育法施行規則等の一部改正(学校評議員制度の導入) ・教育改革国民会議最終報告(地域の信頼に応える学校づくり、新しいタイプの学校の設置促進)
2001 (平成13)	・文科省「21世紀教育新生プラン」(父母や地域に信頼される学校づくり)
2002 (平成14)	・小学校設置基準・中学校設置基準制定(自己評価と結果の公表、情報提供)→2007学教法・同施規へ
2003 (平成15)	・中教審「新しい時代にふさわしい教育基本法と教育振興基本計画の在り方について」答申
2004 (平成16)	・中教審「今後の学校運営の在り方について」答申→地教行法一部改正(学校運営協議会制度) ・地域子ども教室推進事業
2005 (平成17)	・地域教育力再生プラン(地域子ども教室、総合型地域スポーツクラブ育成など) ・中教審「新しい時代の義務教育を創造する」答申(自己評価義務化、保護者・地域の学校運営への参画)
2006 (平成18)	・文科省「義務教育諸学校における学校評価ガイドライン」→2008「学校評価ガイドライン」(高校を追加、外部評価を学校関係者評価に)→2010(第三者評価)→2016(小中一貫教育) ・教育基本法改正(第13条「学校、家庭及び地域住民等の相互の連携協力」を新設)
2007 (平成19)	・教育再生会議「社会総がかりで教育再生を」第二次報告(放課後子どもプラン、学校運営協議会) ・放課後子どもプラン(文科省「放課後子ども教室推進事業」、厚労省「放課後児童健全育成事業」)
2008 (平成20)	・中教審「新しい時代を切り拓く生涯学習の推進方策について：知の循環型社会の構築を目指して」(答申)

	・学校支援地域本部事業（地域コーディネーター配置、学校ボランティア活動支援、地域教育協議会運営） ・「教育振興基本計画」閣議決定→2013「第2期教育振興基本計画」→2018「第3期教育振興基本計画」
2009 （平成21）	・学校・家庭・地域の連携協力推進事業（放課後子ども教室、学校支援地域本部、ＳＳＷ・ＳＣ活用）
2010 （平成22）	・文科省「生徒指導提要」（学校中心の家庭・地域・関係機関等との連携、地域ぐるみの健全育成）
2011 （平成23）	・文科省協力者会議「子どもの豊かな学びを創造し、地域の絆をつなぐ：地域とともにある学校づくりの推進方策」（子ども像の共有、熟議・協働・マネジメントを引き出す「仕掛け」）
2012 （平成24）	・文科省協力者会議ＷＧ「地域とともにある学校づくりと実効性の高い学校評価の推進について」報告
2013 （平成25）	・中教審「今後の地方教育行政の在り方について」答申（ＣＳ、学校支援地域本部）
2014 （平成26）	・放課後子供総合プラン（一体型を中心とする放課後児童クラブと放課後子供教室の整備）
2015 （平成27）	・学校を核とした地域力強化プラン（ＣＳ導入促進、体験活動、キャリアプランニング） ・中教審「チームとしての学校の在り方と今後の改善方策について」「新しい時代の地方創生の実現に向けた学校と地域の連携・協働の在り方と今後の推進方策について」答申
2016 （平成28）	・文科相「『次世代の学校・地域』創生プラン：中教審3答申の実現に向けて」 ・中教審「幼稚園、小学校、中学校、高等学校及び特別支援学校の学習指導要領等の改善及び必要な方策等について」答申（社会に開かれた教育課程、「学びの地図」）
2017 （平成29）	・新学習指導要領告示（社会に開かれた教育課程） ・社教法一部改正（地域学校協働活動、地域学校協働活動推進員の規定の新設） ・地教行法一部改正（学校運営への支援の位置づけ、地域学校協働活動推進員の委員としての任命） ・地域学校協働活動推進事業（地域コーディネーター・統括コーディネーター配置、地域未来塾など） ・文科省「地域学校協働活動の推進に向けたガイドライン（参考の手引）」

猿田真嗣「『社会に開かれた教育課程』の実現と地域社会との連携」、『教育制度学研究』第24号、2017（平成29）年、9頁（一部、修正）

等の事業化以降のことである。また、「開かれた学校経営」に向けての動きが本格化するのも、学校評議員制（2000（平成12）年）や学校運営協議会制度（コミュニティ・スクール、community school）（2004（平成16）年）、学校関係者評価（2006（平成18）年）などの法制化以降のことである（**表3－2**）。

このような中、2011（平成23）年、文部科学省の協力者会議は、「開かれた学校」に代わる新たな学校像（地域とともにある学校）を提起する[22]。同会議は、「子どもたちの豊かな育ち」のため、「すべての学校が、地域の人々と目標（「子ども像」）を共有した上で、地域と一体となって子どもたちをはぐくむ『地域とともにある学校』となることを目指すべき」とし、「『大人の学びの場』となる学校」と「『地域づくりの核』となる学校」という二つの視点を示している。また、学校運営に備えるべき機能として、①関係者が当事者意識を持って「熟議」（熟慮と議論）を重ねること、②学校と地域の人々が「協働」して活動すること、③学校が組織として力を発揮するための「マネジメント」を確立すること、の３点をあげている。

特に、「熟議」と「協働」については、2000年代に進められた「熟議にかかわる制度化」（学校運営協議会、学校関係者評価委員会など）と「協働にかかわる事業化」（学校支援地域本部、放課後子ども教室など）を前提としている点に留意する必要がある。

2．『地域学校協働答申』（2015（平成27）年）と「協働」にかかわる法整備

2015（平成27）年12月、中央教育審議会は「教員の資質能力の向上」ならびに「チームとしての学校」に関する二つの答申に加え、「地域学校協働」に関する答申を公表する（中央教育審議会2015（平成27）年）。当時、学校支援地域本部等の事業は多くの学校現場に浸透していた半面、学校に対する一方向の支援に陥りやすく、学校支援ボランティアの広がりや支援活動の組織性・継続性などの課題も指摘されていた。また、学校運営協議会制度についても、教職員の

任用に関する意見提出の権限について懸念する声が学校現場から出されていた。

同答申は、上記の課題に加え、教育改革や地方創生等の動向から「学校と地域の連携・協働」の在り方を見直し、今後の目指すべき姿として、①「地域とともにある学校」への転換、②「子どもも大人も学び合い育ち合う教育体制」の構築、③「学校を核とした地域づくり」の推進、の３点を示す。その上で、コミュニティ・スクールについては、学校運営に関する協議という従来の役割に加え、「学校支援の総合的な企画・立案」など「特色ある学校づくり」に向けた学校を応援する仕組とすることが提言され[(23)]、全公立学校がコミュニティ・スクールとなることを目指すため、教育委員会が積極的にその推進に努めるべきことなどが提言されている。

一方、学校支援活動については、①「支援」から「連携・協働」へ、②「個別の活動」から「総合化・ネットワーク化」へ、という二つの方向性を示す。そのために、「地域学校協働本部」を組織し、同本部を中心に学校への支援活動や放課後の教育活動などの「地域学校協働活動」を展開することを提言する。併せて、その活動の推進役・調整役として「地域コーディネーター」の配置などの構想が示されている[(24)]。

同答申の「コミュニティ・スクールと社会教育の体制としての地域学校協働本部が相互に補完し高め合う存在として、両輪となって相乗効果を発揮していく」という考え方は、先に示した2000年代の「熟議にかかわる制度化」と「協働にかかわる事業化」の取組、さらには2011（平成23）年の「地域とともにある学校」の提起の延長線上にあるものと言える。

2017（平成29）年には、「協働にかかわる制度化」にも着手する。まず、社会教育法の改正により、市町村ならびに都道府県教育委員会の社会教育関連の事務の中に「地域学校協働活動」に関連する規定（五条２項、六条２項）を新設するとともに、地域学校協働活動について「地域住民等と学校との間の情報の共有を図るとともに、地域学校協働活動を行う地域住民等に対する助言その他の援助を行う」「地域学校協働活動推進員」を教育委員会が委嘱できることとした（九条の６）。また、地方教育行政法の改正により、指定する学校の「運営に関して協議する機関」から所管に属する学校の「運営及び当該運営への必要な支援に関して協議する機関」（四十七条の６）へと学校運営協議会の役割が改められるとともに、「地域学校協働活動推進員その他の対象学校の運営に資する活動を行う者」（同条２項）を委員の構成に加えている。

３．地域学校協働に取り組む社会教育行政の課題

今日、「地域とともにある学校」を実現するための「熟議と協働」に関する法制度が整備された段階であり、今後、地域学校協働にかかわる実践を重ねる中で制度自体の検証を行い、より効果的・効率的な仕組として確立していくことが求められる。そのためには、教育委員会はその推進に積極的に取り組むとともに、各学校・校区において主体的な取組が生まれるための条件整備を進める必要がある。

社会教育行政の課題としては、第１に、「地域とともにある学校」の意義や内容について、関係各方面に周知・啓発を図ることを指摘することができる。多くの保護者・地域住民の参画を得るため、既存の組織（ＰＴＡ、地域組織など）の集会等の機会を捉えて、地域学校協働活動の意義などを伝え、地域ぐるみで学校教育を支える機運の醸成を図りたい。

第２に、地域協働活動推進員や地域コーディネーターなど、地域学校協働の推進役・調整役を担う地域人材を発掘することである。「地域ぐるみの教育」に対する熱意と見識を有する人材を、校区内から求めることは困難な場合もあるため、中学校区あるいは市町村全域を視野に入れた人材バンクを構築するなど、適任者を確保するための支援策が求められる。

第３に、学校関係者に対しては、学校教育の担当部署と十分な連携を図りながら、コミュニティ・スクールならびに地域学校協働活動の制度について理解

を促す必要がある。特に、学校現場の諸課題（「社会に開かれた教育課程」や「チーム学校」、「学校の働き方改革」の実現など）を含め、地域学校協働の今日的意義について十分に説明を加えたい。あわせて、学校の管理職等を対象とする研修等への参加・協力なども進め、各校の教育計画・経営計画の中に地域学校協働活動が明確に位置付けられるようにしたい。

最後に、地域学校協働活動を契機とした包括的な「地域教育システム」を構想することである。すでに地域においては、町内会・自治会、子ども会、青少年健全育成会、放課後子供教室・放課後児童クラブ、総合型地域スポーツクラブなど、様々な教育関係団体が存在し、それぞれの活動を進めている。このうち、地域学校協働本部は学校教育に最も密接な関連を有する社会教育の組織として、地域教育を実現する上で最重要の組織として位置付けられる。同本部を地域教育の中核に据えた全体システムを構築するための条件整備を図ることが重要な課題となる。

第５節　多文化化に対応した社会教育行政

1．多文化化の進行と多文化共生

グローバル化が進む中、日本においても社会の多言語化・多文化化が進んでいる。法務省入国管理局の統計によれば、2018（平成30）年末の在留外国人数は273万人1,093人（前年比6.6%増）であり、国内総人口の約２％となった[25]。過去30年間の統計を見ると、日本に住む外国籍の住民が1988（昭和63）年の94万1,005人から約３倍へと上昇している[26]。特に1990（平成２）年、日系移民の家族に定住者としての在留資格を認めた出入国管理及び難民認定法（以下、入国管理法）の改正以降は、ブラジル、ペルーを中心とする南米出身の日系人が増加した。近年では、中国、フィリピン、ベトナム、ネパール、インドネシア国籍の住民も増えており、日本に滞在する外国人の国籍は多様化している[27]。

また厚生労働省の調査によれば、父母の双方あるいは一方が外国籍である子どもの出生数は、2004（平成16）年以降はおおむね３％以上で推移しており、2017（平成17）年は3.6％と約30人に一人の割合であった[(28)]。こうした数字からは、日本で生まれ育つ子どもたちの国籍が多様になっていること、また国籍にかかわらず子どもが育つ家庭の言語や文化が多様化していることが伺える。

こうした社会の多文化化の進行は、これまで特に東京都、大阪府を中心とした大都市圏や、関東・東海地地域を中心とする集住地域で顕著であったが、近年は、すべての都道府県において外国籍住民が増加傾向にある[(29)]。このように日本で生活する人々の言語や文化が多様化する中で、共生のための方策が求められている。多文化共生は地域を問わず、日本全体の課題であると言える。

２．多文化共生に向けた施策

外国籍の住民が多い地域においては、従来から識字教育など地域における学習活動が行われてきた。これに加えて、入国管理法が改正された1990年代以降は新しく来日した外国人住民の集住地域を中心に、自治体や地域の国際交流協会、ボランティア、ＮＰＯなどによって日本語教育、児童生徒の教育支援、文化交流などの取組が積み重ねられてきた。こうした活動の中から、2000年頃より「多文化共生」という概念が用いられるようになっている[(30)]。地方自治体においては、2005（平成17）年に川崎市が「多文化共生社会推進指針」を策定、また群馬県が多文化共生支援室を設定するなど、市や県においても多文化共生に向けた取組が見られるようになってきた。

こうした動きの中で、総務省は2005（平成17）年６月、「多文化共生の推進に関する研究会」を設置した。同研究会は、多文化共生のための課題を検討し、翌年３月には報告書『地域における多文化共生の推進に向けて』を提出している[(31)]。報告書によれば、多文化共生とは「国籍や民族などの異なる人々が、互いの文化的ちがいを認め合い、対等な関係を築こうとしながら、地域社会の構成員として共に生きていくこと」である[(32)]。報告書は外国人住民の増加と定住化が進む中、外国人を観光客や一時的滞在者としてだけではなく、「生活者・地域住民」として認識する視点が日本社会に求められているとして、外国人住民の支援とともに、地域社会の構成員としての社会参画を促す仕組の構築を求めた。またそのための新しい地域社会の在り方として、国籍や民族の違いを超えた「多文化共生の地域づくり」を進める必要性を提言している。

これを受けて総務省は、「地域における多文化共生推進プラン」を策定し、全国の都道府県・指定都市に対して、多文化共生の推進に係る指針・計画を策定し、地域における多文化共生の推進を計画的かつ総合的に実施することを求めた。自治体で取り組む意義としては、「国際人権規約」、「人種差別撤廃条約」等における人権尊重の視点、地域社会の活性化の可能性、地域住民の異文化理解能力の向上や若い世代の能力育成などの視点を提示している。具体的な方向性としては、①コミュニケーション支援、②居住・教育・労働環境・医療・保健・福祉・防災などの生活支援、③多文化共生の地域づくり、④多文化共生の推進体制の整備などがあげられている[33]。

同プランは、従来の施策が外国人労働者問題や在留管理といった観点から論じられがちだったことに対し、外国人を地域社会の構成員と捉え、共生の観点を明確にしたこと、また国や自治体としての総合的な取組を求めた点で意義が大きい。地域における学習に関連する内容としては、日本語及び日本社会に関する学習の支援、外国人児童生徒の教育に関する地域ぐるみの取組、地域住民に対する多文化共生の啓発、学校・図書館・公民館等における多文化共生の拠点づくり、多文化共生をテーマにした交流イベントの開催等が示された。

多文化化に対応した社会教育の取組については、2017（平成29）年「学びを通じた地域づくりの推進に関する調査研究協力者会議」でも検討がなされている。同会議の報告書は、「社会教育を取り巻く環境の変化と課題」における一項目としてグローバル化を取り上げ、国籍や民族などが異なる人々が地域社会の構成員として共に生きていく多文化共生の推進に向けた社会教育の貢献が求められるとしている。具体的な内容としては、①在留外国人に対する日本語及び日本社会に関する学習機会の提供、②地域住民との交流機会の提供、③地域住民に対する多文化共生に関する学習機会の提供が提示されている[(34)]。

また今後の社会教育に期待される役割としては、①地域コミュニティの維持・活性化、②社会的包摂への寄与、③社会の変化に対応した学習機会の提供の３点が示された。②社会的包摂への寄与においては、高齢者、障害者、外国人を含み、全ての住民が孤立することなく、地域社会の一員として社会参加できるようにとの視点が示されている。社会教育には、国籍や言語、文化にかかわりなく、社会の構成員として生きていくために必要な学び、多様性を活かしてともに生きていくための学びを促進することが求められている。

３．多文化共生に向けた取組の事例から

すでに見たように、1990年代以降、新たに外国人住民が増加した地域においては、地域のボランティア団体やＮＰＯ、国際交流協会などの組織、また自治体によって日本語教育や児童生徒を対象とする学習支援、異文化理解や交流のための学習活動が進められてきた。こうした実践の形態は地域において大きく異なっているが、先進的に取り組んできた地域の活動を見ると、ボランティアや地域の団体による自発的な活動、地方自治体の積極的な取組、外国人住民を含む地域における多様な主体の連携が見られる。

例えば、静岡県の磐田市では1990年代からブラジルを中心に外国人住民が増加し、生活の場における共生が現実的な課題となる中で、地域の自治会での活動から、ごみなどの環境問題への対応、防災や地域行事への参加の呼びかけが始まった。こうした自治会の動きも踏まえ、磐田市では2004年には共生社会推進課を設置、合わせて多文化共生社会推進協議会も立ち上げ、地域の様々な関係者との情報共有と連携が行われるようになった。同協議会での検討を踏まえ、2006（平成18）年には「磐田市多文化共生推進プラン」の策定、多文化共生セ

ンターの開設がなされている。[35]

これらの動きの中で、地域にある公民館も大きな役割を果たしてきた。南御厨地区の公民館（現地域交流センター）では、外国人児童も参加する「通学合宿」、地区自治会との連携による芋ほりや餅つき大会、ブラジル人向け日本語学習教室など、地域の課題に応じた様々な事業にかかわっている。

南御厨地区における「通学合宿」は、毎年６月、地域の小学校４～６年生が公民館に宿泊し、共同生活をしながら学校に通う２泊３日の体験活動として2007年から始まった。実施にあたっては、地区自治会、民生・児童委員、地域安全推進委員、多文化共生センター、消防団、子ども会、父母会、通学合宿サポーターの会、中学生や大学生のボランティアなど100名以上がかかわる。[36]参加する児童の中には外国籍児童も多く、子どもたち相互の交流はもちろんであるが、保護者間の交流、また外国人の子どもたちや家族と地域の人々が触れ合う機会ともなっている。特に２日目に地域の家庭に「もらい湯」に行くことは、外国人児童にとって日本の家庭や生活の習慣を知る貴重な場でもあり、また受け入れ先の家庭にとっては、外国人の子どもたちと直接触れ合う場でもある。こうした活動の蓄積が、地域における相互理解やネットワークの構築にもつながっている。

また2009（平成21）年に行われたブラジル人向け日本語教室は、2008（平成20）年のリーマンショック以降、地域に住む多くの外国人が失業する状況を受け、行政部局との共同で相談会を実施、その中で日本語学習を求める声が多かったことから実施された。実施にあたっては、公民館を事務局とし、自治会、保育園、多文化交流センター、国際交流協会、地域の信用金庫による実行委員会が設置され、日系ブラジル人を講師に、日本人ボランティアを交える形で行われた。同日本語教室については、日本語の学習の成果だけではなく、教室への参加を契機に公民館や体育館の利用、行事への参加が増えるなど、かかわりの場を広げるきっかけともなった。[37]こうした活動からは、外国人住民の学習ニーズを踏まえた地域の連携、学習を通した地域社会とのつながりの契機を見ることができる。

社会教育における多文化共生への対応としては、図書館等の社会教育施設における多文化サービス[38]も重要である。新宿区の大久保図書館では、外国人住民が多く居住する地域であることから、韓国語·中国語·英語を中心に多様な言語の本をそろえた「多文化図書コーナー」を設けるほか、多文化図書リクエストの受付、韓国語・中国語による本の検索サービス、英語・中国語・韓国語ができる職員の配置、外国語の絵本の読み聞かせ会、多様な文化に関する学習や交流の企画、本の紹介を競うビブリオバトル（Bibliobattle）など多様な活動を行っている。これらの活動にあたっては、地域の学校、日本語学校、ＮＰＯ、多文化共生プラザなど区の関連機関、いたばしボローニャ子ども絵本館など、様々な組織・団体との協力・連携が多く見られる。また図書館内や案内における多言語の表示、「やさしい日本語」での表示など、情報の提供にあたっても誰もが分かりやすいような配慮がなされている[39]。

2015（平成27）年に日本図書館協会が全国の自治体の基幹図書館を対象に行った調査によれば、図書館における多文化サービスの課題としては「地域の外国人ニーズが不明」が最も多く、ニーズ調査の事例がないと回答した館が多く見られた[40]。また国際化や多文化共生を担当する部局・外郭団体・民間団体等と意見効果や連携を行っている」と回答した図書館は全体の約１割であった。こうした回答からは、各地の図書館で多文化サービスへの取組が進められているものの、外国人住民のニーズの把握、また多文化共生に関する関連部局との連携に課題があることが伺える。こうした点は図書館だけではなく、公民館や博物館等、社会教育施設全般の課題と言えるだろう。

４．今後の課題

2019（平成31）年４月、改正入国管理法が施行された。同法は、国内の労働力不足に対応するため、新たな在留資格として「特定技能」を設けたものであり、介護や外食など14の分野に就労する外国人の受け入れが想定されている。グローバル化の進展、新制度の導入により、日本で生活する住民の多文化化はさらに進んでいくと思われる。

今回の改正に合わせて、政府は「外国人材の受け入れ・共生のための総合的施策」を取りまとめ、外国人との共生社会の実現に向けた意見聴取・啓発活動、生活者としての外国人に対する支援などの対応策を提示している。また2019（令和元）年６月には「日本語教育の推進に関する法律」も制定され、日本語教育の推進と多様な文化を尊重した活力ある共生社会の実現が目指されている。

こうした動きの中、社会教育には言語や文化背景が多様な住民の学習ニーズに応えるとともに、互いの人権の尊重と相互理解をもとに、それぞれが多様性を生かして社会に参加し、ともに学びながら社会を創っていく過程において重要な役割を果たすことが期待される。社会の多文化化に対応し、外国人住民も含めた地域の教育ニーズを踏まえた上で、様々な主体と連携しながら、多文化共生の地域づくりを進めていくことが求められる。

第６節 「持続可能な開発のための教育」に取り組む社会教育行政

１．「持続可能な開発のための教育（ＥＳＤ）」とは

「持続可能な開発のための教育」（以下 ESD：Education for Sustainable Development）とは、2002年「持続可能な開発のための世界首脳会議（ヨハネスブルグ・サミット）」において提案され、現在と未来世代にわたる持続可能な社会の実現のために世界的に推進されている教育アプローチである。

「持続可能な開発」という概念は、1987年、国連「環境と開発に関する世界委員会」による報告書『Our Common Future（私たちの共通の未来）』において、「将来の世代のニーズを満たす能力を損なうことなく、今日の世代のニーズを満たすような開発」として提起された。その背景には、経済開発が進む中で、資

源の枯渇、環境破壊など、地球の生態系の持続性が問題として顕在化してきたことがあげられる。また環境、人口、貧困、平和、人権などにかかわる様々な課題が地球規模で相互にかかわっており、私たちと私たちの未来にかかわる地球社会全体の課題であるとの認識も高まっていった。

1992年に開催された「国連環境開発会議（地球サミット）」は、持続可能な開発のための具体的な行動計画「アジェンダ21」を採択するとともに、持続可能な開発における教育の役割を提起した。その重要性は、2002年９月の「持続可能な開発のための世界首脳会議（ヨハネスブルグ・サミット）」において改めて強調された。これを受けて、同年の国連総会において、2005年から2014年を「国連ＥＳＤの10年」とすることが決議され、ユネスコを主導機関として世界的にＥＳＤの推進が図られることとなったのである。[(41)]

その目標は、持続可能な開発の原則と価値観を教育と学習のあらゆる側面に組み込んでいくことにある。重要な特徴としては、領域横断的でホリスティック（包括的、holistic）な視点、価値の見直し、批判的思考と問題解決、学習方法の多様性、参加型意思決定、学習と生活のつながり、地域とのつながりが提示された。[(42)]ＥＳＤは、持続可能な社会の実現を目指し、従来の教育の理念や方法を見直すビジョンとして提唱されたのである。

「ＥＳＤの10年」の活動は、2014（平成26）年に名古屋と岡山で開催された総括会合において振り返りがなされ、ＥＳＤは「学習者と学習者が生きる社会を変容させる力を与えるもの」として改めて、その意義が提起された。[(43)]2015年からは、「ＥＳＤの10年」の成果と課題を踏まえ、後継プログラムである「ＥＳＤに関するグローバル・アクション・プログラム（GAP：Global Action Programme）」のもと展開が図られている。

2015年には、国連本部で開かれた「国連持続可能な開発サミット」において、「我々の世界を変革する：持続可能な開発のための2020アジェンダ」が採択され、2030年までに国際的に取り組むべき「持続可能な開発目標（ＳＤＧｓ：

Sustainable Development Goals)」が示された。[44] ＳＤＧｓは、17の目標・169のターゲットから構成されており、持続可能で多様性と包摂性のある社会の実現のため、地球上の「誰一人として取り残さない（leave no one behind)」ということが宣言されている。17の目標は、貧困、飢餓、環境資源、気候変動、消費、技術革新、平和と公正、パートナーシップなど多岐にわたるが、それらは相互に関連するものであり、社会・経済・環境における統合的な取組（統合性）が求められた。

ＥＳＤは、教育について定めた目標４「質の高い教育をみんなに（すべての人に包摂的かつ公正な質の高い教育を確保し、生涯学習の機会を促進する)」におけるターゲット４.７において言及され、2030年までに「持続可能な開発、持続可能なライフスタイル、人権、男女の平等、平和及び非暴力的文化の推進、グローバル・シティズンシップ（Global Citizenship)、文化的多様性と文化の持続可能な開発への貢献の理解の教育などを通して、すべての学習者が持続可能な開発を促進するために必要な知識及び技能を習得できるようにすること」が目指されている。またＳＤＧｓの推進においては、教育が他の全ての目標を実現するための鍵であるとして、持続可能な開発における教育の役割が強調された。[45]

２．日本におけるＥＳＤへの取組

日本は2002年のヨハネスブルグ・サミットで政府と市民団体が「ＥＳＤの10年」を提案するなど、ＥＳＤの国際的な推進において主導的な役割を果たしてきた。国内においても、政策面での位置付けがなされ、学習指導要領の改訂、ユネスコスクールの推進などの取組がなされてきた。

2016（平成28）年以降は、ＧＡＰに基づくＥＳＤ国内実施計画のもと、様々な施策が進められている。2018（平成30）年から始まる第３期教育振興基本計画は、ＥＳＤ活動拠点としてのユネスコスクールの推進、地域の多様な関係者の協働によるＥＳＤの実践促進、学際的な取組を通じたＳＤＧｓの達成に資する

ＥＳＤの深化を図ることで、「持続可能な社会づくりの担い手を育む」としている[46]。また2016（平成28）年に公表された中央教育審議会答申は、ＥＳＤを学習指導要領改訂の全体において基盤となる理念であると位置付けた。新学習指導要領においては、前文及び総則において「持続可能な社会の創り手の育成」を定めており、各教科における教育活動の充実、社会との連携・協働による「社会に開かれた教育課程」の実現が目指されている[47]。ＥＳＤは、学校、地域、ＮＰＯや企業を含め、多様な関係者が協働して取り組むべき、社会全体の教育課題であると言える。

3．社会教育行政における ESD

第３期教育振興基本計画（2018（平成30）～2022（令和４）年）は、ＥＳＤの推進にあたって、人々の暮らしの向上と社会の持続的な発展に向けた地域課題解決のための学びの推進、特に学習の拠点となる社会教育施設の効果的な活用、地域の学校や大学などとの社会教育施設の連携の重要性を提起している。

社会教育に期待される役割については、2017（平成29）年、「学びを通した地域づくりに関する調査研究協力者会議」による「人々の暮らしと社会の発展の貢献する持続可能な社会教育システムの構築に向けて―論点の整理―」においても、①「地域課題解決学習」の推進による地域コミュニティの維持・活性化への貢献、②社会的包摂への寄与、③社会の変化に対応した学習機会の提供があげられている。一人一人の人生を豊かにするとともに、住民相互の対話や相互扶助による持続可能な地域づくりや共生社会の形成を進めるための社会教育の役割が検討されてきた[48]。

2018（平成30）年の中央教育審議会答申『人口減少時代の新しい地域づくりに向けた社会教育の振興方策について』は、人口減少、高齢化、グローバル化、貧困、ＳＤＧｓに向けた取組など、地域が解決すべき課題をふまえ、地域における社会教育の意義と役割として、社会教育を基盤とした「人づくり」、「つながりづくり」、「地域づくり」の重要性を提言している。また個人の成長と地域社会の発展をつなぐためにも、住民の主体的な参加へのきっかけづくり、ネットワーク型行政の実質化、地域の学びと活動を活性化する人材の活躍による「開かれ、つながる社会教育」が求められている[(49)]。持続可能な社会のための学びは、地域における社会教育においても重要な意味を持つことが分かる。

4．ESDに取り組む自治体の事例から―岡山ESDプロジェクトの実践―

岡山市では、「ＥＳＤの10年」がスタートした2005（平成17）年に岡山ＥＳＤプロジェクトを立ち上げ、岡山地域全体でＥＳＤの推進を図ってきた。こうしたＥＳＤ推進の拠点となったのが、中学校区に１館ずつ設置され、専門職の社会教育主事の配置がある公民館である。2014（平成26）年に岡山市が作成した公民館ＥＳＤ実践集には、岡山市京山地区におけるＥＳＤ環境プロジェクト、富山地区の「水とみどりプロジェクト」、岡西・灘崎地区における烏城紬の伝承活動など、様々な活動が紹介されている[(50)]。

たとえば、京山地区においては、京山公民館、岡山県生涯学習センターなどの行政・社会教育、地域の小中学校、高等学校、岡山大学などの学校教育、公民館運営協議会、町内会、老人会、各校ＰＴＡ、岡山ユネスコ協会はじめ様々な市民団体、ＮＰＯ、企業が連携して、京山地区ＥＳＤ推進協議会を構成し、「地域総動型」の取組を行っている。実践にあたっては、ＥＳＤの視点を取り入れ、「京山地区が目指す指針」を住民参加型のワークショップで検討したうえで、学び合いと社会的課題への協働の取組、人と自然の共生、外国人との共生、安全で安心な住みよい地域づくり、学んだことを活かせる場づくり、学びからの持続発展などの目標のもと、多様な活動が行われている。またユネスコが作成した振り返りツール「ＥＳＤのレンズ」を活用した課題の整理、2030年に向けた京山地区におけるＳＤＧｓ重点目標の協働検討と行動計画の策定、評価の共有など、ユネスコによるＥＳＤの観点、住民の参加と協働のプロセスが重視されていることも特徴である[(51)]。こうした活動の過程において公民館は、社会教育施設としての専門性を活かし、社会教育と学校教育の連携、さらに地域の多様な主体の協働の場として役割を果たしてきた。

岡山市の教育振興基本計画は、あらゆる教育活動においＥＳＤの視点を生かした取組を行うこと計画推進の考え方として提示している。2005（平成17）年からのＥＳＤの実践をふまえ、岡山市に暮らす人々がＥＳＤの視点での学びを通して、持続可能な社会の担い手として成長することが目指されている[(52)]。

5．ESD の推進における社会教育の可能性と課題

2030年までの「持続可能な開発目標（ＳＤＧｓ）」の達成に向け、政府は2016（平成28）年にＳＤＧｓ実施指針を策定し、政府や自治体、企業、ＮＰＯなど、あらゆる関係者・関係機関による取組を推進している。今後、各地でＳＤＧｓへの具体的な取組が進められていく中で、多様な場・主体・領域における学びをつなぎ、学びを通した人々の協働、主体的な参画による地域づくりにかかわる社会教育の役割は大きい。岡山市の事例からは、社会教育機関である公民館が地域におけるＥＳＤの活動拠点として機能することで、ＥＳＤの推進がなされるとともに、ＥＳＤの理念や方法、ネットワークが地域における学習活動を活性化し、施策や実践の展開につながっていたことが伺える。社会教育は地域におけるＥＳＤの推進にとって重要であるとともに、ＥＳＤに取り組むことが社会教育の充実につながっている点も指摘しておきたい。

ここで留意したいのは、ユネスコが提唱するＥＳＤにおける個人と社会の変容の視点、また包摂性、統合性、参加と協働などの基本的な理念である。地域におけるＥＳＤの取組においては、環境、防災、多文化共生など個別の領域の活動が断片的に行われる傾向、また「地域課題解決学習」として地域課題にのみ関心が注がれる傾向もみられる。ＥＳＤは学習課題と方法の束ではなく、持続可能な未来に向けた変革のための教育アプローチである。実践のプロセスに

おいて多様性と包摂性が考慮されているか、個人と社会、地域と地球規模の課題の相互連関性が意識されているかなど、ＥＳＤの基本的な観点から検討していく必要がある。

注

(1)　10年後の世界・アジアを見据えた日本全体グランドデザインを描き、その実現に向けた戦略を策定すべく、産業界労使や学識者など有志が立ち上げた組織。

(2)　広井良典「人口減少社会と地域コミュニティ」、『人口減少社会の構想』（一財）放送大学教育振興会、2017（平成29）年、202頁。

(3)　超高齢社会における生涯学習の在り方に関する検討会報告『長寿社会における生涯学習の在り方について～人生100年　いくつになっても　学ぶ幸せ　「幸齢社会」～』、2012（平成24）年。

(4)　生涯学習審議会答申『今後の社会の動向に対応した生涯学習の振興方策について』、1992（平成４）年。

(5)「生涯学習の振興のための施策の推進体制等の整備に関する法律」は文部省と通商産業省（いずれも当時）を主務官庁とし、都道府県が作成する「地域生涯学習振興基本構想」において「民間事業者の能力を活用」することを想定していた（第五条）。

(6)　国会による同決議の趣旨は、国と地方の役割の見直し、国から地方への権限移譲、地方税財源の充実・強化など、地方公共団体の自主性・自律性を強化することであった。

(7)　地方公共団体の首長および議長により組織された六つの全国連合組織（全国知事会、全国都道府県議長会、全国市長会、全国市議会議長会、全国町村会、全国町村議会議長会）の総称。

(8)「経済財政運営と構造改革に関する基本方針2006」。

(9)　地方分権改革の経緯については、地方分権改革有識者会議（2014）の「参考１」（これまでの地方分権改革の概要）を参照。

(10)「地方分権の推進を図るための関係法律の整備等に関する法律」。

(11)「地域の自主性及び自律性を高めるための改革の推進を図るための関係法律の整備に関する法律」。

(12)　例えば、地方公共団体から全国的な制度改正の提案を募る「提案募集方式」、個々の地方公共団体の発意に応じ選択的に権限移譲を行う「手挙げ方式」がある（地方分権改革有識者会議2014)。

(13) 例えば、「地方公共団体の自主的な取組の促進」にかかわる具体策として、(1) 地方公共団体に対する法令等に基づく規制の廃止・緩和(公民館運営審議会の必置規制の廃止、公民館の基準の大綱化・弾力化、図書館長の司書資格要件等の廃止、公立博物館の学芸員定数規定の廃止など)、(2) 社会教育施設の運営等の弾力化(社会教育施設の管理の民間委託の検討、博物館設置主体に関する要件の緩和、司書等の資格取得に関する学歴要件の緩和など)が示されている。また、「社会教育行政における住民参加の推進」に関連して、社会教育委員や図書館協議会の委員構成等に関する規定の見直しなどが提言されている。

(14) 「公民館運営審議会の委員の委嘱の基準を条例で定めるに当たって参酌すべき基準を定める省令」(2011(平成23)年12月1日、文部科学省令第42号)で定められた基準は削除された社会教育法三十条1項と同じ内容である。なお、2013(平成25)年には社会教育委員の委員構成の指定に関する規定(社会教育法十五条2項)が削除された際に、十八条に「委員の委嘱の基準については、文部科学省令で定める基準を参酌するものとする」という公民館運営審議会の委員と同様の規定が追加され、上記省令への統合が図られている(「社会教育委員及び公民館運営審議会の委員の委嘱の基準を条例で定めるに当たって参酌すべき基準を定める省令」、2013(平成25)年9月10日、文部科学省令第25号)。竹内俊子「教育分野における『分権改革』の現状と課題」、三橋良士朗・村上博・榊原秀訓編『自治体行政システムの転換と法—地域主権改革から再度の地方分権改革へ』、2014(平成26)年を参照。

(15) 同じ2011年、図書館ならびに博物館協議会委員の資格要件に関する規定も法律(図書館法十五条、博物館法二十一条)から削除され、省令で定める基準を参酌するものとされ、各施行規則に法の規定が移されている(図書館法施行規則十二条、博物館法施行規則十八条)。詳しくは、竹内前掲を参照。

(16) PFIはPrivate Finance Initiativeの頭文字であり、公共施設等の建設、維持・管理、運営等を民間の資金、経営能力、技術的能力を活用して行う手法を意味する。

(17) 「まち・ひと・しごと創生法」ならびに「地域再生法の一部を改正する法律」。

(18) 文部省生涯学習局長通知「社会教育法における民間営利社会教育事業者に関する解釈について」、1995(平成7)年。

(19) 「コンセッション方式」とも呼ばれる。2011(平成23)年のPFI法の改正により導入された。

(20) 教育再生会議『社会総がかりで教育再生を』(第二次報告)、2007(平成19)年。

(21) 同答申は、「学社融合」の考え方を「学校教育と社会教育がそれぞれの役割分担を前提とした上で、そこから一歩進んで、学習の場や活動など両者の要素を部分的に重ね合わせながら、一体となって子供たちの教育に取り組んでいこうという考え方であり、学社連携の最も進んだ形態」と説明している。

(22)　学校運営の改善の在り方等に関する調査研究協力者会議（2011（平成23）年）。

(23)　コミュニティ・スクールについては、その他にも、教職員の任用への意見に関する柔軟な運用、委員の任命への校長の意見の反映、複数校に一つの学校運営協議会の設置を可能とする仕組の導入などが提言されている。

(24)　答申では、学校地域協働活動の充実・活性化、未実施地域の取組開始の支援等を図るため、「統括的なコーディネーター」の配置も提言している。

(25)　法務省「平成30年末現在における在留外国人数について」、2019（平成31）年。http://www.moj.go.jp/nyuukokukanri/kouhou/nyuukokukanri04_00081.html（最終閲覧日：2019年９月１日）

(26)　法務省「登録外国人統計」、『在留外国人統計』による。2011（平成23）年までは外国人登録者数。

(27)　法務省、前掲。

(28)　厚生労働省『人口動態統計』、https://www.mhlw.go.jp/toukei/list/81-1a.html　（最終閲覧日：2019年９月１日）

(29)　法務省、前掲。

(30)　「多文化共生」のキーワードにかかわる1990年代からの動向については、山脇啓造「多文化共生社会に向けて」、『自治フォーラム』2006（平成18）年６月号、10～15頁参照。

(31)　総務省『多文化共生の推進に関する報告書―地域における多文化共生の推進に向けて―』、2006（平成18）年。

(32)　同上、５頁。

(33)　総務省『地域における多文化共生推進プラン』、2006（平成18）年。

(34)　学びを通じた地域づくりの推進に関する調査研究協力者会議『人々の暮らしと社会の発展に貢献する持続可能な社会教育システムの構築に向けて　論点整理』、2017（平成29）年。

(35)　金塚基「地方都市部の社会教育ならびに施設における多文化共生活動―静岡県磐田市南御厨地区を事例として―」、渡辺幸倫編著『多文化社会の社会教育―公民館・図書館・博物館がつくる「安心の居場所」―』明石書店、2019（令和元）年、45～56頁。

(36)　静岡県地域教育力再生プラン運営協議会『地域における通学合宿実践事例集』、2012（平成24）年、21～22頁。

(37)　静岡大学生涯学習教育研究センター・静岡県公民館連絡協議会『地域を担う公民館の役割と展望』（生涯学習指導者研修事業報告書）、2010（平成22）年、24～27頁.

(38)　図書館における多文化サービスについては、日本図書館協会多文化サービス委員会 Web サイトを参照のこと。http://www.jla.or.jp/tabid/202/Default.aspx （最終閲覧日：2019年 9 月 1 日）。多文化サービスに関する指針としては、多文化国際図書館連盟多文化社会図書館サービス分科会編（日本図書館協会多文化サービス委員会訳・解説）『多文化コミュニティ―図書館サービスのためのガイドライン　第 3 版』（Multicultural Communities: Guidelines for Library Services, 3rd edition, 2009）日本図書館協会、2012（平成24）年がある。

(39)　米田雅朗「新宿区立大久保図書館の多文化サービスの取り組みについて」、『専門図書館』287号、2018（平成30）年、 9 ～14頁。

(40)　日本図書館協会多文化サービス委員会編『多文化サービス実態調査2015報告書』日本図書館協会、2017（平成29）年。

(41)　ESD の国際的動向については、たとえば望月要子・永田佳之「持続可能反開発のための教育（ESD）」、北村友人・佐藤真久・佐藤学編著『SDGs 時代の教育―すべての人に買の高い学びの機会を―』学文社、2019（平成31）年、26～50頁。

(42)　United Nations Educational, Scientific, and Cultural Organization [UNESCO], *Framework for the UNDESD International Implementation Scheme*, Paris: UNESCO, 2006, pp.17-18.

(43)　名古屋市で開催された「ESD ユネスコ世界会議」において2014（平成26）年11月12日に採択された「あいち・なごや宣言」による。

(44)　United Nations, Transforming our World: The 2030 Agenda for Sustainable Development, 2015.「我々の世界を変革する：持続可能な開発のための2030アジェンダ」（外務省による仮訳）は下記を参照。https://www.mofa.go.jp/mofaj/files/000101402.pdf（最終閲覧日：2019年 9 月 1 日）

(45)　2017年12月の国連総会「Education for sustainable development in the framework of the 2030 Agenda for Sustainable Development」決議。

(46)　文部科学省『第 3 期教育振興基本計画』、2018（平成30）年。

(47)　中央教育審議会答申『幼稚園、小学校、中学校、高等学校及び特別支援学校の学習指導要領等の改善及び必要な方策等について』、2016（平成28）年。ESD と SDGs との関係、また学校を中心とした ESD の実践については、日本ユネスコ国内委員会「持続可能な開発のための教育（ESD）の更なる推進に向けて～学校等で ESD を実践されている皆様へ～」（2018（平成30）年 5 月改訂）を参照。

(48)　学びを通じた地域づくりの推進に関する調査研究協力者会議、前掲。
(49)　中央教育審議会答申『人口減少時代の新しい地域づくりに向けた社会教育の振興方案について』、2018（平成30）年。
(50)　岡山市『岡山市公民館 ESD 実践集』、2014（平成26）年。
(51)　内田光俊「まちづくりと社会教育」、田中治彦他編『SDGs とまちづくり―持続可能な地域と学びづくり―』学文社、2019（令和元）年、200～214頁。岡山市における ESD の取組については、岡山市 Web サイト「岡山 ESD プロジェクト」参照のこと。http://www.city.okayama.jp/esd/top.html（最終閲覧日：2019年 9 月 1 日最終閲覧）
(52)　岡山市教育委員会『第 2 期教育振興基本計画』、2017（平成29）年。

参考文献

- 中央教育審議会答申『人口減少時代の新しい地域づくりに向けた社会教育の振興方策について』、2018（平成30）年
- 平成30（2018）年版『少子化社会対策白書』内閣府、2018（平成30）年 8 月
- 平成30（2018）年版『高齢社会白書』内閣府、2018（平成30）年 7 月
- 学びを通じた地域づくりに関する調査研究協力者会議「人々の暮らしと社会の発展に貢献する持続可能な社会教育システムの構築に向けて」、2017（平成29）年
- 猿田真嗣「『社会に開かれた教育課程』の実現と地域社会との連携」、『教育制度学研究』第24号、2017（平成29）年
- 中央教育審議会答申『新しい時代の地方創生の実現に向けた学校と地域の連携・協働の在り方と今後の推進方策について』、2015（平成27）年
- 地方分権改革有識者会議「個性を活かし自立した地方をつくる―地方分権改革の総括と展望」、2014（平成26）年
- 竹内俊子「教育行政領域における『分権改革』の現状と課題」、三橋良士明・村上博・榊原秀訓編『自治体行政システムの転換と法―地域主権改革から再度の地方分権改革へ』、2014（平成26）年
- 竹内俊子「教育分野における『分権改革』の検証の課題―義務付け・枠付けの見直しと権限移譲を中心に」、本多滝夫・榊原秀訓編著『どこに向かう地方分権改革―地方分権改革の総括と地方自治の課題』自治体研究社、2014（平成26）年
- 学校運営の改善の在り方等に関する調査研究協力者会議『子どもの豊かな学びを創造し、地域の絆をつなぐ―地域とともにある学校づくりの推進方策』、2011（平成23）年

- 財団法人 日本経済研究所調査局編著『公共サービスデザイン読本―市民参加と民間活用で公共サービスを変える！』ぎょうせい、2008（平成20）年
- 山本恒夫・蛭田道春・浅井経子・山本和人編著『社会教育計画』 文憲堂、2007（平成19）年４月
- 生涯学習審議会答申『社会の変化に対応した今後の社会教育行政の在り方について』、1998（平成10）年
- 生涯学習審議会答申『地域における生涯学習機会の充実方策について』、1996（平成８）年
- 臨時教育審議会『教育改革に関する第三次答申』、1987（昭和62）年
- 臨時教育審議会最終答申『教育改革に関する第四次答申』、1987（昭和62）年
- 社会教育審議会建議「在学青少年に対する社会教育の在り方について―家庭教育、学校教育と社会教育の連携」、1974（昭和49）年

第４章　住民の意向把握と効果的な広聴・広報

第１節　社会教育調査の方法と調査データの活用

１．社会教育調査の意義・必要性

社会教育にかかわる事象を対象に、社会調査の手法を用いて行われるのが社会教育調査である。独自の手続きや方法があるわけではないが、仮説検証型の調査であっても、何らかの形で社会教育の実践に有効な資料を提供し、社会教育の問題の解決に貢献しようとするところに特徴がある。

社会教育を推進するための計画の立案や学習プログラムの開発などの際には、地域の現状やニーズを把握する必要がある。行政職員や団体のリーダーなどの経験や勘なども、地域のニーズ等を鋭く捉えることがあるが、それのみでは説得力を持ちえず、確かな証拠が必要になる。統計データは、地域のニーズ等を客観的に把握するための有力な資料の一つである。

統計データには、整理・保存され利活用できるものがあるが、全国のデータはあっても、地域のデータはみつからないことが多い。そのような場合に、全国調査のデータをもとに、計画を立てたり事業の根拠を示したりすることがある。しかし、全国調査のデータが当該地域にあてはまる保証はなく、それによって地域の傾向を捉えることは危険である。また、身近な地域のデータには、住民の関心を喚起する力があることから、データが存在しない場合には、地域で社会教育調査を行い、データを収集しなければならない。

２．社会教育調査の内容

社会教育の計画立案等に必要な地域のニーズに関するデータには、個人の学習ニーズと社会や地域の教育要請の二つの側面がある。

⑴ 学習ニーズの把握

学習ニーズとは、「○○の学習がしたい」といった形で表現されるような学習に対する欲求や欲望、あるいは「○○の学習をしなければならない」といった形で表現されるような学習の必要性の自覚に基づく人々の意識のことである[(1)]。

生涯学習の支援では、学習者の自主性や主体性の尊重が原則とされていることから、調査を通して学習ニーズを把握し、その結果を社会教育の計画や事業プログラム等に反映させることが必要である。

⑵ 社会の教育要請の把握

計画の立案等にあたっては、社会や地域の教育要請に応える視点も重要である。これに法的根拠を与えたのが、2006（平成18）年の教育基本法の改正で新設された第十二条（「個人の要望や社会の要請にこたえ、社会において行われる教育は、国及び地方公共団体によって奨励されなければならない」）であるが、これ以前から住民の学習ニーズの有無にかかわらず、社会で生活を営む上で学ばなければならないような課題を「現代的課題」と呼び、関連する学習機会を積極的にもうけることの必要性が指摘されてきた。そのような現代的課題は、国際社会、国家、地域社会などのレベルで共通すると言われているが、同じ課題であっても、具体的な中身は地域ごとに異なる場合がある。そのため、それぞれの地域で何が課題であるかを、具体的に明らかにする必要がある。

ただし、現代的課題のようなニーズは人々の意識に顕在化しにくく、住民対象のニーズ調査で質問しても十分な回答を得ることが難しいため、把握の方法については工夫が必要である。例えば、ふだんから地域の諸課題の解決に取り組んでいる地域のリーダー層を対象とした調査や、将来的な課題及び方向性などを探る場合に用いられるデルファイ法（同一人物に同一の内容の質問を、前回の調査の結果を提示しつつ繰り返す方法、delphi method）を用いて専門家を対象に行う調査などが有効である。

⑶　学習関連資源の把握

住民の学習ニーズや地域の教育要請が把握できたとしても、直ちにそれを計画に盛り込んだり事業化できるわけではない。一方で、地域にある様々な学習機会等を把握し、住民の学習ニーズや地域の要請とのギャップを明らかにした上で、それを埋めるための方策を検討する必要がある。また、地域にある様々な学習関連資源の現状を把握して、行政や地域の各団体等がそれぞれどのようなニーズや要請に応えられるかを検討しなければならない。その場合に、社会教育行政や地域の団体の経営力についても把握し、社会教育行政や各種団体が行えること、行うべきことを検討する必要がある。

このようなことから、地域のニーズに応える社会教育の計画等の立案には、地域の学習関連資源すなわち学習機会（事業）や学習施設・場所、学習関連機関・団体・グループ、学習教材などについての調査が必要になる。

〈事例から学ぶ①　Ａ町の調査[(2)]〉

Ａ町では、青少年育成町民会議が中心になって、町内の青少年育成に関係があると考えられる役場の各課や施設、地域の各種団体、サークル、民間企業など305か所を対象に調査が実施された。調査項目は、青少年育成活動への協力意思の有無と、他の団体等からの求めに応じて派遣できる「ひと」、貸出しできる「もの」、連携できる「こと」の四つのみである。調査終了後には、協力意思ありと回答した191団体分の「ひと」、「もの」、「こと」（Ａ町ではこれらを地域の教育力と捉えた）を冊子「Ａ町の教育力191――ひと・もの・こと」にまとめた。これは、青少年育成分野に限定した調査活動であるが、地域の教育力（学習関連資源）の把握とネットワーク形成の視点から、以下のような成果を指摘することができる。

ａ．質問項目が四つだけというシンプルな調査であるが、事業計画等の立案に必要な学習関連資源（地域の教育力）に関する情報を収集することができた。

b．情報を冊子にまとめ配付したことで、コーディネート組織がなくても、団体間で資源の交換ができる、実効性のあるネットワークの構築が可能になった。

c．民間団体が調査を担うことで、行政の縦割り組織に捉われずに幅広い団体等に調査票を配付することができた。

3．調査の企画

調査には、対象全体にできるだけアプローチし、大量観察によって問題を把握したり仮説を検証したりする統計的調査と、少数の事例を多角的に集中的に調べて現象の意味を質的に理解しようとする事例的調査がある。以下では、主に統計的調査の企画や分析、活用の際の留意点などについて述べる。

(1) 調査企画の基本

被調査者（調査回答者）には、国勢調査等の統計法で定められている基幹統計を除き調査に回答する義務がなく、調査は被調査者の善意の協力で成り立っている。そのため、公共性のある調査であっても、「被調査者の立場」で調査を企画し実施する必要がある。例えば、調査のねらいを明確にしたうえで、関係する調査項目を絞り込み質問数を可能な限り減らしたり、調査時期についても対象者の生活パターンに配慮し、農村地域では農繁期、流入流出の多い都市部では年度末の調査を避けるようにする。

近年、調査環境が厳しく調査票の回収率の低下が問題となっている。原因は複合的で、すぐに効果の出るような有効な方策は見当たらないが、まずは、「被調査者の立場」で企画されているか点検することから始める必要がある。

(2)　調査の手順

調査は、「企画」、「準備」、「実施」、「集計・分析」、「報告・活用」の段階を追って進められるが、企画段階では、これと逆の流れで検討する必要がある（**表4－1**）。すなわち、「調査データを何に活用するのか（目的）」を明確にしたうえで、それに必要な「集計・分析の視点は何か」、そのために「どのような集計を行うか」、それには「調査票をどのように設計するか」の順で検討する。このように進めることにより、活用目的に沿った調査データを収集することができる。

表4－1　調査の流れと企画の流れ

（調査の流れ）↓ （企画の流れ）↑	企　　画	調査のねらい、調査対象、調査項目、調査時期、調査方法などの検討
	準　　備	調査票の作成、標本抽出、集計・分析計画の作成、調査員への説明など
	実　　施	現地調査
	集計・分析	調査票の点検・回収、データ入力、データ分析など
	報告・活用	調査結果の発表、報告書の作成、調査結果の活用など

(3)　調査企画段階での検討事項

調査は科学的でなければならず、そのためには、一定の手続きに従って客観的に実施されなければならない。ここでは、そのような手続きの一部について述べることにする。

①　調査目的と調査項目

目的を絞り込み、調査で取り上げる内容を検討する。具体的な調査項目は、その検討結果に基いて設定する。計画の立案に必要なデータの収集を目的とする調査では、計画をどのような枠組みや視点で設計するかによって、調査内容が決まる。したがって、まずは、計画の枠組み（領域）を設定し、そこから具体的な要素を導き出して、それに対応する調査項目を設定する。

② 調査方法

調査票を配付・回収する方法は、被調査者が調査票に直接記入する自記式と、聞き取った回答を調査員が調査票に記入する他記式に大別される。自記式には、郵送調査法や留め置き調査法、集合調査法、インターネット調査法があり、他記式には、面接調査法や電話調査法がある。それぞれの方法には、長所と短所があることから、対象者の特性や設問の量・難易度、調査経費、調査員の確保などを考慮して採用する方法を決定する[(3)]。各条件に適した方法を示すと**表4－2**のようになるが、実際には、複数の条件を総合的に判断して決定する。

表4－2　調査の条件と調査方法

a．設問の量が多い場合	⇒留め置き法、郵送法など
b．難易度が高い場合	⇒面接法、集合調査法など
c．費用が少ない場合	⇒インターネット調査など
d．調査員の確保がむずかし場合	⇒郵送法、インターネット調査法など

留め置き調査法：被調査者を訪問して調査票を配付し、数日間留め置き記入してもらい相手を訪問して回収する方法

③ 標本抽出

調査には、調査対象者全体（母集団）に調査票を配付する全数調査（悉皆（しっかい）調査とも言う）と、母集団の中から、ある方法によって選び出された一部分（標本あるいはサンプル）に調査票を配付する標本調査がある。市民全体を対象とするような大規模調査の場合には、経費や時間の制約などから、一般には標本調査の方法がとられる。

a．標本抽出（サンプリング）の方法

標本調査は、標本の回答から母集団のことを推測する方法である。そのため、母集団の縮図になるように標本の抽出が行われなければならない。

標本抽出の方法は、無作為抽出法と有意抽出法に分けられ、社会調査の方法としては、一般には、無作為抽出法が用いられる。これは、調査台帳（母集団の名簿や台帳）から調査対象の誰もが標本として選び出される確率が等しくな

るように考えられた方法であり、単純無作為抽出法、系統抽出法、多段階抽出法、層別抽出法などがある。どの抽出方法を採用するかは、母集団の大きさや調査方法などを考慮して決定する。例えば、標本数が多い大規模調査を留め置き調査法で行う場合には、調査の管理が容易であり、標本のデータから母集団の平均や比率の推定が簡単であるなどの理由から、多段階抽出法の一つである確率比例抽出法が用いられることが多い。

ｂ．標本数の決定

標本調査では、標本抽出に伴う誤差（標本誤差）が発生する。標本数の決定にあたっては、まず、標本誤差の許容範囲を決める必要がある。標本誤差を小さく設定すれば、標本数が多くなり精度は高くなるが、調査員や時間、経費等がその分必要になる。学習ニーズ調査などの場合には、それほど厳密な精度が求められるわけではないため、±２～３％程度とする場合が多い。

ｃ．回収率の重要性

母集団の縮図になるように標本抽出が行われても、被調査者全員が回答するわけでないために、回答者全体が母集団の縮図になっているとは限らない。回収率が低い調査の場合、多数を占める未回答者の動向が分からないままに、母集団の傾向を推定しなければならず、質問に対する未回答者の答えが回答者と大きく異なる場合には、回答者から得られたデータが標本全体を反映したものとはならない。一般に、ニーズ調査などでは、調査テーマに関心の高い人ほど回答する傾向があるため、未回答者と回答者の答えにギャップが存在する。

このような事態を回避するために、できる限り回収率を上げる工夫が必要である。例えば、郵送調査法では、調査の意義を丁寧に説明した事前のはがきや回答を促す督促状を送ったり、何らかの報酬を提供する場合には、調査票に同封して事前に送ったりすることなどが、回収率の向上に有効だと言われる。

4．集計・分析

調査の準備段階では、どのような分析を行うか、そのためにどのような集計を行うかについて計画を立て、調査票回収後には、計画に基づきデータの集計と分析を行う。データの分析とは、集計結果を読む作業である。カテゴリーの頻度に一定の傾向が見られるか、質問項目間に何らかの関係が見られるかなどについて考察することである。

⑴　傾向を読む

全体やカテゴリーごとの総量・総数に着目して傾向を捉えることである。年齢や利用回数など、四則演算ができる量的データの場合には、代表値から読みとる。

代表値とは、全体の特徴を一つの数字に表すことで分かりやすくすることができる値のことである。「平均値」は代表的な指標であるが、平均値だけで全体の特徴を読みとると、値が大きい少数の人に引きずられ多くの人の感覚とずれることがある。そのため、度数の分布が正規分布（左右対称の釣鐘型）にならない場合には、データを大きさの順番にならべたときの中央に位置する値である「中央値」や、回答した人の数が最も多い値である「最頻値」などにも注目する。

一方、性別や学習内容など、四則演算ができない質的データの場合には、単純集計の結果から傾向を読みとる。単純集計とは、各質問項目の選択肢に回答した人の数（度数）を集計し、比率を計算することである。

⑵　関係を読む

項目間の関係を読み解くことである。二つの項目が量的データの場合には、二つの変量（対象の性質を数量で表したもの）の関係の程度を表す相関係数、質的データの場合には、複数の設問を縦横に掛け合わせて集計したクロス集計の結果などが用いられる。これにより、現象や特性をより深く理解することができる。

⑶　データの背後を読む

複数のデータをもとに、データの背後に潜む本質や法則などを読み解くことである。例えば、ニーズと行動あるいは需要と供給といった二つの調査データから両者のギャップを読み解くことによって、ギャップが大きい、すなわち満たされていないニーズ（需要）を把握することができ、問題の所在や課題、方策等について検討する手がかりが得られる。

⑷　比較の際の留意点

問題点や課題を探るうえで、「比較」は有力な方法の一つである。

ニーズ調査などで、調査対象の平均的な傾向だけでなく、性や年齢、職業、居住地区といった基本属性などによって、どのような違いがあるかを知ることは、課題解決の方策等を具体的に検討するうえで有効である。このような質的な項目間の関係を知るための方法が、前述のクロス集計である。例えば、ニーズ調査で、性別と学習ニーズの有無や学習内容、学習方法などをクロス集計することで、男女で学習ニーズの傾向にどのような違いがあるかを探ることができる。また、学習内容や方法、目的などの項目間のクロス集計では、学習ニーズを構造的に理解することができる。なお、クロス集計によって示された属性や項目間の差が、母集団においても差があると言えるかどうかを確認する必要があるが、これを行う方法が、統計的仮設検定である。

一方、調査結果を他の調査結果と比較する場合がある。全国調査のデータとの比較は、当該地域の現状や課題などを探る上で参考になる。また、過去のデータとの比較は、その間に行われた施策や活動等の成果を評価する上で有効な方法である。しかし、質問文で用いられている言葉の概念や回答形式の違いが回答に反映されるため、数値だけを見て分析すると誤った結論を導き出す恐れがある。

例えば、学習ニーズの有無を質問する場合、学習の範囲をどう捉えるかによって学習率が異なる。また、希望する学習の内容について、回答形式が選択肢回答法か自由回答法かで回答率に差が生じる。自由回答法よりも選択肢回答法の方が、選択肢の学習項目を見て気付くレベルの潜在的な学習ニーズが含まれるため、回答率は高くなる。1998（平成10）年のNHKの学習関心調査では、まず普段から学習してみたいと思っていることを自由回答法で質問し、その後で、学習項目のリストを見せ選択肢回答法で学習してみたいことがあるかを聞いているが、学習ニーズ率は、自由回答法よりも選択肢回答法で質問したときの方が約40ポイント高くなった。[(4)]

(5) 分析の視点と調査票作成上のポイント

調査の目的にそったデータ分析を行うには、それに対応した調査票を作成しなければならない。学習ニーズ調査などでよく用いられる分析の視点について、それぞれ調査票作成上の留意点を整理したのが、**表4－3**である。

表4－3　データ分析の視点と調査票作成上の留意点〔例〕

分析の視点		調査票作成上の留意点
①地域格差	⇒	居住地域を項目に加える
②性・年齢等の属性による格差	⇒	性や年齢などの属性に関する項目を加える
③他地域との比較	⇒	比較する調査と学習概念や選択肢を同じにする
④経年変化	⇒	前回の調査票と可能な限り質問文・選択肢を同じにする
⑤学習内容・方法などに対するニーズの構造的把握	⇒	項目間のクロス集計を行えるように、一つの学習内容ごとに、その方法などを順に質問する
⑥需要と供給のギャップ	⇒	学習ニーズ調査と学習事業調査の項目や選択肢を同じにする
⑦学習可能性（学習行動と学習ニーズの間のギャップ）	⇒	学習行動と学習ニーズの選択肢を同じにする

(6)　標本誤差に注意して読む

経年変化を分析の視点にする場合などには、標本誤差に注意する必要がある。例えば、過去の調査と同じ質問文、同じ形式で行ったところ、学習率が45％から47％になったとしても、母集団の学習率は上昇したと言えない場合がある。両方の調査の標本誤差がともに±２％と仮定すると、母集団の前回の調査時点での学習率は43～47％の間、今回の調査時点での学習率は45～49％の間であると推測され、重なる部分（45～47％）が存在するためである。

(7)　実態を考慮して読む

調査データを、頻度の大きさだけに着目することで、大事な情報を見失うことがある。実態を考慮して読むことの重要性について、次のＢ町の調査事例をもとに検討してみたい。

〈事例から学ぶ②　Ｂ町の調査[(5)]〉

「住民参加型の福祉のまちづくり」を進めてきたＢ町では、青少年の育成活動でもこの観点を取り入れ、地域の福祉・交流施設等との連携を図りながら、子どもの福祉活動の取組を試行的に行おうと考えた。そこで、「子どもの学校外活動における福祉活動の推進」をテーマに、実践活動と調査活動を組み合わせた事業に着手し、まず子どもを対象にニーズ調査が行われた。その際にポイントになったのが「子どもの参画」である。今後、子どもの参画を通して、地域の福祉活動を充実させることを想定し、調査では、参画意欲がどの程度あるのかを確認するための項目が設けられた。**図４－１**は、地域活動への参加経験と参加意欲の項目をクロス集計して、両者の関係を見たものである[(6)]。

この図は、地域活動への参画（計画に加わる）を希望する子どもが9.4％であり、選択肢の中ではその他を除くと一番比率が低いこと、さらに、地域活動への参加経験が多いほど、参画意欲が高くなる傾向があることを示している。このことから、実践活動に対してどのような示唆が得られるのだろうか。

図４－１　地域活動への参加経験と参加形態の希望（Ｔ町）

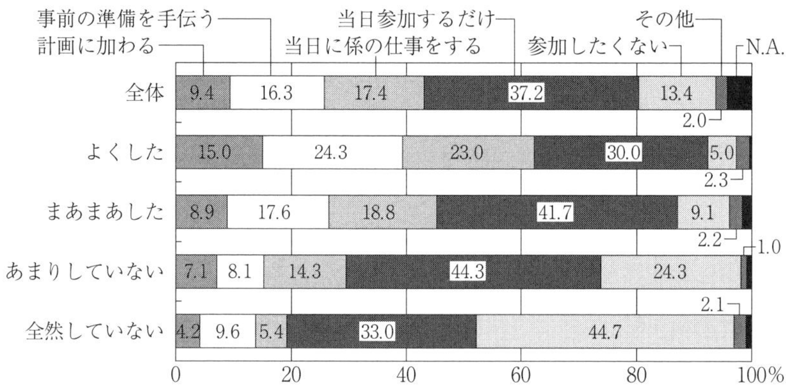

参画意欲を持つ子どもが9.4％という結果は、数値の相対的な大きさだけで判断されると、「参画意欲は低い」として片付けられがちである。しかし、調査が実施された当時は、子どもの参画の重要性が指摘されはじめたばかりであり、実際に地域活動に参画していた子どもの数は少なかった。このような状況の中で、子どもの地域活動を指導している住民の一人は、この図から、参画希望の子どもが「約１割もいる」と捉えた。「現状と照らしてこの数値を読んだときに、１割という数値は決して小さくない。１割の半分でも実際に計画づくりに参加してくれたならば、地域活動の様子はこれまでとは異なるものになる」と考えたのである。ここがポイントである。単に数値の大小だけでなく、現状に照らしてデータを読むことが大事である。

なお、地域活動への参加経験が多いほど参画意欲は高くなるという傾向が確認できたことから、地域活動に計画段階から参加できるようにすることは、これまで活動に熱心に取り組んできた子どもに対して、ステップアップの機会をつくるという点で意味があるということも、この調査結果は示唆している。

５．調査データの活用

地域のニーズに応える社会教育を推進するために、調査データがどのように活用されるか、具体的な例を紹介しておきたい。

①　行政や機関・団体での事業計画の策定あるいは見直しのための根拠

行政や機関・団体での事業計画を策定したり見直したりする場合、関係者の合意を形成する必要がある。多くの人や団体を巻き込んで活動を展開するような場合には、合意形成を特に丁寧に行うことが、計画の策定や見直しだけでなく、計画に基づいて行われる活動を充実させるうえでも重要である。そこでポイントになるのが、策定や見直しの必要性について、地域の現状やニーズなどを把握した上で議論し結論を見いだすことである。科学的な調査は、それらを把握するための確かな証拠を提供する。

②　予算の獲得、助成金・補助金の申請のための根拠

事業計画を立て予算を獲得する場合に、事業実施の必然性や事業効果についての合理的な説明が必要になる。民間の団体が、地域課題の解決をねらいとした助成事業に応募する場合にも、地域課題を的確に把握し地域のニーズに対応した企画になっていることが評価の対象になる場合がある。例えば、地域でどのような機能が衰退しどのような問題が発生しているか、その一方で住民にはどのようなニーズがあるのかを、確かな証拠をもとに論理的に説明したうえで、活動のねらいや具体的な内容を提示することが求められる。この場合の確かな

証拠になるのが、科学的な手続きのもとで実施された調査のデータである。

③　地域課題解決に向けた取組への啓発

調査には、客観的に事実を把握するという分析的機能とともに、気付きやより高い理解へ導く啓発機能がある。調査票を受け取った人が、調査に回答する過程で、調査で取り上げられている問題の重要性に気付いたり、その在り方について考えたりすることがある。さらに、調査結果がホームページや市政だより、会報などに掲載されたり、シンポジウムなどが開催され調査結果をもとに議論されたりすることで、住民の関心がさらに高まったり課題が共有されたりする。このように調査データは、取り扱うテーマに関して、地域住民を啓発する資料として活用することができる。

なお、調査データの活用とは別に、調査結果の報告は、調査の回答者に対する調査主体の義務であることを忘れてはならない。

〈事例から学ぶ③　C町の調査[(7)]〉

C町は、「地域ぐるみの健全育成はどうあればよいか～大人と子供が共に育つ地域づくりを目指して～」をテーマに、実践活動と調査活動を組み合わせた社会教育事業を実施した。まずは、学校関係者、青年、大学生、地域の実践者及び行政関係者をメンバーとする委員会が組織された。調査活動では、委員が調査票の作成や集計・分析を行い、大学教員と町の社会教育主事が活動をバックアップした。調査は、子ども、保護者及び教員2,000人を対象に行われ、調査結果は町の広報誌に掲載された。さらに、大人と子どもがともに参加するシンポジウムが開催され、大人に交じって複数の高校生がシンポジストとして登壇した。シンポジウムでは、「地域ぐるみの健全育成はどうあればよいか」をテーマに、調査データを手がかりに議論が展開された。シンポジウムに参加した親子の家庭では、帰宅後も、シンポジウムの内容についての話し合いが行われた。

C町の調査は、青少年のふだんの生活の様子や考え、子どもたちと保護者及び教員のかかわり方、規範意識などの特徴を客観的に明らかにした。さらに、2,000人を対象とした調査の実施と、調査結果をもとにしたシンポジウムの開催、調査結果の広報誌への掲載などを通して、住民に対し、青少年育成の重要性への気付きとその在り方について考える機会を提供した。

６．社会教育調査の課題と方向性

地域のニーズ等に関する調査データは、行政だけでなく地域の団体等にとってもプログラムの作成や予算の獲得のために必要になるなど、活用範囲は広い。そのため、地域の中で行われた調査のデータについては、地域の団体等が利活用できるように収集と整理を行い、公開する仕組をつくることが必要である。ただし、これを行うには、各調査の実施時に、被調査者に対して、データを広く公開することやデータの提供先などを明示しておかなければならない。

また、これまで地域のニーズを探るような調査活動は、行政が中心となって行われてきたが、自治体などが実施する調査の中には、C町のように専門家の手を借りながら、住民が主体となって企画から報告までの一連の活動に取り組み、その結果を計画の立案や実践活動に生かそうとする試みがある。そのような調査活動はニーズ等を客観的に把握・分析すること（分析的機能）だけでなく、地域の実態を学び地域の諸課題に対する問題意識を高める機会となる（啓発機能）、さらには、調査活動に参加した者同士のつながりを強化し、一体となって計画の立案や実践活動に取り組むきっかけとなる（凝集機能）といった、いわば副次的な効果をもたらす。生涯学習への住民の参画の重要性が指摘される今日、このような住民を巻き込んだ調査活動は、それを促す有力な手段となる。

第２節 住民の意思を収集する広聴

１．広聴の果たすべき役割

「広聴」とは、広く意見を聞くこと、特に行政機関が公衆の意見や要望を聞き募ることであり、「公聴」と呼ばれることもある。一般的には、行政の広聴活動を意味する用語としては「広聴」という漢字が使われているが、「広聴」も「公聴」も、「国民や住民の行政に対する意見・要望などを聴く活動」を表す同義の言葉として使われている。しかし、ここで重要なことは、住民の声の収集のみならず、行政への反映がなされることまでをも含んでいるということである。広聴は、「行政に対する住民の意見・要望を収集し、住民の声を政策に反映すること」であり、今日では様々な行政施策に住民の意見を反映させるための手段（手続）として制度化されている。

こうした背景には、行政と住民を取り巻く環境の変化があげられる。行政だけでは解決することが難しく、行政と地域の住民が連携・協働しなければ解決できない課題も増えている。従前の行政が担う公共から、住民が積極的に参画する「新しい公共」が求められる中、ＮＰＯやボランティアが大きな役割を担うようになった。行政はこうした住民との協働を進めるために、その要望を的確に捉える必要がある。広聴の果たすべき役割は、近年ますます重要になっている。

２．行政における広聴

行政が行う広聴には、「義務的広聴（公聴）」と「住民のニーズを聞く広聴」に大別することができる。「義務的広聴（公聴）」は、処分を行う場合の利害関係者の意見聴取機会や、政策決定時に有識者等の意見を参考にするなどの法律において義務的に広聴（公聴）を行うことが定められているものである。一方の「住民のニーズを聞く広聴」は、首長への手紙などの個別広聴、移動知事室などの集会広聴、ニーズ調査などの調査広聴、施設見学会などの施設広聴がある。

札幌市では、広聴を主管する「市民の声を聞く課」を行政組織内に位置付け、市民からの様々な意見が、市政に反映されるように努めている。特に、従前の面談・電話・ＦＡＸではなく、メールによって市政に関する意見・提案を受け付ける「インターネット市政提案（市政への提案メール）」や、市政に関するテーマについて、テーマにかかわりのある市民と市長が、誰もが自由に傍聴できる開放的な場で直接対話を行う「サッポロスマイルトーク」などの広聴活動を展開している。

また、三重県では、子どもたちの意見を集める「キッズ・モニター」制度を実施している。この取組は、三重県子ども条例に基き、県の様々な施策についての意見を、インターネットを使った電子アンケートに答えてもらうというものである。小学４年生から高校３年生（18歳まで）を対象にした広聴活動は、特筆すべき取組である。

住民からの声や政策・施策への提案・提言などを積極的に収集する取組は、全国の多くの自治体で取り組まれている広聴活動である。

３．広聴とサイレント・マジョリティ

広聴においては、積極的に意見・要望等を行政に伝える住民だけではなく、「行政に関心がない」もしくは、「関心はあるが事情があり声を発しない」住民がいることも忘れてはならない。「積極的に発言はしない多くの人の内なる声」と言われるこのような住民を「サイレント・マジョリティ（静かな大衆、silent majority）」と言う。一般的に、多くは若者・会社員・自営業者といった人たちとされている。

サイレント・マジョリティへの対応は、「もともと行政に関心自体がない（行政に対する意見を持っていない）住民」に対して関心を持ってもらえるような

働きかけを継続して行うことに加えて、「関心はあるが、事情があり声を発しない住民」の声を如何に集めるかが重要となる。

こうしたサイレント・マジョリティの意見をすくいあげるために、住民基本台帳から無作為に抽出した多様な世代の市民に案内状を送付し、市民ワークショップの開催や、インターネットやＳＮＳ（ソーシャル・ネットワーキング・サービス、Social Networking Service）の積極的な活用など、自治体では様々な取組を行っている。行政は、住民の声をより正確に政策に反映するために、一部の住民の声だけではなく、可能な限り多様な声を集める努力をすることが大切である。

４．社会教育行政における広聴活動

社会教育行政における広聴は、住民の要求課題や学習ニーズ等を明らかにすることによって、住民に何が求められているかを把握し、生涯学習・社会教育に関する効果的な教育施策や事業の立案に生かすことにある。特に、地域における生涯学習推進計画や社会教育計画等の作成には、重要な基本情報となりうるものである。ここでは、社会教育行政が実施する広聴活動について、代表的なものを示すこととする。

(1) アンケート調査による広聴活動

社会教育の場で多く実施されている広聴活動に、アンケート調査がある。教育委員会事務局が実施する住民の学習関心や学習動向に関する調査や公民館等の社会教育施設が利用者に対して実施するアンケート調査は、社会教育計画・事業の立案や社会教育施設の運営に関する要望を調査結果から明らかにすることができる。また、こうしたアンケートは、計画・事業の企画立案の参考データとするだけではなく、政策・事業の評価としても活用されており、ＰＤＣＡサイクル［Plan（計画）－Do（実行）－ Check（評価）－Action（改善）］を効果的に推進する上でも重要である。

⑵　学習相談による広聴活動

学習相談は、学習情報提供と併せて実施されていることが多く、面談や電話・メール等で寄せられる相談内容を、専属の学習相談員が個別に対応している。学習相談は、学習者（学習グループを含む）や学習希望者の学習上の悩みや問題の解決を図る助言・援助活動である。しかし、相談活動によって、住民の学習関心や学習動向をはじめとする学習者のニーズを把握することもできることから、広聴活動として捉えることもできる。

⑶　パブリックコメント制度（意見公募手続）

行政の政策立案過程で住民の意見を聞く制度として実施されているものにパブリックコメント（public comment）がある。その手続きの流れは、はじめにパブリックコメントを実施する旨を広報等で予告する。その後、ホームページへの掲載や所管課をはじめとする所定の場所などに配布し、住民への公表を行う。公表した行政作成の施策案や文書について、郵送・持参、ＦＡＸ、電子メールなどにより住民から広く意見の提出を求め、寄せられた意見等を考慮して政策を決定する。最後に、寄せられた意見等の概要とそれに対する行政の考え方を公表する。

こうしたパブリックコメントは、現在では多くの自治体で実施している。特に、生涯学習推進基本構想や社会教育計画等の策定に際しては、パブリックコメントを実施し、住民に意見を問うことは今や不可欠である。

⑷　まちづくり出前講座

「まちづくり出前講座」は、1994（平成6）年から埼玉県八潮市が「生涯学習まちづくり出前講座」として実施したことに始まる。住民の学習活動を支援するために、今では全国の多くの自治体で実施されている取組である。

「まちづくり出前講座」は、地域住民からの要請に応じて、当該自治体が用意した事業や施策などに関するメニューから選択し、担当する行政職員等が住民の学習会や集会に講師となって出向き、説明するとともに意見交換する生涯学習機会として位置付くものである。

こうした学習機会は、行政からの一方的な説明に終始するのではなく、住民からの質問や意見も多く寄せられ、住民の声を聞く場としても有効である。市民と行政が協働でまちづくりを進めていくという昨今の時流に沿った活動と言える。

⑸　社会教育委員と広聴

社会教育法第十五条は、社会教育委員について規定している。この社会教育委員制度の趣旨は、地域において社会教育に関して優れた知見を有する人々を委員に委嘱することにより、社会教育行政に地域住民の意向を反映させることにある。

社会教育行政は、地域住民の組織的な教育活動の動向の把握や実施主体との連携・協働が不可欠であるとともに、地域住民の学習ニーズを適切に把握し、それを社会教育計画・事業に反映させていくことが重要である。このように行政と地域住民をつなぐ仕組として、社会教育行政にあるのが「社会教育委員制度」である。この制度が社会教育の中に位置付けられていると言うことは、住民の意向を忘れては執行できない社会教育行政の特質であり、社会教育行政において、広聴活動が如何に重要であるかを示すものと言える。

社会教育委員は、住民の声を行政へ伝える代弁者として、常に住民の要求課題（学習ニーズ）や必要課題を把握することに心がけなければならない。

これからの社会教育行政には、これまで以上に住民主体の取組が求められる。そのためには、行政からの一方的な情報発信だけではなく、住民意見を的確に施策に反映させるための広聴活動が重要となってくる。行政が、一方的に情報を発信するだけではなく、広聴活動をより充実させ、きめ細やかに情報の循環を行うことで、住民と情報を共有し、信頼関係を強め、住民主体のまちづくりを推進することができる。「広聴」は、住民との双方向コミュニケーションにとって欠くことのできないものであり、その一翼を担っているのが、社会教育委員であると言える。

⑹　行政におけるこれからの広聴―ＳＮＳの活用―

近年、Twitter（ツイッター）・Facebook（フェイスブック）・ＬＩＮＥ（ライン）などのいわゆるＳＮＳが爆発的に普及している。これからの自治体の広聴・広報に関しても、何らかの対応を迫られる可能性が高いと言える。民間企業では、すでにマーケティングなどにおいて積極的に活用されている。行政機関においても、公式の Twitter や Facebook のアカウントを持つ自治体も多く、広聴に活用する事例も散見される。

大分市では、ＳＮＳを活用した市民参加型ミーティングを行っている。ＳＮＳミーティングは、Facebook のグループ機能を活用し、将来のまちづくりの課題等について議論し、その意見を迅速に市政運営の参考にしている。

また、埼玉県和光市では、Twitter を活用した災害情報の収集を行っている。ハッシュタグ機能（情報検索）によって本文中に「＃和光市災害」が入った記事を、検索一覧表示することによって、写真や地図が添付されている不特定多数の投稿者からのリアルタイムの現場状況を収集している。

ＳＮＳは、リアルタイムの情報を容易に受信・発信することができるほか、「シェア」によって情報を拡散させ、ネット上で多くの人と双方向で交流できるなどのメリットがある。しかし、一方では、情報の真偽の不確実性や一度ネット上に出回ると情報を消すことができない、批判的なコメントが集中的に投稿される炎上など、懸念されるデメリットもある。

2018（平成30）年９月に発生した「北海道胆振東部地震」では、「全域で断水する」、「地鳴りがしているので大地震が起きる」などの推測による根拠のない情報が、Twitter上で拡散し、多くの人々を不安や恐怖に陥れた。

行政機関が導入するには、慎重な対応が必要であるが、従前の広聴では、集約することのできなかったサイレント・マジョリティの意見をすくいあげることができるなど、これまでの広聴の在り方を大きく進化させる可能性も秘めている。

自治体は、広聴活動をＳＮＳに特化するのではなく、従前の方法も併用する多様な広聴活動こそが、多様な住民の声を集めることにつながる。ＳＮＳを広聴の中で、どのように位置付けるかが今後の課題であろう。

第３節　住民に周知するための効果的な広報

１．住民との「よい関係づくり」のための広報

「広報」とは、英語のパブリックリレーションズ（PR：Public Relations）を日本語に訳したものである。パブリックリレーションズは20世紀初頭からアメリカで発展した、組織とその組織を取り巻く人間（個人・集団・社会）との望ましい関係をつくり出すための考え方及び行動の在り方である。日本には、第２次世界大戦後に、ＧＨＱが民主主義を根付かせるために中央や地方の官庁に導入した概念で、リレーションズ（関係）の言葉が示すとおり、双方向のコミュニケーションを表すものだったが、日本語で「広報」と訳されたことから「広く知らせる＝お知らせする」という意味で一般に使われるようになった。このように「広報」という言葉は、組織と社会あるいは公衆（パブリック）とのよい関係づくりという意味であったものが、組織の一方的な情報発信と受け取られるようになってしまった。しかし、パブリックリレーションズの本来の意味は、「よい関係づくり」である。広報は、行政が、住民との間に継続的な“信頼関係”を築いていくための重要な取組であるということの再確認が必要である。

戦後の高度成長時代に行われたまちづくりにおける広報の役割は、行政から住民へのお知らせを中心とした「お知らせ型広報」であった。高度成長時代が終わり、2000（平成12）年の地方分権一括法の施行により、国が持っている地方に関する決定権や仕事をするために必要な予算を地方（市町村及び県）に移して、住民に身近な行政サービスをその地域で決められるようになった。こうした「地方自治新時代」では、国から移譲された権限と財源を活用し、それぞれの地方自治体が自らの責任と判断において、地域のニーズにあった政策の推進と、住民に対する説明責任を果たすことが求められる。つまり、地域のニーズを把握し、政策決定過程で情報の開示と住民参加・参画を確保し、合意形成を行わなければならないことから、広報の在り方にも大きな変革が必要となった。

こうした時代の変化に伴い、自治体広報はこれまでの「お知らせ型」から、「住民のニーズを意識した対話型」への変革が求められている。

「お知らせ型」広報とは、行政側の住民に対する説明責任の一角を担うものとはなっておらず、「広く知らせる（お知らせ）」という考えのもと、「広報紙に載せて周知を図った」という実績を残すために、一方的な伝達をするものである。現在でも自治体広報の課題の一つとなっており、住民のニーズを意識した広報となっていないため、紙面づくりの中で、住民に興味を持ってもらう、理解をしてもらうといった工夫・努力が必要とされる。

２．行政における広報の役割

⑴　自治体のガバナンス機能

企業経営において、経営上の意思決定が企業の価値創造にとって有効な判断となるように管理・統制する仕組のことを「コーポレート・ガバナンス（Corporate Governance）」と言う。

行政広報には、自治体の経営が正しく行われているかどうかを監視、監査、あるいはチェックする「ガバナンス」の機能も有する。行政施策について、積極的に情報提供することによって、利害関係を持つ住民（ステークホルダー、stake holder）から進捗状況や成果についてチェック及び評価を受けることができる。

しかし、単に発信しただけの「やりっぱなし広報」や、発信したということを言い訳にする「アリバイ広報」と言われる状況に陥ることなく、「広報を行うことで何を伝えたいのか」というところまで考え、行政の発信する情報が住民の求める情報となっていることが不可欠である。

⑵　アカウンタビリティ（説明責任）の遂行

今日の日本社会は、少子高齢化や環境意識の高まり、経済のグローバル化といった様々な変化への対応を求められている。かつては右肩上がりの経済に支えられ、幅広い分野で様々な公共サービスを提供してきたが、今日では、深刻な財政難に伴い、施策の「選択と集中」が進められている。こうした中、自治体の行政方針や施策に対して住民の理解と信頼のもとで、進めていくことが求められている。広報活動は、方針や各施策の考え方・内容・効果などについて、的確で分かりやすく情報を提供し、公開性、透明性を確保し、住民へのアカウンタビリティ（accountability）を遂行する役割を有している。

行政が行う事業の経緯や過程を住民に紹介していくことで、住民に関心を持ってもらう手法に「プロセス広報」がある。例えば、新たな社会教育施設のオープンを広報紙などで伝える場合、完成したことについてトピックス（topics）として事後報告を行うだけではなく、その施設が開館に至るまでの住民とのかかわりや打ち合わせ、現状はどうなっているかなどを細かく伝えていくことで住民の関心度を高めることができる。まさに、こうしたプロセスを情報提供してこそアカウンタビリティを果たしたことになると言える。

⑶　協働のまちづくりと情報の共有化

地方分権が進められる中で、住民主体のまちづくりが求められている。しかし、一方では、少子高齢化等の社会情勢の変化に伴い、住民の公共サービスに対するニーズは、多様化・複雑化している。こうしたニーズに対応し、分権型社会に対応した独自性の高いまちづくりを進めていくためには、住民と行政が互いの理解と信頼を深めながら、それぞれの責任と役割を自覚し互いに補完し協力し合う、協働によるまちづくりを進めていくことが重要になっている。協働によるまちづくりを進めていくためには、情報の共有を図り、住民とのコミュニケーションを深め、行政への信頼やまちづくりへの関心を高めていくことが必要である。広報広聴は、住民との情報の共有化を図り、協働のまちづくりを進めるための基底となるものである。

首長が地域や団体の活動の場などに出向き、住民と直接対話し、市政やまちづくりについての説明と意見交換を行う「まちづくり懇談会」や「対話集会（タウンミーティング)」なども協働のまちづくりを進めるために多くの自治体で行われている取組である。

また、職員が住民のところに直接出向き、自治体の政策や制度を分かりやすく説明する「出前講座」などは「対面広報」と言われ、直接住民と対面して説明するため、意見や要望などもその場で吸い上げることができるなどの利点があり、協働のまちづくりを進めるための一方法と言える。

３．社会教育と広報の意義

社会教育において広報は、住民の学習活動を促進するために、多様な学習機会をはじめ施設・団体・グループ・教材等にかかわる情報を、広く提供することが中心となっている。しかし、顕在的学習関心者に対する情報提供にとどまらず、潜在的学習関心者の学習関心を高め、学習行動へとつなげるような広報も考えていかなければならない。また、要求課題のみならず必要課題へのアプローチも重要である。特に、要求課題に比して一般的に学習ニーズの低い地域の必要課題は、現状や問題点を積極的に取り上げ広報することによって、住民に問題意識を醸成し、必要課題を要求課題へと転換することが期待できる。例えば、大規模な地震災害等が予見される地域においては、災害発生時の被害予想等を積極的に広報することによって、災害についての学習は、この地域で生活する上で学ぶことが必要な課題として広く認識され、住民にとって学びたい要求課題へと転換することが期待できる。

さらには、広報によって提供される地域課題に関する情報を、教材として活用し、住民同士の話合いや意見交換の場を提供することによって、地域社会全体のコミュニケーションの機会拡大につながることが期待できる。このように広報は、地域課題への理解や学びへのきっかけづくりに有効であり、地域における社会教育の充実発展のために欠くことのできない重要なツールである。

4．社会教育における広報活動

(1) 広報誌による広報

広報誌は、情報の即時性では限界があるが、印刷媒体として何度でも読み返せる、長く保存できるなどの利点がある。また、インターネット等のＩＣＴ（Information and Communication Technology）ツールを利用できない情報弱者にとっても有効である。市民参加型や地域課題について考える問題提起型記事など、誌面の充実を図っていくことが大切である。

また、社会教育委員会議の活動報告と社会教育への理解を図るため、社会教育委員自らが作成する広報誌を定期的に発行しているという事例もある。

(2) ホームページによる広報

インターネットは発信できる情報量が豊富で、即時性や経済性、双方向性といった特性を持っている。ホームページは、こうしたインターネットを活用した広報活動の基礎となるものであり、国内はもとより国外からのアクセスも期待できる。利便性の向上を図るとともに、ブロードバンド環境の進展に伴い、音声や動画による配信も以前に比べて容易になってきており、インターネットの特性を生かした情報発信は、これからの広報においてますます重要な役割を担うことになるであろう。

⑶　ＳＮＳ（ソーシャル・ネットワーキング・サービス、Social Networking Service）などによる広報

インターネットをはじめとする情報通信技術が進歩し、利用者間で相互に交流できるソーシャルメディアなど、特に双方向性を活用した情報発信が盛んになっている。ＳＮＳは、これからの広報ツールとして大きな可能性を秘めている。

近年では、Twitter（ツイッター）・Facebook（フェイスブック）・LINE（ライン）などの公式アカウントを持つ自治体も多く、広報ツールとしての活用は進んでいる。また、広報紙とウェブの連動、広報番組とホームページの相互誘導などの「メディアミックス」展開も一般的になってきている。このように、導入コストや即時性・発展性などの多くのメリットがあるＳＮＳであるが、リスクがあることも忘れてはならない。導入に当たっては、次のようなことについての検討が求められる。①目的とツールを明確にすること、②利用・運用面でのセキュリティを向上させること、③チャネルミックス（インターネット、ＤＭ、電話、訪問などの顧客アプローチ手段の戦略的組合せ）を構築すること、④職員の利用ルールをつくること、⑤文書管理のルールをつくること。

いずれにしても、リスクを回避するためには、明確な運用ポリシーの策定が不可欠である。

5．これからの広報活動

パブリックリレーションズの本来の意味は、「よい関係づくり」であり、広報は、行政が、住民との間に継続的な“信頼関係”を築いていくための重要な取組である。これからの広報は、「ワンウェイ」から「ツーウェイ」のコミュニケーションへの転換を図り、住民とともにつくるというスタンスの広報が求められる。

住民が自分たちのまちに関心を向け、まちづくりに参画する機運を醸成するためには、前述の「プロセス広報」、「対面広報」のほか「住民参画型広報」なども活用すべきであろう。広報誌に住民の編集員やレポーターによる取材記事やコラムを掲載したり、広報番組に住民をメインで出演させるなど、広報活動に住民を積極的に参加させるべきである。こうした取組は、行政目線でなく、住民の目線から政策・制度、事業等を見てもらうことができ、行政の取組をより身近に感じてもらえるなどの利点も多く、取り入れている自治体も増えてきている。

いずれにしても、如何なる広報手段をとろうとも、行政と住民がともに信頼しあえる対等の関係で手を取り合い、「対話のサイクル」が繰り広げられるようになることが重要である。

注

(1)　浅井経子「学習者の学習需要把握」、伊藤俊夫他編『新社会教育事典』第一法規出版、1983（昭和58）年、267頁。

(2)　青少年育成国民会議編『青少年育成国民運動実践調査研究事業報告書』、2001（平成13）年３月、120～134頁。

(3)　調査方法の手順と特徴、及び以下で述べる標本数の算出方法や無作為抽出の方法と手順などについては、山本恒夫ほか編『社会教育計画』（文憲堂、2007（平成19）年、76～85頁）を参照のこと。

(4)　学習関心調査プロジェクト「学習関心調査報告1998　人々は何を学んでいるか」、『放送研究と調査』第48巻第９号、1998（平成10）年９月号。

(5)　青少年育成国民会議編『青少年育成国民運動実践調査研究事業報告書』、2000（平成12）年３月、36～50頁。

(6)　この図は、1999（平成11）年11月10日に開催された青少年育成国民運動実践調査研究事業秋田県鷹巣町（現北秋田市）実施委員会において、筆者が報告した調査結果の資料をもとに作成した。

(7)　青少年育成国民会議編『青少年育成国民運動実践調査研究事業報告書』、2002（平成14）年３月、22～39頁。

参考文献

- 水谷修「社会教育調査法」、日本生涯教育学会『生涯学習研究ｅ事典』、http://ejiten.javea.or.jp/content.php?c=TmpBeE1EVTE%3D（2014年９月25日閲覧）
- 「SNS を活用した市民参加型ミーティング」利用規約　大分市企画部広聴広報課、2016（平成28）年７月
- 浅井経子・合田隆史・原義彦・山本恒夫編著『地域をコーディネートする社会教育―新社会教育計画―』理想社、2015（平成27）年
- 水谷修「課題解決の方法―統計データの読み方・活用法―」、社会通信教育協会『生涯学習支援実践講座生涯学習新コーディネーター新支援技法研修』第Ⅰ単元テキスト『地域におけるネットワーキングと課題解決型学習の技法』、2014（平成26）年１月、111～120頁
- 社会教育行政研究会編『社会教育行政読本―「協働」時代の道しるべ―』第一法規　2013（平成25）年６月
- 公益財団法人大阪府市町村振興協会おおさか市町村職員研修研究センター『平成24年度研究会：自治体広報のあり方研究会報告書』、2013（平成25）年３月
- 杉山明子編『社会調査の基本』朝倉書店、2011（平成23）年
- 神奈川県政策研究・大学連携センター ～シンクタンク神奈川『平成23年度調査研究報告書：広聴のあり方に関する調査・研究』、2012（平成24）年３月
- 水谷修「社会教育計画と社会教育調査」、山本恒夫他編『社会教育計画』文憲堂、2007（平成19）年、71～85頁

第５章　学習成果の評価・活用と学習支援者の育成

第１節　学習成果の評価

１．評価と認証

(1)　学習成果の評価

評価はごく一般的に言えば、設定された目標をどの程度達成したかを確かめるために情報や証拠を集め、その達成度を判断することであり、その過程全体を評価と言うこともある。

評価といっても、ここで言う評価は学習成果の評価であるから、個々の学習者が学習目標をどの程度達成したかを確かめるために、情報や証拠を集め、その達成度を判断することである。第三者が学習成果を一定の水準に達していると判断することを、認定という場合もある。目標を達成できたかどうか、一定の水準に達したかどうかを判定し、目標を達成できていたり、一定の水準に達していたりすれば、そのことを証明するために、単位、修了証、免状、資格、称号などを付与することが多い。

学習の観点から見れば、学習成果の評価は、一定のまとまりのある学習が終了した時に、そのまとまりを評価の対象とし、学習の総括のために行う総括的評価（summative evaluation）と言うことができる。（後出の「参考 学習評価について」を参照。）

(2)　認証

最近は、様々なところで認証という言葉が使われている。例えば、本人であることを確認する本人認証などがそうである。学習成果についても、学習成果の評価や認定を認証するというように、認証という言葉が使われることもある。

一般に、認証というのは、対象の正当性を確認することである。

したがって、学習成果の評価や認定を認証するということは、学習成果の評価ないしは認定を対象とし、その正当性を認めることである。

また、学習成果の評価や認定という言葉を避けて、学習成果の認証という言葉が使われることもある。学習成果の評価や認定は、学習したことを確認することでもあるから、評価や認定の判定という側面よりも確認という側面を強調して学習成果の認証というのだが、その場合でも、学習成果の認証は、第三者が一定の基準を設けて、学習成果がその基準に合致しているかどうかを確認することである。

さらに、認証という言葉は、学習成果の評価や認定を行う者（機関・団体等を含む）の信頼性や正当性の確認をいうときに使われることもある。例えば、評価・認定団体の認証というのがそれだが、この場合には、認証する機関が必要であり、○○機関の認証というように、機関名を付けて使うのがふつうである。

(3) 学習成果の評価の具合例

ただ学習成果の評価というだけではイメージがつかみにくいであろうから、具体的な例をあげておくことにしよう。

① 学校関係

高校・専門学校・高専・短大・大学などの公開講座・開放講座、○○カレッジ、科目等履修生、聴講生等を修了したことの証明など。

例；修了証、単位取得証明書など。

② 学習歴（学校以外のもの）

県民カレッジ、生涯学習センター、公民館、カルチャーセンター等の講座等の修了証明、職業訓練施設での教育・訓練、企業の研修、民間の各種セミナーの受講証明、社会通信教育の修了証明など、例：受講証明証、修了証など。

③　資格・能力の認定等

国家資格、公的資格、民間資格の取得、各種検定の合格なども、学習成果の認定と言える。

例：認定証、免状など。

④　芸術作品等の出品・受賞など

芸術作品等の展覧会、コンクール等への出品（予備審査あり)、受賞、依頼作品の制作など。

例：展覧会のチラシ、コンクール等のプログラムやカタログ、作品の写真、賞状など。

⑤　スポーツ・芸能等の出場・受賞など

スポーツ競技大会出場、芸能等のコンクールへの参加（予備審査あり)、受賞など。

例：大会、コンクール等への参加者名簿、出場者名簿、賞状など。

なお、正規の学校教育にも学習は含まれているので、学歴（学校歴）を学習成果の評価に入れることもある。

２．学習成果を生かす資料としての学習成果の評価

⑴　資料としての学習成果の評価

学習成果の評価は、

①　個人が自己の学習を見直し、学習の課題を発見するための資料として用いる、

②　社会で学習成果を生かすための資料として用いる

ことが多い。そのうち、②の社会で学習成果を生かすという場合には、学習成果といっても、特にどの程度の知識・技術を習得しているかを確かめるための資料として用いられることが多い。

⑵　21世紀の課題

このような学習成果の評価への関心が高まったのは、20世紀末の国際的な会議で、21世紀に必要とされる知識・技術の習得の重要性が強調されるようになったからである。

例えば、1999（平11）年のＧ８・ケルン・サミットにおける『ケルン憲章―生涯学習の目的と希望―』は、次のように述べている。

　すべての国が直面する課題は、どのようにして、学習する社会となり、来世紀に必要とされる知識、技能、資格を市民が身に付けることを確保するかである。経済や社会はますます知識に基くものとなっている。教育と技能は、経済的成功、社会における責任、社会的一体感を実現する上で不可欠である。

　来世紀は柔軟性と変化の世紀と定義されるであろう。すなわち、流動性への要請がかつてないほどに高まるだろう。今日、パスポートとチケットにより人々は世界中どこへでも旅することができる。将来には、流動性へのパスポートは、教育と生涯学習となるであろう。この流動性のためのパスポートは、すべての人々に提供されなければならない。

また、20世紀最後の年（2000（平成12）年）に東京で行われたＧ８教育大臣会合の「議長サマリー」でも、次のように言われている。

　……知識社会においては、これまでの学習や教授の在り方に根本的な変化が求められる。すなわち、学習機会を提供するに当たって、その内容及び形態を新たに組織し直すこと、学習者の知的・情緒的・社会的要求を把握し直すことが求められる。労働市場で求められる技能レベルは高く、すべての社会は教育レベルの向上という課題に直面している。高い技能レベルを身に付け維持できる者は社会的にも経済的にも大成功を収めることができるが、そうでない者は安定した職業及び、その職業によって得るべき社会的・文化的生活活動に必要な収入を得る見通しも立たない状態で、かつてない疎外の危険に直面している。

このような状況にあって、生涯学習はすべてのひとにとって高い優先課題となっている。知るための学習、（何かを）するための学習、（何かに）なるための学習、ともに生きるための学習という四つの柱に基いて、生涯学習は知識社会に完全に参画するための十分な機会を与えてくれる。生涯学習は国家開発の基礎であり、経済・社会の発展の基礎を築き、個々人がその発展に貢献し、またその発展から利益を得るための能力を培う。

このように、21世紀の社会では、これまで以上に高度の知識・技術を習得し、それを社会で活用することの重要性が指摘されるに至り、その際の資料となる学習成果の評価にも関心が寄せられるようになったのである。これからの学習成果の活用を考えると、今後は、学習成果の評価の社会的信頼性と通用性をますます高めていかなければならないであろう。

参考　学習評価について

学習そのものの評価についていうと、学習評価は、学習目標をどの程度達成したかを確かめるために、情報や証拠を集め、その達成度を判断することである。

学習評価を行う目的としては、次のようなことがあげられる。

① 学習プログラムの改良をはかるため。

② 学習そのものの向上をはかるため。

③ 社会、集団、個人が学習成果を活用しうるようにするため。

学習については自己評価ということがよく言われるが、それは、学習目標を設定した時点での自己の状態を明らかにしたうえで、一定期間後に達成（あるいは到達）した状態を目標設定時の状態と比較したり、目標値と比較したりして、達成（到達）度を明らかにすることである。

学習評価の方法は、学習評価の主体（評価の実施者）、評価技法、評価対象、判定法等によっていくつかの種類に分けられる。

主体別の分類

・自己評価法：学習者が自らの学習について評価するもの。

・他者による評価法：学習プログラムの提供者や講師・助言者による評価、あるいは学習者が相互に行う評価など。

評価技法による分類

・自己診断法：学習者が学習成果や感想を自由に記述したり、いくつかの観点を立てて自己診断を行ったりするもの。

・知識テスト法：知識の習得度を調べるもので、○×法などがよく用いられる。

・応用能力テスト法：実例や応用問題などを用いて応用能力を調べるもので、論文法、○×法、実技法などがある。

・判断能力テスト法：知識テストと応用能力テストをあわせたもので、成人の場合に用いやすい。具体的場面を想定し、そこでどのような判断をしたらよいかを述べるもの。

・態度テスト法：学習前と学習後の態度変容をみるために、学習の前後に同質の態度テストを行うもの。ただし、態度変容があっても、それがその学習によるものかどうかの判定がむずかしい。

・観察法：学習者の学習や実演を指導者や専門家が観察するもので、スポーツ、レクリエーション、芸術、芸能、趣味、料理、和洋裁など、実技を伴うものに多く用いられる。

・その他：話し合いなども一種の評価法として用いられる。感想を述べたり、関心や態度の変化を述べたりする。

評価対象別の分類

・学習過程での学習の評価：学習過程での学習を評価の対象とし、毎回の学習がどのように行われたかを評価するもの。主として学習者が学習の軌道を修正したり、学習プログラムの修正をしたりするために行う。これには学習者の努力を評価することも含まれるので、学級・講座などで毎回の学習結果について反省をしたりするのもこの一種といえる。（これは formative evaluation である。）

・学習の総括的評価：学習者がある学習のまとまりを終了した時に、そのまとまりを評価の対象とし、学習の総括のために行う評価で、目標を達成できたかどうかを判定する。もし目標を達成できていれば、単位、修了証、免状、資格、学位、称号などを付与することが多い。（これは summative evaluation である。）

判定法による分類

・絶対的基準を定めて判定を行う場合：どの程度の成果があがれば学習目標を達成したとするかという基準をあらかじめ定めておき、それにより判定を行うもの。絶対評価の一種といえる。たとえば、達成度が80パーセント以上を合格とすることなどがそうである。

・平均との比較により判定を行う場合：ある学習者集団の平均を用い、それと比較して目標の達成度を判定するもの。相対評価の一種といえる。たとえば、ある学習者集団の目標達成度の平均が50パーセントとした場合、ある学習者の達成度が70パーセントであれば、平均を20パーセント上回っていたのでかなりよい、と判定することなどがそうである。

学習評価は、ともすればその目的から外れた使い方がなされる。したがって、常に目的を自覚し、悪しき評価が行われないようにしなければならない。

（山本恒夫「生涯学習の評価・認証」（浅井経子編著『生涯学習概論―生涯学習社会への道―』理想社、2010年、第９章第２節189－196頁）を参照。）

第２節　学習成果の活用とその支援

１．多様な学習成果の活かし方

学習成果の活用とは、学習を通して身に付けた知識・技術や学習の仕方等を個人の生活や社会等で生かすことである。例えば、生活習慣病を予防する栄養バランスについて学び、その知識を日頃の食生活に生かす、学んだ日曜大工の技術で整理棚をつくる、資格を取得してキャリアアップに生かす、コーディネート手法を学んで地域活動に生かす、等があげられる。さらに、身に付けた知識・技術や学習の仕方等をその後の学習活動に生かすことも学習成果の活用である。

図５－１は学習活動と学習成果の活用の関係を示したものである。時間、お金、労力、情報等を投入して（input）、学習活動を行い、その結果として何らかの知識・技術が身に付く（output）。その知識・技術を個人の生活や社会等で生かすこと（outcome）が学習成果の活用である。**図５－１**では学習活動の後に学習成果の活用が起こるようになっているが、学習活動と並行して学習活動の活用

が行われることも当然ある。いずれの場合も、学習活動によって獲得した知識・技術を使って個人の生活や社会等で活動するのが、学習成果の活用である。

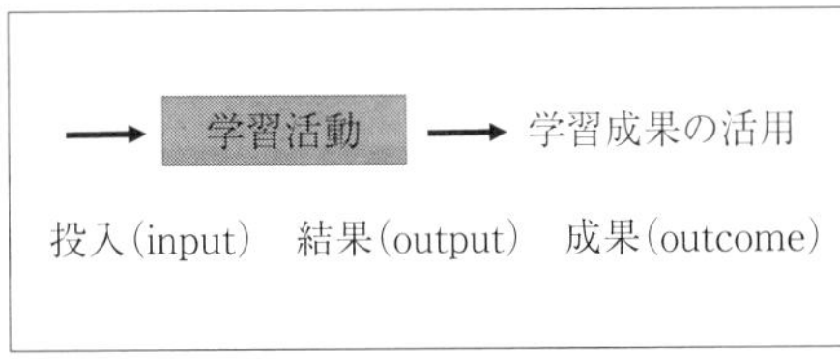

図5－1　学習活動と学習成果の活用

学習成果の活用の例としては下記のようなものがある。これら以外にも、学習活動を継続することで生きがいを得たり、精神生活を充実させたりすることも学習成果の活用として捉えられている。

学習成果の活用の例

① 個人の家庭・日常生活、職業生活、学習活動の向上に生かす

② 地域社会、国際社会の発展に生かす

1）学習成果の発表（発表会、展示会等）
2）学習グループ等の結成、運営
3）行政等が行う事業の企画、運営への参画
4）市民講座の講師・助言者
5）家庭教育支援関係のコーディネーター、ボランティア
6）各種施設での活動（図書館での対面朗読、点字資料の作成、博物館での展示解説、公民館講座での手話通訳等）
7）青少年の学校外活動の指導者、世話する人、学校支援コーディネーター、ボランティア
8）スポーツ関係の指導者、ボランティア
9）自然保護、環境問題、地域づくり等のＮＰＯ職員、ボランティア
10）国際交流・貢献関係のＮＰＯ職員、ボランティア

2．学習成果の活用支援が求められる背景

このように学習成果の活用は多様なかたちをとっており、それを支援する取組も多様なかたちで行われている。教育基本法第三条は「国民一人一人が、自己の人格を磨き、豊かな人生を送ることができるよう、その生涯にわたって、あらゆる機会に、あらゆる場所において学習することができ、その成果を適切に生かすことのできる社会の実現が図られなければならない」と規定しており、学習成果の活用も生涯学習社会においては支援の対象となっている。

その背後には、個人の側から見た場合、生活課題を解決して生活の向上を図ったり職業上の能力を向上させてキャリアアップを図ったりするために学習する人が多くいること、社会の側から見た場合、学習成果を生かした活動が社会の活性化に寄与すること等の学習成果の活用の意義が認識されたことがある。特に少子高齢化、人口減少の時代にあっては、学ぶだけでなく学習成果を生かすことを通して人々が社会に参加・参画し、それにより社会の維持発展が図られると期待されている。そのために、社会教育行政にあっても、学習成果の活用を通して学習者が地域の担い手あるいは地域人材になることを視野に入れた社会教育事業の企画立案・実施が求められている。

3．社会教育行政・施設による多様な学習成果の活用支援

学習成果の活用支援には様々なものがあるが、ここでは社会教育行政や社会教育施設が行うものを取り上げることにする。そのため、主として学習成果を生かした地域での活動を支援するものを取り上げる。

社会教育行政・施設による学習成果の活用の主な支援は大別すると、⑴学習成果を活用する機会を提供する、⑵学習グループ・サークル等を組織化したり支援したりする、⑶学習活動と学習成果を生かした活動をリンクさせる機能を整備する、に分けられる。次にこれらについて考えてみよう。

(1)　学習成果を活用する機会を提供する

例として、学習経験の豊かな人を各種委員、社会教育指導員、学習相談員、統括コーディネーター、地域コーディネーターに委嘱したりすることがあげられる。さらに公民館等が、館内案内、講座等の準備・運営補助、資料の整理や学習相談などを行う施設ボランティアとして受け入れたりすることもあげられる。社会教育法、図書館法、博物館法でもそのような事業の実施や奨励が下記のように規定されている。また、学校支援、子育て支援、放課後子供教室等のボラティアとして学習成果を生かす機会を提供したりしている。

社会教育法　第五条（市町村の教育委員会の事務）

15　社会教育における学習の機会を利用して行った学習の成果を活用して学校、社会教育施設その他地域において行う教育活動その他の活動の機会を提供する事業の実施及びその奨励に関すること。

図書館法　第三条（図書館奉仕）

8　社会教育における学習の機会を利用して行った学習の成果を活用して行う教育活動その他の活動の機会を提供し、及びその提供を奨励すること。

博物館法　第三条（博物館の事業）

9　社会教育における学習の機会を利用して行った学習の成果を活用して行う教育活動その他の活動の機会を提供し、及びその提供を奨励すること。

(2)　学習グループ・サークル等を組織化したり育成したりする

講座等で一定の学習活動を終了した人々を組織化し、学習グループ・サークル等を立ち上げるのを支援している。それらのグループ・サークル活動は講座等で学んだことをさらに深めるとともに、地域活動や地域の人々を対象とした学習支援活動を行ったりしており、地域の活性化に寄与することが期待できる。例えば、名称は様々であるが全国各地にあるシニア大学等は卒業生が同窓会をつくり、各種の講演会や行事等を開催したりしている。

さらに学習グループ・サークル等の育成のために、組織化支援のみならず、例えば社会教育施設に登録することにより研修室などの利用ができるように便を図っている。また運営上の問題などが生じたときには、身近な社会教育施設職員が親身に相談にのったりする。

そのほかにも、社会教育施設等は、それらの学習グループ・サークル等に文化祭や展示会等の発表の場を提供したり、活動内容を紹介する情報提供を行ったりして学習成果を生かした活動を支援している。また、自治体によっては自主事業に対して助成を行うところもある。もちろん助成事業にあっては、公募・審査の一連の手続きが取られているところが多い。

(3) 学習活動と学習成果を生かした活動をリンクさせる機能をつくる

ここで言うリンク機能とは学習活動と学習成果の活用を結び、学習者を学習成果を生かした活動に導く仕組みや制度のことである。それには、人が介するもの、ＩＣＴ（Information and Communication Techolog）が介するもの、制度等が介するものなどがある。このようなリンク機能があれば、個人であれグループ・サークル・団体であれ、ニーズ、能力、条件に合った地域活動等に学習活動を発展させていくことが可能になる。**図５−２**はそれを示したものである。

人が介するものとしては学習相談員や生涯学習コーディネーター、地域学校協働本部の地域コーディネーター等による支援があげられる。学習成果を生かして活動したい人のニーズ、能力、条件に合わせて地域活動等の機会を紹介したり、マッチングしたりする。

ＩＣＴ活用のものとしては、例えば自治体が構築している学習情報提供システムがあり、人材・指導者情報に登録することで紹介が行われている。また、上

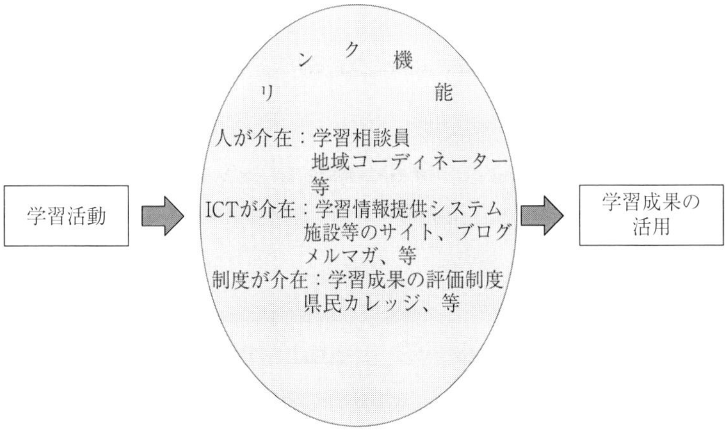

図５－２　学習成果の活用支援のためのリンク機能

述した学習グループ・サークル等の育成にかかわって、自治体や社会教育施設のサイトに学習グループ・サークル等の活動紹介ページをつくったり、ブログやメルマガで活動を紹介したりしているが、それらは関心を持つ学習者の入会等に寄与している。今後はＡＩ（Aritifical Intelligence）を活用してマッチングや学習グループ・サークル等の活動紹介等が行われるようになる違いない。

制度や仕組をつくって学習成果の活用を支援している例としては、資格、検定、認定証等の学習成果を社会的に評価する制度や仕組があげられる。また、いくつかの自治体で開設されている県民（市民）カレッジ、県民（市民）大学などがある。例として、青森県民カレッジ、ぐんま県民カレッジ、東広島市生涯大学システムなどがあげられる。これらのカレッジやシステムは、一定の学習の修了に対して認証したり表彰したりして、学習成果を生かした活動に発展するのを促進している。

4．社会教育事業等の有効性と学習成果

先に、学習成果を生かした人々の社会参加・参画は社会の維持発展のために期待されており、学習成果の活用を視野に入れた社会教育事業が求められている、と述べた。自治体の財政状況がますます厳しくなってきている中で公費を使って社会教育の推進を図るためには、社会教育事業等の有効性を示す必要がある。例えば、事業の受講者が事業終了後に学習成果を生かしてボランティア活動に取り組んでいるとすれば、それは事業の有効性を示すものとして説得力があるであろう。このように、学習成果がどれほど社会で活用されているかは社会教育事業等の成果（outcome）の一つとして測定されるようになってきている。そのような事業等の成果や評価については第２章で述べた。

学習成果の活用と社会教育事業等の評価で測定する成果（outcome）との関係を図で示すと**図５－３**のようになる。**図５－１**で見たように、学習すれば知識・技術を獲得したり行動の仕方を変えたりしてその人が変容する。それを学習活動では結果（output）として捉えれば、それがどの程度生じたかは社会教育事業等では成果（outcome）になる。また、学習成果を活用して行動を起こせば社会を変えていくことにもなるため、それは学習活動にあっては成果（outcome）であり、社会教育事業等にとっては社会的な波及効果（outcome）につながる

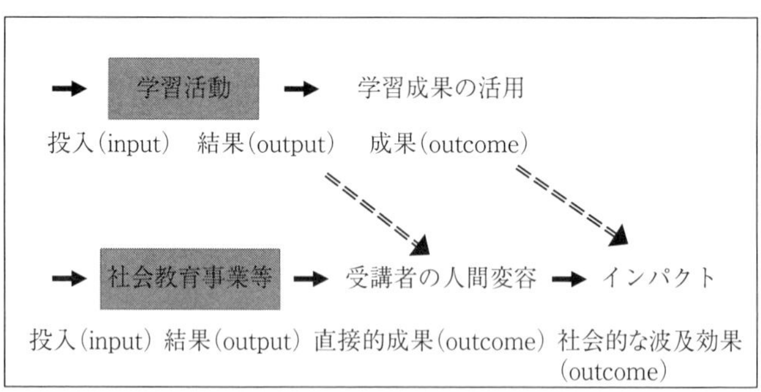

図５－３　学習活動の成果と事業等の成果の関係

ものでもある。

一方で、学習者が学習で身に付けた知識・技術を活用するという意味での学習成果の活用とは異なるが、学習活動自体の意義に着目して事業等が立案されることもある。これは学習活動を行うこと自体に成果があるという捉え方である。具体的に言えば、学習活動をすることは健康の維持増進に役立ち、精神的にも張りのある生活ができる、さらには健康寿命をのばすといったことである。あるいは学習活動を行うことにより積極的に生きようとする意欲が生まれ引き込もりの状態等からの脱出が可能になる、地域の人々がともに学ぶことにより地域の結束を高めることができ、互いに助け合う地域づくりや犯罪の防止に役立つといったことである（**図５－４**）。これらを明確に示すことにより、医療費や社会保障費や犯罪取締りにかかわる経費等の軽減に役立ち、人口減少、超高齢社会の中での緊縮財政の時代にあっても社会教育事業等の意義を訴えることが可能になる。

そのような考え方は今に始まったことではなく、実際にそのような科学的な分析も行われてきた[(1)]。一般的には学習成果の活用と言えば学習者による活用を言うが、学習活動自体に成果があると捉え、行政等がそれらを測定することに

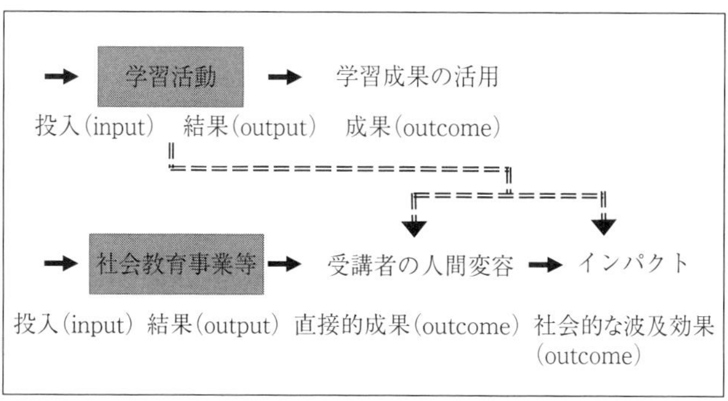

図５－４　学習活動自体の社会的成果

より社会教育の一層の推進を図ることも可能である。

(第３節) 学習リーダーの育成と活用

１．学習リーダーとは

一般的なリーダーとは、集団がその目標達成を目指して活動する過程において、他者に大きな影響を与える人のことを指し、代表的には次の３タイプがあげられる[(2)]。その第１は、集団構造におけるポジション（または地位）としてのリーダーで、例えば内閣総理大臣、会社社長などのように、公的な組織図の中に明記されるポジションを占めている人である。第２は役割としてのリーダーで、何らかの人間関係にあって、他者に自身の意思を伝える（コミュニケートする）、指導をするなどといった行動をとる人である。第３は、集団の目標を達成するために積極的に行動するといった、いわゆる集団機能の遂行を担う人である。

このようなリーダーに備わっているものとしてリーダーシップがある。例えば「指導権」や「指導的地位」などのような意味で使われる場合もあるが、一般的なリーダーシップとは、集団過程を規定する集団の目標達成及び集団を維持するための機能の実現を図るべく、集団のメンバー（成員）に影響力を行使するともに、それらの諸機能を先導的に遂行する過程のことを言う[(3)]。リーダーシップの獲得については様々なパターンがあり、予め備えている人が最初からリーダーに決まる場合もあれば、集団活動を行っていく中で徐々にリーダーシップを発揮する人が現れる場合もある。

学習リーダーは、自身の学習成果の活用という観点に立てば、様々な活動において、これまでの学習活動で得てきた知識・技術等、あるいはそれにかかわる情報を他の学習者に提供する。ただし、一般的なリーダーが前述のように集団活動における人材であることから、学習リーダーの活動の場も、集団で行う学習活動が中心である。

なお、学習リーダーになるために特別な資格はない。また呼称も決まっているわけではない。例えば、「生涯学習リーダー」と呼ばれることもあるが、学習リーダーとの違いはほとんどない。また、「環境学習リーダー」などのような、特定の分野の学習に限定させた呼び方をする場合もある。

２．学習成果の活用状況の実態から見る学習リーダー

学習リーダーは、前述したように学習成果の活用にかかわることが多いと考えられることから、まずその実態を取り上げる（**図５−５**参照[(4)]）。

図５−５の学習成果の活用状況は内閣府の「生涯学習に関する世論調査」等の調査結果から、１年くらいの間に「学習したことがある」とする者に対する複数回答の結果の時間的変化を示したものである[(5)]。このうち、学習リーダーにかかわると考えられる項目としては、「地域や社会での活動に生かしている（生かせる）」（2008（平成20）年以降）があげられる（もちろん例であげられている「学習、スポーツ文化活動などの指導」は必ずしも学習リーダーだけが担うものではない）。2012（平成24）年以降の調査ではいずれも20％を超える者が回答している。また、上記項目にまとめられた関係で直近の調査にはないが、2008（平成20）年までは「他の人の学習やスポーツ、文化活動などの指導に生かしている」が取り上げられており、各調査で10％前後が回答している。

３．学習リーダーの育成

前述したように、学習リーダーに特別な資格はないため、固定的な育成プログラムは存在しない。ただし、リーダーシップの能力をいかに身に付けるかという点から様々な検討が重ねられており、研修等にあっては、主に次の①〜③の能力習得を目指している[(6)]。

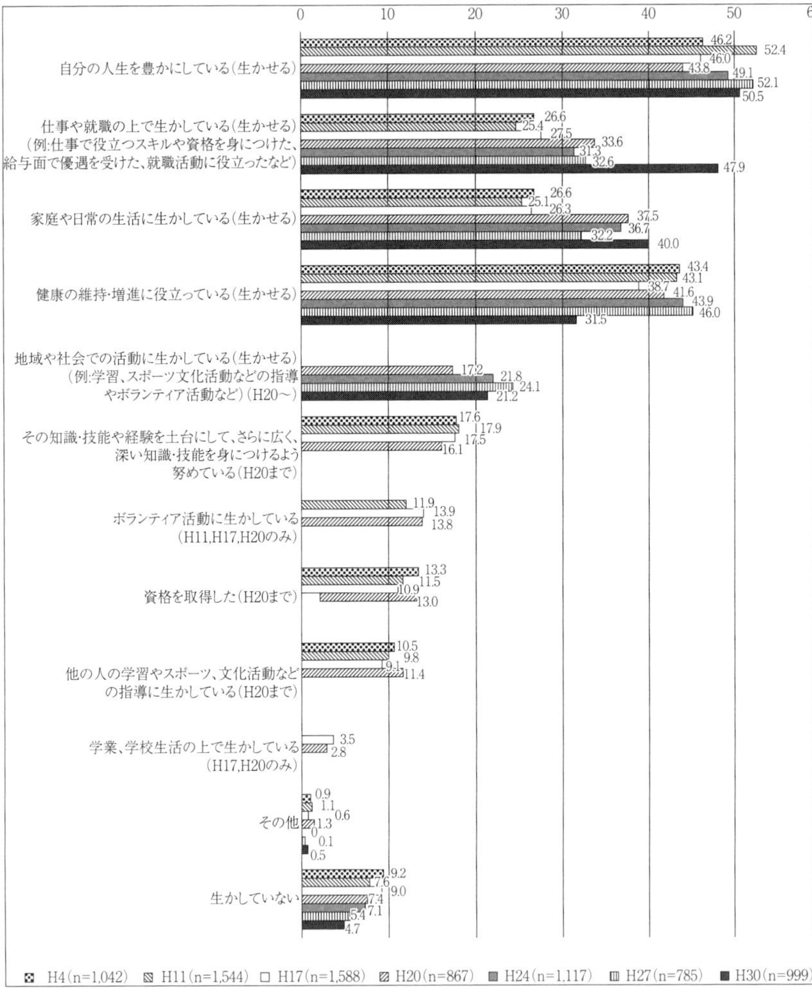

図 5－5　学習成果の活用状況

内閣府「生涯学習に関する世論調査」結果より（数値は比率）

①　グループ活動に自分自身がコミットする態度

ここで言うコミットする態度とは、自分が自ら積極的に集団活動に参加して貢献しようという強い意思を持つ情熱的な態度のことを言う。換言すれば、やる気を持った積極的な態度である。

②　人間関係の対話力

ここで言う対話力とは対人関係のコミュニケーションの能力のことを指す。自己表現を的確に行い、それをメンバー全員に伝わるようコミュニケーションの伝達技能を持つと同時に、メンバー全員の意見を十分に傾聴して理解できる能力のことでもある。対人関係能力にもつながる。

③　課題解決への創意工夫の能力

ここで言う課題解決への創意工夫の能力とは、課題の内容を分析する力や解決への決断力および実行力のことで、そのような力を持つことで創意工夫できるとされる。

育成プログラムでは、例えば宿泊を伴う活動や連続講座により、相互学習の機会を得ながら集団の在り方や人間関係の問題を検討したり討論したりしていくことがあげられる。特に、宿泊を伴う活動にあっては、寝食をともにする生活の中で他の参加者との交流を深めながら、自らの考え方が変化していくこともある。

なお、このような育成プログラムに参加しなくても、所属している集団の中で自然に学習リーダーが育成されることもあるが、それは学習集団形成のプロセスの中で育成されることが多い[(7)]。例えば初期の未熟な段階では、学習リーダーはどちらかと言えば主導的に指図する指導を行い、集団が成熟し他のメンバーが自立するにつれて、メンバーの自覚的な活動を支援するかかわり方をするようになる。さらに集団が成熟し創造的な活動を行うようになると、そこでの学習リーダーは協働を重視し助言者的にメンバーにかかわっていくようになる。

4．学習リーダーの活用

所属している集団（学習グループなど）の中で育った学習リーダーは、そのまま所属している集団の中で活動することが多い。一方、それと同時に所属以外の集団に出かけ、自身の得意分野を生かしながら知識・技術等を提供するなどの支援活動を行うこともある。このことは、学習リーダー自身にとって新たな発見の機会にもなるし、さらなる学習への動機付けにもなる。

多くの自治体では、学習支援技術を有した人を学習リーダーとして「(生涯）学習リーダーバンク」に登録し、登録者情報を提供している。その仕組を通じて、そのような学習リーダーは、学習によって得た知識・技術等を活用して、学習グループなどの活動を支援している。

さらにSociety5.0時代に向けてＡＩ技術等を使いこなしながら課題解決、新たな価値創出のため、例えば技術革新と社会課題をつなぐプラットフォーム（platform）を創る人材が求められている[(8)]。今後、領域によっては学習リーダーには、そのようなＡＩ技術やビッグデータ等を使いこなす能力が求められるに違いない。

第４節　学習ボランティアの育成と活用

1．学習ボランティアとは

学習ボランティアとは、学習支援者の一つであるが、特にボランティアとして人々の学習支援を行う人のことを言う。学習ボランティアは、これまで自身が得てきた学習成果や自身が持っている知識・技術等を生かすことが多いことから、学習ボランティアの活動は、学習成果の活用の一つとして捉えることもできる。

一般的なボランティアは、社会的な課題解決のため、対価を期待せず自発的に活動する人を指す[(9)]。その活動は、自発的な意思で、報酬を求めずに、自分の能力や技能、労力、時間を使って、社会や人々のためへのサービスであることから、自発性（自由意思性）、無償性（無給性）、公共性（公益性）は、ボランティアの三原則と呼ばれている[(10)]。

我が国では、ボランティア活動はかつて福祉の領域を中心に発展してきたが、近年では、まちづくり、観光、災害、文化、スポーツ、環境などの分野でも幅広く行われている。特に、生涯学習支援に関しては、例えば社会教育審議会答申『急激な社会構造の変化に対処する社会教育のあり方について』（1971（昭和46）年）で社会教育におけるボランティア活動の重要性が指摘されており、さらに生涯学習審議会答申『今後の社会の動向に対応した生涯学習の振興方策について』（1992（平成４）年）で生涯学習との関連が本格的に取り上げられるようになった。このように、ボランティア活動には、自己実現や学習の機会にもなることから[(11)]、中央教育審議会答申『生涯学習の基盤整備について』（1990（平成２）年）でも述べているように[(12)]、必ずしも学習を目的としていないとしても、ボランティア活動には何らかの学習性が備わっていると考えられている。

学習ボランティアは、自身の向上はもちろん、他者の学習支援など、ボランティア活動そのものに内在する学習との関連を強調するときに呼ばれることが多く、福祉ボランティアなどといった他分野のボランティアと区別させる意味で用いられることもある[(13)]。

具体的には、例えば、公民館、図書館、博物館などの社会教育施設では施設ボランティアが登録されており、彼らはそこで学習ボランティアとして様々な運営の一端を担っている。また、上述の施設や行政等が主催する各種講座・教室等、あるいはスポーツ・文化・体験活動等にあって、指導やその支援を行う学習ボランティアもいる。学習活動を行う各種団体・グループ・サークルなどでも、様々な学習活動を支援する学習ボランティアが活発に活動している。さらに最近では、小中学校や地域で行われる教育・学習の支援（地域学校協働活動、放課後子供教室、家庭教育支援なども含む）で活動する学習ボランティアもいる。

学習ボランティアは資格等で独占される名称ではない。学習ボランティアと呼ばれなくても、実際の活動が学習ボランティアとしての活動である場合もある。また、利用する機関・団体等によっては、「生涯にわたる学習」を支援するボランティアであることを強調する意味で、生涯学習ボランティアの名称を用いているところもあり、学習ボランティアと生涯学習ボランティアの間に厳密な区別はない[(14)]。その他、領域や内容を特化させた名称として、社会教育（施設）ボランティア、学校支援ボランティア、国際ボランティア、文化ボランティアなどの名称も見られる。なお、最近では、放課後子供教室での学習支援を主に担うボランティアのことを学習支援ボランティアと呼んでいることが多い。

2．学習成果の活用状況の実態から見る学習ボランティア

まず、前節（学習リーダーの育成と活用）と同様、学生成果の活用の観点からの学習ボランティアの実態を捉えることにする（前節の**図5－5**を参照）。学習ボランティアだけではないが、それにかかわる項目の一つ「地域や社会での活動に生かしている（生かせる）（例：学習、スポーツ文化活動などの指導やボランティア活動など）」（2008（平成20）年以降）では、2012（平成24）年以降の調査ではいずれも20％を超える者が回答している。また、1999（平成11）年、2005（平成17）年、2008（平成20）年のみの調査ではあるが、「ボランティア活動に生かしている」という項目では、３ヶ年とも10％台となっている。

次に、社会教育関係施設におけるボランティア登録者等を見てみることにする。**表5－1**は、社会教育調査（基幹統計調査）の結果をまとめたものである。これによると、2015（平成27）年度におけるボランティア登録者の総数は、50万人を超えている。施設種別に見て最も登録者数が多いのは、公民館の約17万人、次いで多いのは図書館（同種施設含む）の約９万６千人で、その次に多いのは社会体育施設（団体）の７万９千人である。また、登録制度のある施設数の占める比率を施設種別で見ると、最も比率の高いのは図書館（同種施設含む）

表5-1　ボランティア活動の状況

	計	公民館（類似施設含む）	図書館（同種施設含む）	博物館	博物館類似施設	青少年教育施設	女性教育施設	社会体育施設（団体）	劇場、音楽施設	生涯学習センター
登録者数										
平成14年度	496,728	256,645	59,357	22,422	40,251	15,923	6,439	69,726	25,965	−
平成17年度	560,389	289,712	70,776	27,607	49,136	16,929	23,270	60,394	22,565	−
平成20年度	582,286	249,604	98,431	29,602	45,986	22,763	9,982	83,747	29,418	12,753
平成23年度	529,604	191,185	112,085	33,957	38,015	23,180	13,308	74,266	27,031	16,577
平成27年度	508,487	170,105	95,949	37,942	39,497	24,774	29,936	79,010	17,249	14,025
以下、平成27年度のみ										
施設数	54,667	14,841	3,331	1,256	4,434	941	367	27,197	1,851	449
うち登録制度のある施設数	7,823	2,298	2,316	539	908	333	124	738	434	133
施設数に占める比率（%）	14.3	15.5	69.5	42.9	20.5	35.4	33.8	2.7	23.4	29.6

文部科学省『平成27年度社会教育調査報告書』

で69.5%、次いで博物館（42.9%）、青少年教育施設（35.4%）、女性教育施設（33.8%）の順になっている。

3．学習ボランティアの育成

学習ボランティアは、自身が所属する各種団体・グループ・サークルなどの活動の中で自然に育っていくこともある。しかし、養成研修会など、その育成を目的とした研修事業が企画されることが多い。このような養成・研修事業は、一般的なものとしては、公民館、図書館、博物館、青少年教育施設などの社会教育施設で企画される研修会や養成講座があげられる。その他にも「ボランティアの集い」のようなイベントもある。学習ボランティアになることを希望する人は、このような事業に参加することにより、学習ボランティアの考え方（態度、心構えなども含む）や学習ボランティアに必要な知識・技術等を身に付ける。

このような事業は、特に期間や内容が決まっているわけではないが、一般的には、①ボランティア活動の意義などに関する事項、②生涯学習の考え方などに関する事項、③学習ボランティア活動の実践に関する事項などから構成される。①については、例えば、ボランティア活動の一般的な意義、ボランティア活動の理論や考え方、ボランティア活動の分野・種類、ボランティア活動の実態や課題などがあげられる。②については、生涯学習の理論、生涯各期の学習の特徴、生涯学習の内容や方法、学習プログラムなどの編成などがあげられる。また③については、ボランティア活動の一般的な内容や方法、学習ボランティアに関する活動技術や運営方法（活動の進め方も含む）、学習者への接し方や指導法、リーダーシップなどにおける心構え、活動時における保険などがあげられる。しかし、これらはあくまでも例であるし、その他に特定の領域・分野に関する知識・技術が取り上げられることもある。

このような事業による育成以外の例としては、実際に学習ボランティアに関する活動をしながら育成していく方法もある。それは、ボランティア活動は、社会の中で自分を生かすとともに、自分の成長のために行うものであるという考え方に立脚している。例えば、行政等による活動などで援助を受けながら見習いボランティアとして実践の中から必要な知識・技術等を習得しながら成長していくこともある。

４．学習ボランティアの活用

最近は社会の仕組も少しずつ変わってきており、ボランティア活動にも積極的価値を見いだすようになってきている。今後は、社会的な目的や使命を果たすという動機付けが重要視されると考えられることから、ボランティア活動の経歴がさらに評価されるようになり、ボランティア活動に求められる知識・技術を習得する学習の機会も一層必要とされるに違いない。

ボランティア活動は、本来、自発的に誰でも行うことができるものであるから実際様々なところで行われている。しかし、学習ボランティアに関しては、特定の分野に関する学習経験者や特技を持つ人に依頼したいという要請が多いことが想定される。そのようなとき、実際誰がよいか分からないため、学習ボランティアの登録制度を設けている地域が多い。学習経験のない領域の学習を支援することは難しく、逆に学習ボランティア側にとっても、自分の特技でもないものに関する学習支援を依頼されても困ってしまう。このようなミスマッチを避けるべく、学習ボランティア自身が持っている知識・技術等をうまく役立てていくための仕組が必要なのである。このような仕組に、ボランティア・センターやボランティア・バンクなどがある。もちろん、未設置の地域もあり、そのような地域では、行政の生涯学習関係部署や地域の中心的な社会教育施設がその業務を代行していることがある。

さらに、近年は多くの地域が人口減少による地域の消滅や地域づくりの担い手不足といった課題に直面している。地方創生の取組では、例えば「関係人口」

（移住した「定住人口」でもなく、観光に来た「交流人口」でもない、地域や地域の人々と多様にかかわる人々）のような地域以外の人材が地域づくりの担い手となることが期待されている[(15)]。このような動きを見ると、今後、地域にルーツを持つ地域外の人やＮＰＯなどが学習ボランティアとして活躍することが今まで以上に求められるようになるに違いない。

第５節　地域コーディネーターの育成と活用

１．コーディネーター育成の必要性

人々の多様化するニーズや複雑化する社会の要請に応える社会教育事業を展開するためには、様々な機関、団体、施設等の連携協力や協働は不可欠なものとされている。また、少子高齢化による生産人口比の減少は財源確保を難しくしており、行政も様々な機関、組織、団体等と連携・協働して事業を行わざるをえなくなっている。特に地域学校協働活動や家庭教育支援等のような事業では多様な知識・技術・知恵を有した地域の人々の協力が不可欠で、多くの人々の参画と連携・協働・協力が必要とされている。

しかし一言で連携・協働・協力といっても、地域の人々、機関、団体、施設等はそれぞれの目的を掲げて活動しているし、有している知識・技術や資源も異なり、ニーズや条件はそれぞれで違っている。そのため、連携・協働・協力する際にはそれらを調整する必要があり、コーディネート・スキル（coordinate skill）を有したコーディネーター（coordinator）が求められている。

そのようなこともあって、近年“コーディネート”や“コーディネーター”という言葉がよく使われる。しかし、その意味が十分に検討されて使われているとは言い難い。そこで、まずコーディネートを定義し、その上でコーディネート・スキルや地域コーディネーターの養成、地域コーディネーターの活用について取り上げることにしよう。

なお、ここでは地域コーディネーターと言っているが、自治体によって名称

は様々である。例えば、地域教育コーディネーター、教育コーディネーター、社会教育コーディネーター、家庭教育支援コーディネーター、地域子育て支援コーディネーター等の名称があげられる。

２．コーディネートとは

コーディネート（coordinate）という語に最も近い言葉は「調整」であろう。しかし、生涯学習・社会教育領域の答申等でコーディネートの使われ方を分析すると[(16)]、単なる「調整」とも異なっている。

そこで、ここでは、それらの答申等の分析結果に基づき[(17)]、コーディネートとは、当事者（以下、ここではコーディネートの対象となる人、地域の人々、機関、施設、団体等を当事者と呼ぶ）にとっての最適な合意点を探し出す働きとして定義し、具体的には①マッチングするときの調整、②企画設計するときの調整、③マッチング及び企画設計するときの調整からなると考える。

例えば①としては、自分のレベルに合った講座を探している学習者がいた場合に、その学習者のニーズや条件などを吟味したり調整したりしながら、その学習者に合った講座を提示する等があげられる。②の例としては、複数の団体が共催して事業を行おうとするとき、その企画がよりよいものになるように、それぞれのニーズや能力に合わせて役割分担を調整したりすることがあげられる。③の例としては、共催事業を企画するときに、効果が期待される複数の団体同士をマッチンクさせ、最適の役割分担になるように調整することなどがあげられる。

３．コーディネート・スキル

コーディネーターに求められるコーディネート・スキルとして次の４点があげられる。

① 活動の目的、ミッション、目標等を当事者に理解してもらい、意欲を喚起する

目的意識や使命感を持つことができれば、多少の負担や苦労はあっても、意欲を持って取り組むことができるものである。また、目標を明確に自覚できれば、やるべきこと、進むべき方向が具体的に分かり、意欲的にことにあたることができる。

② 当事者間にメリット、デメリットが偏在しないようにする

特定の人・機関・団体・施設等にメリットが偏在すると、デメリットや負担を被った人・機関・団体・施設等から不満が生じ、合意を得ることができなくなったり、協力関係を維持できなくなったりするおそれがある。

③ すべての当事者に現状以上の状態を保証する

実際には当事者間でメリット、デメリットの大きさには違いが生じてしまうものである。そのような場合に不満が出ないようにするには、すべての当事者に現状以上の状態を保証するようにすることが重要である。現状というのは、その連携・協働・協力に参画する前の段階のことである。すべての当事者に現状以上の状態を保証すれば、連携・協働・協力することで、それをしないときよりもよい状態に移行できるので、満足を得ることができる。

④ それ以上改善の余地のない状態を選ぶ

コーディネートすることで、上記の②や③を可能とする状態が複数あることが分かったとき、そのうちのどの状態を選ぶかが問題になる。その場合に、すべての当事者及びその活動の目的から見て、それ以上改善の余地のない状態を選ぶようにする。

4．コーディネート・スキルの基本手順

これらのコーディネート・スキルを実際に使う場合の基本手順を簡単に記すと次のようになる。[18]

① 行うべきコーディネートが、マッチングをする際の調整か、何らかの事業等を企画・設計する際の調整か、あるいは両者を含むものかを確定する。
② コーディネートをする際の当事者が誰であるかを確定する。もちろん、当事者は複数いることが多い。
③ 当事者に活動や事業の目的、目標等を理解してもらう。
④ 当事者に合意でき、実現可能な条件を出してもらう。
⑤ 当事者に、その条件別の評価値を出してもらう。この場合、評価値といっても実際には意見等でよい。
⑥ ④で出された条件を組み合わせて組をつくり、それぞれの組ごとに評価値を出す。その評価値は、すべての当事者の条件別の評価値を総合したものである。実際には、コーディネーターは意見等をすべての当事者から聞いて、それらを総合的に評価することになる。
⑦ 合意点を探る調整では、当事者すべての評価値を総合した評価値が最大となる組を選ぶようにする。それが、それ以上改善の余地のない組を意味する。
⑧ 合意点を探る際には、すべての当事者に基準点以上の評価値を保証するように努める。基準点は現状に対する評価値とする。
⑨ 当事者の中にその活動や事業に参加することに急を要している当事者がいる場合には、その当事者には譲歩の余地があると考えることができる。

５．地域コーディネーターが身に付けておきたい知識・技術

地域コーディネーターを育成するためには地域コーディネーターが身に付けておきたい知識・技術を明らかにする必要がある。そのような知識・技術としては、上記のコーディネート・スキルが含まれることはもちろんであるが、そのほかにもいろいろあろう。ここではコーディネート・スキルのほかに、次の

4点をあげておこう。

① コミュニケーションに関する知識・技術

コーディネートする際には、当事者に活動の目的や目標を理解してもらう必要があるし、当事者のニーズや活動条件、前述した評価値等を正確に聞き出す必要がある。

② 企画・設計に関する知識・技術

コーディネートには、前述したように企画・設計の際の調整があり、複数の要素を調整して結び付けたときに何が生まれるのかについて構想しイメージする企画・設計力が求められる。

③ 地域情報の収集・組織化・提供に関する知識・技術

コーディネートする際には様々な地域の教育・学習資源を扱うことになるので、地域の多様な情報を日頃から収集し、いつでも使えるように組織化し、求めに応じて情報を提供することができるようにする必要がある。特に最近は多様な地域人材の活用が課題とされているので、様々な特技や知識・技術を有している人々を発掘し、紹介したりできるようにすることも期待されている。

④ 基礎的な知識・技術として、生涯学習・社会教育・家庭教育に関する基礎知識、人権にかかわる知識、多様な人や組織等とネットワークを形成したりネットワークを診断したりすることができる知識・技術

これらを図で表すと、**図5－6**のようになる。この図では、コーディネーターが身に付けておきたい五つの知識・技術が相互に関連するように矢印で結ばれている。なお、コーディネート・スキルについては**図5－6**では「コーディネートに関する知識・技術」としている。

このように見ると、地域コーディネーターを育成するにあたっては、これら

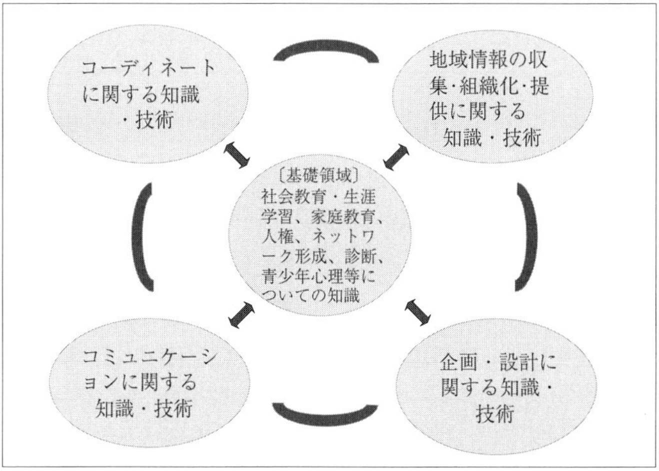

図５-６　地域コーディネーターが身に付けたい知識・技術

の知識・技術を獲得し、それらを実際に活用する力を鍛えることができる養成講座であることが望まれる[(19)]。

６．地域コーディネーターの活用

コーディネート能力は社会教育や生涯学習支援の様々なところで必要とされている。地域コーディネーターが活躍できる主な機会をあげておくことにしよう。なお、ここでは専門職や施設職員等の活動は除くことにする。

① 学校と地域が連携して子供の活動や学校教育を支援する地域学校協働事業での統括コーディネーターや地域コーディネーターとして活動する。

② 子育てサポーター、民生委員・児童委員、保健師、スクールカウンセラー等と連絡・調整をしたり、保護者同士のネットワーク構築を行ったり、相

談等に応じたりする家庭教育支援コーディネーターとして活動する。

③　学習者や学習希望者のニーズや生活条件に合った学習機会を紹介したりする学習相談員として活動する。

④　地域住民の学習ニーズに合った事業や、関連団体・グループ、関連施設との共催事業や連携事業を提案したり、実施の際に協力したりする社会教育施設ボランティアとして活動する。

⑤　ボランティア同士を関係づけて新たな活動を創出したりするボランティア・コーディネーターとして活動する。

注

(1)　山本恒夫は1997（平成９）年に国際比較調査のデータを使って、高齢者が学習活動と健康の関係を分析し、高齢者の学習率がアップした場合の医療費削減額を試算した（山本恒夫「提言」、国立教育会館社会教育研修所『高齢者の学習・社会参加活動の国際比較』、1997（平成９）年９月等を参照）。また、浅井経子は人口１人当たりの社会教育費や学級講座受講率とボランティア活動率、投票率、犯罪率等との関係を分析し、社会教育や講座等の受講の効果の一端を明らかにした（浅井経子「生涯学習推進の効果分析その１、その２、その３」、日本生涯教育学会『生涯学習研究ｅ事典』http://ejiten.javea.or.jp/　等を参照）。

(2)　白樫三四郎「リーダー」、森岡清美・塩原勉・本間康平編『新社会学辞典』有斐閣、1993（平成５）年）1472頁を参照。なお、上記項目では第４のタイプとして「特定の属性の所有者」もあげられているが、これは個人そのものというよりも、ある個人がリーダーとしての役割・機能を遂行する過程において現れる、特定のパーソナリティなどに向けられた視点であると考えられる。

(3)　永田良昭「リーダーシップ」（前掲書1472～1473頁）を参照。

(4)　図中のデータは、内閣府『「生涯学習に関する世論調査」報告書（平成４年２月調査）』https://survey.gov-online.go.jp/h03/H04-02-03-18.html、同『「生涯学習に関する世論調査」報告書（平成11年12月調査）』https://survey.gov-online.go.jp/h11/gakushu/index.html、同『「生涯学習に関する世論調査」報告書（平成17年５月調査）』https://

survey.gov-online.go.jp/h17/h17-gakushu/index.html、同『「生涯学習に関する世論調査」報告書（平成20年５月調査）』https://survey.gov-online.go.jp/h20/h20-gakushu/index.html、同『「生涯学習に関する世論調査」報告書（平成24年７月調査）』https://survey.gov-online.go.jp/h24/h24-gakushu/index.html、同『「教育・生涯学習に関する世論調査」報告書（平成27年12月調査）』https://survey.gov-online.go.jp/h27/h27-kyouiku/index.html、同『「生涯学習に関する世論調査」報告書（平成30年７月調査）』https://survey.gov-online.go.jp/h30/h30-gakushu/index.html を参照（いずれも2019年４月22日閲覧）。

(5)　学習成果の活用状況については、「あなたは、生涯学習を通じて身につけた知識・技能や経験を、どのように生かしていますか」という質問で複数回答を求めている。なお、回答における項目については、各調査で若干の表現の違いがあるが、図では原則として平成30年７月調査（H30）の表現を使用している。また、一部の調査のみ使用された項目については、該当項目の後に、括弧、書きで付記している。

(6)　坂口順治「リーダー養成プログラム」（日本生涯教育学会編『生涯学習研究ｅ事典』http://ejiten.javea.or.jp/index.html、2006（平成18）年10月27日登録、2019年４月22日閲覧を参照。

(7)　学習集団形成のプロセスについては、例えば、坂口順治「社会教育の対象の理解と組織化」、国立教育会館社会教育研修所編『社会教育主事のための社会教育計画Ⅰ』（同、1998（平成10）年）134～144頁）141～142頁を参照。

(8)　文部科学省 Society5.0に向けた人材育成に係る大臣懇談会『Society5.0に向けた人材育成～社会が変わる、学びが変わる～』、（2018（平成30）年６月５日）、http://www.mext.go.jp/a_menu/society/index.htm を参照（2019年12月９日閲覧）。

(9)　中野民夫「ボランティア」、大澤真幸・吉見俊哉・鷲田清一編『現代社会学事典』弘文堂、2012（平成24）年、1188頁を参照。

(10)　浅井経子「ボランティア活動と生涯学習」、（山本恒夫・蛭田道春・浅井経子・山本編著『社会教育計画』（文憲堂、2007（平成19）年）、148～151頁）148～149頁を参照。なお、ボランティアの三原則については、「先駆性（開発性、発展性）」を加えて４原則、さらに「継続性」を加えて５原則と言うこともある。

(11)　樽川典子「ボランティア」、森岡清美・塩原勉・本間康平編『新社会学辞典』（有斐閣、1993（平成５）年）、1357頁を参照。

(12)　同答申にあって、今後生涯学習を推進するに当たっての留意点の一つに、「生涯学習は、学校や社会の中で意図的、組織的な学習活動として行われるだけでなく、人々のスポーツ活動、文化活動、趣味、レクリエーション活動、ボランティア活動などの中でも行われるものであること」があげられている（第1、3）。

(13) 馬場祐次朗「学習ボランティア」、日本生涯教育学会編『生涯学習研究 e 事典』http://ejiten.javea.or.jp/index.html、2006（平成18）年1月27日登録、2019（平成31）年4月22日閲覧を参照。

(14) なお、生涯学習ボランティアと呼ぶ場合は、ボランティア自身の学習の成果にも留意しており、生涯学習支援における学習成果の活用を意識しながら用いられるという指摘もある（鈴木眞理「ボランティアと生涯学習」（日本生涯教育学会編『生涯学習研究 e 事典』http://ejiten.javea.or.jp/index.html、2006（平成18）年1月27日登録、2019年4月22日閲覧を参照）。

(15) まち・ひと・しごと創生本部『人材・組織の育成及び関係人口に関する参考資料』、2019（平成31）年2月26日、https://www.kantei.go.jp/jp/singi/sousei/meeting/kankeijinkou/h31-02-26.html を参照、2019年12月9日閲覧。総務省は「地域への新しい入口『関係人口』ポータルサイト」を web 上に開設している。https://www.soumu.go.jp/kankeijinkou/index.html

(16) 浅井経子「生涯学習支援者に求められる技術の開発」、『日本生涯教育学会年報』25号、2004（平成16）年。

(17) 浅井経子、同上を参照

(18) 詳しくは、浅井経子「コーディネート・スキル」、一般財団法人 社会通信教育協会『生涯学習支援実践講座　生涯学習コーディネーター研修』第1単元のテキスト、33～57頁を参照のこと。

(19) 五つの知識・技術の養成を図って企画された講座として、上記の一般財団法人 社会通信教育協会『生涯学習支援実践講座　生涯学習コーディネーター研修』（社会通信教育）があげられる。

参考文献

- 浅井経子「コーディネート技法」日本生涯教育学会『生涯学習研究 e 事典』httpejiten.javea.or.jpcontent.phpc=TWpJd05qVTE%3D、2006年（平成18）年11月登録
- 国立教育政策研究所社会教育実践研究センター『社会教育経営論ハンドブック』、2020（令和2）年
- 浅井経子編著『生涯学習概論―生涯学習社会の展望―新版』理想社、2019（令和元）年。
- 浅井経子・伊藤康志・原義彦・山本恒夫編著『生涯学習支援の道具箱』一般財団法人 社会通信教育協会、2019（令和元）年

- 浅井経子・合田隆史・原義彦・山本恒夫編著『地域をコーディネートする社会教育―新社会教育計画―』理想社、2015（平成27）年
- 一般財団法人 社会通信教育協会『生涯学習支援実践講座　生涯学習コーディネーター研修』第１単元テキスト、2009（平成21）年
- 山本恒夫「社会教育における学習成果の評価と活用」（国立教育政策研究所社会教育実践研究センター編『社会教育計画ハンドブック』同センター、2009（平成21）年12月、110～119頁）
- 浅井経子『生涯学習の方法』八洲学園大学、2005（平成17）年
- 井内慶次郎監修・山本恒夫・浅井経子・椎廣行編著『生涯学習「自己点検・評価」ハンドブック―行政機関・施設における評価技法の開発と展開―』文憲堂、2004（平成16）年
- 浅井経子「生涯学習支援者に求められる技術の開発」日本生涯教育学会年報25号、2004（平成16）年
- 山本恒夫・浅井経子・手打明敏・伊藤俊夫『生涯学習の設計』実務教育出版、1995（平成7）年。
- 伊藤俊夫・山本恒夫編著『生涯学習の方法』第一法規、1993（平成5）年
- 河野重男・田代元弥ほか編著『社会教育事典』第一法規、1971（昭和46）年

第6章　社会教育を推進する地域ネットワークの形成

第1節　社会教育を推進するネットワーク型行政

1．ネットワーク型行政の推移

ネットワーク型行政という言葉が最初に使用されたのは、生涯学習審議会答申『社会の変化に対応した今後の社会教育行政のあり方について』（1998（平成10）年9月）であった。生涯学習社会の実現に際して、人々の各種学習活動等を社会教育行政のみならず、学校教育や首長部局と連携して、あるいは生涯学習施設間や広域市町村間の連携によって、総合的に支援していく仕組が重要であり、その有効な方法の一つがネットワーク型行政であった。学習に対する個人の自発的意思を尊重しつつ、学習需要の多様化に対して社会教育行政が中心となって学習機会の提供を手厚くしようとする社会背景も垣間見られる。

中央教育審議会答申『新しい時代を切り拓く生涯学習の振興方策について～知の循環型社会の構築を目指して～』（2008（平成20）年2月）では、ネットワーク型行政をめぐる状況はすでに転換点を迎えていた。2006（平成18）年に改正された教育基本法第十二条の「個人の要望や社会の要請にこたえ」に関連付ければ、臨時教育審議会の答申以降、ともすると個人の要望に偏重してきた生涯学習振興を、地域課題解決等の役割をも担うものとし、社会的な機能を強調する方向で捉え直しが行われた。加えて上記の答申では、個別の社会教育施設等が果たしてきた行政サービスの在り方の変更にも言及し、ネットワーク型行政の推進が「地域社会の住民等のニーズに応じて……積極的に出向いていく行政」へと脱皮することへの期待が述べられた。これは後に社会教育の「自前主義から出前主義へ」という言葉につながっていった。

また、『第6期中央教育審議会生涯学習分科会における議論の整理』（2013（平成25）年１月）においては、社会教育行政があらゆる教育主体と「連携・協働」を推進することで、ネットワーク型行政の要として確固たる役割を果たす必要性を説き、このことが社会関係資本（ソーシャルキャピタル、social capital）の構築、すなわち強い社会づくりにつながることを述べている。とりわけ、社会教育主事が専門的教育職員としてネットワーク型行政の要となることが協調され、その役割を果たすためにコーディネーション（coordination）、ファシリテーション（facilitation）、プレゼンテーション（presentation）の能力の獲得が必要不可欠であるとしている。さらに、「各地域において、多様な考え方を有する地域住民・関係団体等の調整役となるコーディネーターや地域住民等の意欲・力を引き出すファシリテーターといった人材の育成・確保」にも触れており、社会教育行政が直接的にネットワークを構築することと、ネットワークの要となる人材育成という間接的な役割を担うことについて明確にした。

中央教育審議会答申『人口減少時代の新しい地域づくりに向けた社会教育の振興方策について』（2018（平成30）年12月）では、新たな社会教育の方向性として「開かれ、つながる社会教育の実現」が打ち出された。その中で「ネットワーク型行政の実質化」が目指され、「多様かつ複合的な地域課題により効果的に対応するため、社会教育行政担当部局と首長部局との連携を強化することはもとより、社会教育関係団体、企業、ＮＰＯ、学校等の多様な主体との連携を強化すること」が求められている。2020（令和2）年度より改正される社会教育主事講習・養成課程を修了することで新しく称号として付与される「社会教育士」の精神とも符合しており、地域においてネットワークを構成するキーパーソンの役割を果たすことが求められる。

２．ネットワーク型行政を牽引するとは

ネットワーク型行政の目的が、地域の教育力向上や課題解決等に移行してきたことには触れた。社会教育経営を考える上で、もう少し具体的なイメージを

追ってみたい。例えば、「地域総がかりで子どもを育てる」というスローガンが掲げられている。その中心にあるのは他でもない「育てるべき子ども」である。「地域総がかり」というかけ声は、「子どもの育成に関して地域全体で責任を果たしていきましょう」、「地域の子どもの育成にみんなが当事者意識をもって接しましょう」ということである。願わくは「地域総がかり」の成果が地域の持続可能性へとつながり、「地方で誇りと責任を持って暮らすことのできる若者へと育て上げる」という期待も含んでいる。

ここで言う地域とは小・中学校区や公民館区をイメージさせるが、やや漠然としている。また地域という「エリア」を表現する言葉では広く呼びかけても積極的に力を貸してくれる人はそう多くない。理由としては、地域という言葉には「あなた」というメッセージ性が少なく、当事者性を呼び覚ましにくいことがあげられる。「地域総がかり」にするためには、社会教育関係団体や各種団体、事業所等への働きかけが有効であり、共通の目的を掲げるネットワークを形成する必要がある。また、具体的な行動につながるステージを準備する必要がある。これらのコーディネート（coordinate）を担う人材の有無が「地域総がかり」の成否の鍵を握っていると言っても過言ではない。市区町村域を想定すれば、それは社会教育主事の役割となるであろうし、学校区や公民館区を想定すれば公民館職員や地域活動推進員等へその期待が高まるところである。このように、地域の多様な主体に働きかけて事業展開していくこともネットワーク型行政が目指すべき方向である。

ところで、ネットワーク型行政は社会教育の目的ではなく、あくまでも目的を達成するための重要な手段であることを確認しておきたい。社会において行われる教育は多種多様であり、それらは個人の幸福と社会の発展（地域の課題解決を含む）につながってはじめて大きな意味を持つ。社会教育の短期的成果の多くは個人の喜びや満足感、達成感にあるだろう。それらは社会の発展につながる必要条件ではあるものの、十分条件を満たしているとは限らない。中長期的成果としての社会の発展に結び付くには、社会教育が個人と地域との接点をどう紡いだか、個人間の関係性をどう育んだか、地域社会での展開をどう想起させたか、などに心を砕く必要がある。前掲の2018（平成30）年中教審答申の中では「『社会教育』を基盤とした、人づくり・つながりづくり・地域づくり」が強調されているが、この三つの「つくり」の視点と社会教育事業の「インプット・アウトプット・アウトカム」視点を結び付けることで、現代的な地域の豊かさの実現が図られるのであろう。

このようにネットワーク型行政を手段として用い、さらなる効果を生み出すためには、地域のキーパーソンとなる人材（社会教育関係職員や地域コーディネーター、各種団体やＮＰＯのリーダー等）も有機的につながっている必要があろう。市区町村域で彼らをつなぎ交流の場を提供したり、資質向上のための研修を提供したり、個別の相談に乗ったりするのが社会教育主事の重要な役割となろう。これらの環境を整えることで、地域の持続可能性が高まっていく。

3．地域ネットワークと社会教育経営

社会教育という幅広い領域で効果を発揮することが期待されるネットワークであるが、今後の社会教育経営にどのようなインパクトを与えるのであろうか。生涯学習審議会答申『今後の社会の動向に対応した生涯学習の振興方策について』（1992（平成4）年８月）に掲げられた４本柱の一つ「現代的課題」に触れながら概観してみよう。その当時は、健康、消費者問題、まちづくり、高齢化社会、環境、資源・エネルギー等が列挙されていたが、約30年経過した今も大きく変わってはいない。それなりに取組を進めてきたけれども、解決には到底至らず今でも課題のままであるというのが実態である。これらは行政課題でもあり、地域課題でもあり、地球規模の国際課題でもある。

これらの課題に行政がどのように取り組んでいるのかと言えば、次のようになるのではないだろうか。社会に顕在化してきた問題に対して解決に向け取り

組む一般行政と、問題を未然に防ぐために問題を学習課題化して学習機会を提供する教育行政とに大別できる。一般行政における教育的な取組の中には啓発や予防があり、ごく一般的に考えると情報提供を中心に関係部署や関係機関との連携を図ることになる。教育行政は公民館や生涯学習センター等の施設を活用し、関連する講座を通して学習活動（人づくり）を行い、学習者の意識と行動変容を促してきた。しかしながら、両者は情報共有的な連携にとどまることが多く、実質的な連携・協働ではなかった。この状況を打開して効果的な連携・協働を図ることで、お互いの強みを生かした取組へとつなげていくことが求められる。

続いて、社会教育関係者や社会教育実践者が求めているネットワークについて触れたい。近年、各地で社会教育実践研究交流会が立ち上がりつつある。宮崎、高知、徳島、北関東とここ数年を見ても目覚ましい広がりである。そこに見て取れるのは、「社会教育は実践をもって成立する」と言わんばかりの現場からの熱い声である。もちろん、社会教育経営は実践をつなぎ合わせるだけで成立するわけではない。実践を記録し、分析し、評価し、改善する力が求められ、そこから戦略や戦術が生み出され、よりよい社会教育経営へと実を結ぶのである。一方で、熱い声にも耳を傾けなければならない。社会教育実践者の渇望は同じ思いを持つ同志との出会いであり、そこから始まる交流である。話が深まれば深まるほど、絵に描いたような綺麗な成功事例ではなく、その背後にある悩みや苦労の共有ができる。この共感が明日からのさらなるエネルギーとなり、切磋琢磨のできるかけがえのない相談相手にもなるのである。

上述の動向は主に都道府県域が中心となっているが、2019（令和元）年度に38回目を迎えた「中国・四国・九州地区生涯教育実践研究交流会」のように広域的な交流が手弁当で行われているところもある。また、同年度に15回目を迎える「人づくり・地域づくりフォーラム in 山口」は日本全国から優れた実践事例を集めて交流を図る大がかりなものもある。いずれも、意欲あふれる社会教育職員や社会教育実践者が全国から集い、自発的なネットワークが拡大し続けている。このような大規模なものへと一気に駆け上ることはできないが、少なくとも市区町村域での社会教育関係者ならびに社会教育実践者のネットワークづくりのための実践交流会は検討する余地があるだろう。

4．社会教育を推進する民間の力

社会教育行政の最大の役割は、地域の社会教育活動が活発に繰り広げられるよう環境醸成を行うことである。よって、社会教育を実践するのは地域住民であり、地域に存在する様々な団体である。地域ネットワークの観点から言えば、地域における社会教育がおのずと動き出すようにするために、地域住民の力を交流させ、ネットワークを構築し、つながりの成果が発揮できる場を協働でつくり出すのが社会教育行政ということになろう。

社会教育主事講習等規程の改正を受け、社会教育経営論と生涯学習支援論が新設された。その議論のプロセスで、社会教育主事にはコーディネート能力に加えて、ファシリテーション能力やプレゼンテーション能力が必要であり、学習者（地域住民）の内にあるものを引き出す役割が重要であることが確認された。従来から進めてきた参加型学習をより効果的に、地域の課題解決に向かう行動変容を引き越すような学習方法・形態を取り入れることが求められた。

社会教育の歴史を振り返ると、劇的な変革が求められたわけではない。しかし、地域の関係性が希薄化し、共助の機能が脆弱になりつつある中で、地域課題は複雑化し、それへの対応を行政と地域住民との協働で乗り越えなければならなくなった。人口減少社会と超高齢社会の到来が将来への不安をかき立てている。社会教育への期待が高まるゆえんである。それへの対応が十分できているかと言えば、社会教育行政の実態を見ると心許ない状況であり、ますます地域ネットワークの構築が不可欠であることが分かる。今後の社会教育行政の役割をしっかりと見極め、地域の持続可能性（元気で、楽しく、豊かに、生きがいのある生活）を高める方策を推し進めていかなければならない。

第２節　社会教育を推進する行政とＮＰＯ等との連携・協働

１．社会教育の担い手・支え手

社会教育の推進を考えた場合、社会教育行政と社会教育関係団体はもとより、地域の各種団体やＮＰＯ法人、ボランティア団体等との連携・協働は前提となってきたと言ってよい。民間教育事業者や企業等も連携・協働のパートナーとなることも決して珍しいことではなくなった。かねてより、子ども会・育成会、ボーイスカウト・ガールスカウト、青年団体、ＰＴＡ、婦人会、老人クラブ等の社会教育関係団体[(1)]は、社会教育行政と二人三脚で社会教育活動を支えてきた。また、これらの団体は地縁を基盤としており、地域の祭りや年中行事、まちづくり活動の担い手としても存在感を示していた。現在、社会教育関係団体に限らず地縁団体に共通する課題として、地域住民の関係性の希薄化等を要因とする加入者減による組織率の低下や高齢化からくる活動存続の危機があげられる。

一方、ＮＰＯ法人に目をやると、1998（平成10）年の特定非営利活動促進法の成立以降、2019（令和元）年８月末現在、５万１千強のＮＰＯ法人が認可されている。この間、解散数が１万８千弱となっており、ＮＰＯ法人の組織や財源の脆弱性も指摘されている[(2)]。また、ＮＰＯ法人の大半が会員の高い問題意識と善意に基づくボランティア団体を母体としていることから、そこに新規会員が加入しづらいという特性を有している。そのような法人は、会員の平均年齢の上昇幅とＮＰＯ法人の設立年数がほとんど変わらない状況であることが多い。しかしながら、ＮＰＯ法人は団体の明確なミッションの達成に向けて、各地で様々な活動（社会教育活動を含む）を展開しているのも事実である。実質的な活動は特定のエリアで行う団体が多いが、必ずしも地域にこだわっているわけではない。その意味で、新しいコミュニティの台頭と捉えられるし、これまで社会教育で十分捕捉してこられなかった人材がリーダーシップを発揮して活動していることは特筆に値する。

さらに、法人格を持たない市民活動団体がこの何倍も存在することを考慮すると、市民活動の潜在能力には計り知れないものがある。行政と市民活動との関係は、かつての緊張・対立関係から、多様な市民活動の促進・支援の関係へ移行し、今後は両者の成熟した対等な協働関係へと発展することが期待されている。一方で、上述の通り、市民活動団体の多くが志の高いボランタリー（voluntary）な活動から始まっており、団体の持続可能性や組織マネジメントに必ずしも長けているとは限らない。それどころか、善意に支えられた組織は効率を度外視して献身的に活動している場合が少なくない。そのような状況の下、市民活動を担当する行政の関係部課が、団体のマネジメント能力を高めるような研修の機会を提供しているであるが、それとともに相互に相談し合い、学び合えるような団体同士のネットワーク形成の機会の提供にも配慮する必要があるだろう。また、意識しているかどうかは別として、団体の一定割合は結果的に社会教育の範疇にある事業を行っていることが予想される。これらの事業の成果として新たな会員のリクルートにつながることもある。社会教育行政としては、社会教育プログラムの開発や学習支援の観点から、団体へのより積極的な支援策を講じる必要があろう。

2．協働の形態

協働とは「協力して働くこと」（『広辞苑』第六版）とされ、コーポレーション（cooperation）やコラボレーション（collaboration）の概念に近いとされる。協働の主体（どことどこが協働するのか）は明示されていないが、かつての用法や動向を見ると「福祉・防災・環境・地域振興など地域が抱えるさまざまな課題に対して、市民と地方公共団体が協議し、役割を分担しながら解決していく取り組み」（『デジタル大辞泉』）のように、市民ならびに民間セクターと地方公共団体（行政）との協働が議論の中心に据えられてきた。社会教育の領域で言えば、まさに現代的課題への取組であり、親和的である。さらに、ネットワークやプラットフォーム（platform）など比較的自由度の高い協力関係も視野に入れた方がよさそうである。近年の文部科学行政の中では、「地域学校協働本部・活動」に代表されるように、地域の各種団体や意識の高い個人等が、学校との連携・協働を図るべく、学校運営協議会（コミュニティ・スクール、community school）を設置して、地域の子どもの育成に対して対等に協議する場が設けられるようになりつつある。

ひとまず、一定年数実績を残している「民間と行政との協働」の実態を見ることによって、協働の形態について考えてみたい。その形態は大きく三つに整理できる。第一はアウトソーシング（業務委託、outsourcing）である。これまで行政が住民サービスとして実施してきた業務で必ずしも専門性を有する必要がないものについては、コスト削減効果を期待して民間に委託する方法である。公営駐車場の管理業務や公営施設の貸出業務、かつて現業職とされていた業務等は段階的に民間にアウトソーシングが進んでいった。委託の主体は行政であり、財源も行政にあるのだが、行政職員が直接業務に携わらなくなることで人件費の抑制ができ、さらに行政職員も削減されるため、行政のスリム化につながるというものである。

第二は事業ベースでの連携協力型の協働である。ＮＰＯ等は特定の課題への深い理解とその解決へのノウハウを一定有しているのだが、財源に乏しく思うような事業展開ができない。行政は、地域の現状分析とともに全国の各種データから課題を認識し、国の方針などにも沿いつつ財源の確保はできているが、ノウハウとマンパワーに欠けている。両者が強みと弱みを補い合い、協力して事業に取り組めば、事業が効率的効果的に実施できるというものである。

第三は指定管理者制度である。地方自治法第二四四条の二の改正で指定管理者（法人その他の団体であつて当該普通地方公共団体が指定するもの）によっても公的施設の管理ができるなど規制緩和が進められた。生涯学習センターや公民館、博物館、図書館等の社会教育施設もその対象であり、実際に指定管理者に業務委託している施設もある。公民館に至っては、コミュニティセンターやまちづくりセンター等に移管された後に、委託するケースもある。

成果指標に基づく行政評価が定着し、教育行政においても短期的な成果を数値化して公表するようなプレッシャーがかけられている。結果が重んじられる社会では、教育委員会制度や教育行政の中立性、安定性、継続性等の議論は、広く浸透していかない。住民サービスが向上すれば、待機児童数が減少すれば、交流人口が増加すれば、あるいは地域の経済活動が活発になれば、というような人員と予算の投入で数値のコントロールができる分野でも、予算的な制約からその実現は困難である。ましてや、長いスパンで人間の発達や成長等を支援する教育の分野では、質を数値に置き換えて短期的な達成に向けて結果を出すことはなおさら困難である。保身だけで聖域をつくっても教育はよくならないのであるが、より多くのステイクホルダー（利害関係者、stake holder）と連携・協働を通して相互理解を深め、信頼関係を築き、その成果を社会教育計画（教育振興基本計画や生涯学習推進計画に盛り込む場合もある）に反映し、長期的な展望を描いていくことが肝要となる。地道な取組こそが個人の成長や地域の教育力の向上につながっていくと考える。

３．協働のプラットフォーム

ＮＰＯ等と協働するためには、参画するステイクホルダーが目的を共有すること、対等の立場で意見を出し合い、ともにミッションをつくること、その達成のために連携・協働することが不可欠となる。ＮＰＯ等にはそもそも明確なミッションを宣言している。人権問題、環境問題、エネルギー問題、国際理解・貢献、地域福祉等の現代的課題に取り組む団体が多く、その意味で行政にはない人材とノウハウを蓄積したＮＰＯ等のポテンシャルは魅力的である。できる限り、事業の企画段階から参画してもらい、運営や実施においても力を発揮してもらうようにしたい。その際に、当然のことながら、ＮＰＯ等にもメリットが享受できるように十分配慮する必要がある。そうしなければ、連携・協力体制は維持できないのである。

近年、プラットフォーム（足場、platform）という言葉が普及してきた。社会教育の実践現場におけるプラットフォームのイメージとしては、課題意識を持ったステイクホルダーが自由に集える場、その課題を学習課題に変換して学び合える場、課題解決に向けた様々なプロジェクトが提案される場、その中から実現性の高いプロジェクトが選択され実行に移される場、などが想定される。加えて、プラットフォームにはそれらをコーディネートできる人材の存在が欠かせない。これらの機能が揃えば、プラットフォームは地域における人々の教育の場となる。かつての共同体社会（人々が寄り添い支え合う共助社会）が勢力を失うことで、日本は市民社会（人々が自立した存在でそれぞれが責任を果たす社会）の方向へ進まざるをえなくなっている。このような過渡期に登場するプラットフォームを上手く活用する必要がある。

上述の通り、プラットフォームは場であり、機能でもある。これを継続的に維持発展させていこうとすると、課題や困難も予測される。例えば、プラットフォームが行財政改革やコスト削減の場面のみで準備されれば、行政以外のステイクホルダーは無償もしくは低賃金で住民サービスの提供者となり、官製ワーキングプアの温床となりかねない。常識的に判断してその継続はおぼつかないだろう。プラットフォームが人材育成やネットワーク形成、地域課題の解決に効果があるとすれば、公正な税金の再配分を根本的に考え直さなければならないのではないだろうか。どこがプラットフォームとなり、誰がコーディネーターの役割を果たし、どのようなネットワークを駆使してよりよい地域づくりにつながっていくのか。社会教育経営の範疇を越えて、広く地域計画の色彩が濃くなるかも知れないが、ネットワーク型行政の要を標榜する社会教育がその体制づくりに大いなる貢献をすることが望まれる。

第3節 社会教育を推進する大学と行政との連携・協働

1．大学の社会貢献―第三の使命―

大学には三つの使命があるとされる。教育、研究、社会貢献である。かつては教育や研究を行うことが、社会に貢献するということだという整理が大学関係者の中でよく言われていたが、今日ではより直接的で目に見えるかたちでの（地域）社会貢献が求められている。2005（平成17）年中央教育審議会答申『我が国の高等教育の将来像』では「教育や研究それ自体が長期的観点からの社会貢献であるが、近年では、国際協力、公開講座や産学官連携等を通じた、より直接的な貢献も求められるようになっており、こうした社会貢献の役割を、言わば大学の『第三の使命』としてとらえていくべき時代となっているものと考えられる」と提言した。教育基本法第七条には大学は「深く真理を探究して新たな知見を創造し、これらの成果を広く社会に提供することにより、社会の発展に寄与するものとする」と、大学の使命について規定されている（下線、筆者）。

大学の社会貢献とは具体的にどのようなことなのか。全国の国公私立大学を対象に実施された文部科学省委託調査『平成29年度　開かれた大学づくりに関する調査研究』（2018（平成30）年３月）によれば、現在、大学が取り組んでいる具体的事例は**図６－１**のようなものである。

2．大学と地域がつながる

⑴　社会貢献から連携・協働

「社会貢献」と言っても、実際には大学側からの、ある種「一方的なサービス」であり、ほとんどの大学においては、**図６－１**でも分かるとおり、地域の人々の学習支援として、学内の生涯学習教育研究センターやエクステンションセンター等による公開講座や教員派遣等の取組が中心となっている。しか

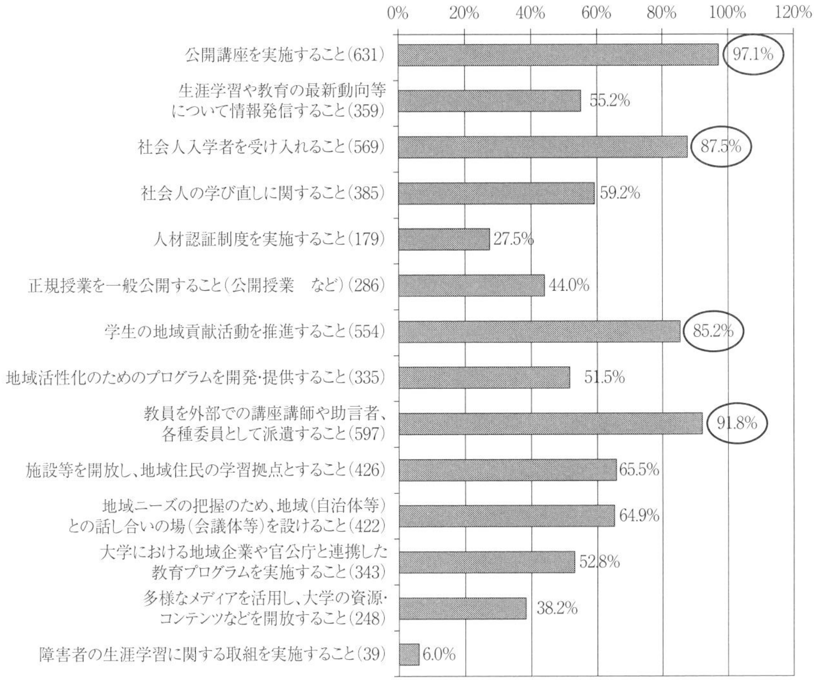

図６－１　大学が実際に取り組んでいる社会貢献（複数回答）

（株）リベルタス・コンサルティング『平成29年度 開かれた大学づくりに関する調査研究』所収。回答項目に付記されている数字は該当すると回答した大学の実数。「人材認証制度」とは、大学において「一定の学習や活動を経た人材の能力、経験等を客観的に証明する仕組み」のこと。

しながら、18歳人口の減少、グローバル化の進展、ＡＩ（人工知能、Artificial Intelligence）等による society5.0、地域の疲弊・地方創生といった山積する課題の中で、大学の在り方も大きく変化する時機を迎えている。2019（平成31）年中央教育審議会答申『2040年に向けた高等教育のグランドデザイン』においては、「18歳で入学する日本人を主な対象として想定する従来のモデルから脱却し、社会人や留学生を積極的に受け入れる体質転換」（具体的にはリカレント教育の推進）[(3)]が必要とし、多様な学生を受け入れ、多様で柔軟な教育プログラムを展開する新しい大学像を提言している。

大学教育が大きく変わろうとするとき、これまで「貢献」であった大学と地域の関係も、大学と地域の「連携・協働」へと転換しつつある。

では地域にとって、大学はどのような機能を有する存在なのか。これについては、「大学等の知と人材を活用した持続可能な地方創生に関する研究会」(内閣府)がこう整理している[(4)]。

・地方を担う人材を含め、多様な人材を育成する「『人材育成』の拠点」
・若者世代の学生が集い、地域と連携できる「『若者』の拠点」
・地域の内外からの様々な人々の接点としての「『交流』の拠点」
・専門家が集い、高等教育を支える研究と知的議論を行い、地域課題の解決にも助言できる「『知』の拠点」
・国内外の幅広い情報を提供する「外の世界が見える窓(『情報』の拠点)」

まとめるなら「地方創生を担い支える人材の育成」と「地域社会の課題解決に向けた主体的な取組の支援」と言える。これらのことは大学だけで完結するものではなく、地域からの働きかけ、地域における多様な主体(行政、企業、民間団体等)との連携・協働が不可欠となる。先にあげた2019(平成31)年中教審答申においても、複数の大学等と地方公共団体、産業界が各地域における具体的な連携・交流等の方策について議論し具体化する体制として、「地域連携プラットフォーム(仮称)」の構築を提言している。例えば静岡県では、「高等教育機関相互の連携を深め、地域で広範なネットワークを形成し、教育力・研究力の一層の向上を図るとともに、地域社会の発展に寄与していくことを目的」とした「ふじのくに大学コンソーシアム(理事長:静岡大学長)」が2014(平成26)年に設立されている。21の大学等高等教育機関、21の自治体及び二つの県内経済団体等が参加し、産官学金(「金」は銀行など金融機関)の連携・協働のもと、複数大学の連携による共同講座・授業の企画・実施、県内企業との連携によるインターンシップ・プログラムの開発、学生の地元就職支援等の取組を進めている。

⑵　ＣＯＣ＋

2015（平成27）年度からは、国の地方創生政策と連動するかたちで、ＣＯＣに取り組む大学（ＣＯＣ大学）を拠点に、地域にある複数の大学等高等教育機関、行政、企業等の連携・協働により、地域が必要とする人材（地域志向人材）を養成する教育カリキュラムを構築・実施するとともに、大学を含めた地域が一体となって、雇用創出や学生・若年者の地元就職率の向上に取り組む「地（知）の拠点大学による地方創生推進事業（ＣＯＣ＋）」が５年間にわたるプロジェクトとして、展開された。ＣＯＣ（Center of Community）とは地域再生の核（地（知）の拠点）となる大学づくりを目指すもので、これからの地方大学改革の中心コンセプトとなっている。プロジェクトでは、地域をテーマにした地域志向教育において、大学教員ではない地元の企業人等による授業や学修の場としてのフィールドの提供（例えば地元商店街の活性化をテーマにした実践的学修など）、地元企業の採用情報の収集・提供や企業インターンシップのプログラム開発、大学の研究成果（シーズ）と地元企業とのマッチングによる新産業創出など、多様な局面で連携・協働が進んでいる。

現在、東京都など都市部を除き全国の42府県で256にのぼる国公私立大学、短期大学等がプロジェクトに参加している。「協働」とは一般に、関係する多様な主体が特定の目標を共有し、連携・協力して目標達成に向かって活動することである。ＣＯＣ＋事業は学生の地元就職率10％以上向上という目標を掲げた協定書を参加大学の学長、自治体の首長で締結し、連携・協働を地域において「実装」しようとするものである。

図６－２にあげた岐阜大学の場合は、岐阜大学をはじめとする県内４大学、岐

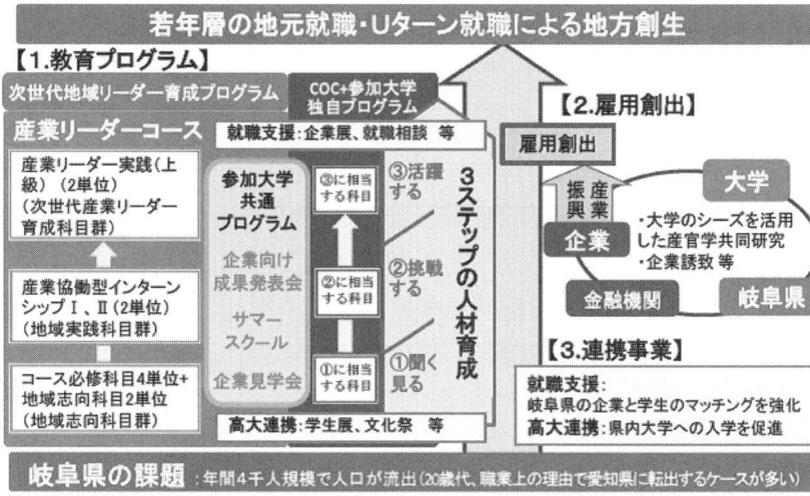

図6－2　岐阜大学（COC大学）によるCOC＋事業のイメージ
日本学術振興会公開資料から

阜県、地元経営者協会、地元銀行、(株) マイナビの連携・協働によるプロジェクトとなっている。

(3)　学生から始まる連携・協働

大学との連携・協働については、三つの段階があるとされている。①教員個人との連携、②生涯学習教育研究センターや学部等との連携、③大学全体との連携（全学的連携）である。②で言うセンターや学部等は大学では「部局」と呼ばれている。大学ではある程度、この部局単位での取組について独立的で自由に活動することが一般的だが、一方であくまで部局の話であり、ここから全学的な連携・協働にあげていくのはなかなか難しい。社会教育行政関係者が大学との連携というときは、この①や②の段階にとどまっていることが多い（つまり、ある意味、拡がりがなく部局で閉じてしまっている)。また、法令上、地方行政における大学の所管は教育委員会ではなく地方公共団体の長（首長部局）となっている（地方教育行政の組織及び運営に関する法律第三十二条）。ＣＯＣ＋の窓口ももっぱら首長部局の大学振興課などである。大学と社会教育行政との連携・協働について正面から仕かけようとしても、なかなか前に進まない。

ではどうするか。大学ではなく、学生（たち）との連携・協働を目指すことが近道となる。一例をあげる。青森県総合社会教育センターが実施・運営している「高大連携キャリア・サポート事業」（以下「キャリサポ[(5)]」）である。大学生ボランティアが県内の高校を訪問し、高校生とともにワークショップを行い、高校生の進路選択、キャリア形成を支援しようという事業である。保護者や教員との「タテの関係」ではない、高校生と大学生という「ナナメの関係」に着目した取組である。

ここでは、どうやって大学生を計画的・継続的に確保することができているか、大学との連携はどうやって進められているかについて報告したい。一般に学生ボランティアを募集する場合には青少年教育施設のように公募し、学生個人が登録する、つまり一人一人である。「キャリサポ」は、公募で集まってきた大学生たちがある程度の数になった段階で、大学毎にサークル（課外活動団体）登録を奨励し、これらサークルをまとめた学生たちの自主的な組織（キャリア・サポートクラブコンソーシアム（通称：キャリサポ連合））を立ち上げてもらい、その事務局を総合社会教育センターが担当するという仕組をつくりあげた。各大学がそれぞれ学内のサークルに経費助成や施設・設備の提供など様々な支援を黙っていても行ってくれるし、学生たちによるサークル勧誘がそのまま学生ボランティアの確保につながっている。

また、こうした学生たちの活動が、大学側の目にとまるようになり、その活動自体が一つの学修だと気が付き始め、大学の正規の授業（科目）とするようになってきた。

つまり、「キャリサポ」は県事業であり、大学生たちのサークル活動であり、大学の授業ともなったわけである。これと同じようなことを計画段階で、大学側に説明に行ってもおそらく敷居は高かっただろう。まず大学生たちを固まりでつかまえ、そこを基点に徐々に大学との連携を引き出していった取組となっている。10年をこえる長い取組となっているが、学生の正課（授業のこと）外の活動に社会教育行政側が仕かけたアイデアである。

第４節 社会教育と地域防災ネットワーク

1．地域における防災ネットワーク

地域防災活動は、これまで主に、町内会や自治会といった地域を基盤とする自主防災組織によって担われてきた。しかしながら、東日本大震災を契機に、地域の広範な組織・機関・個人が連携・協力して地域防災に取り組むことの必要性が認識され、地域防災ネットワークの構築が進められてきている。これは、自主防災組織によって担われてきた防災活動に、地域の企業や学校、商店街など、地域の他の組織等の参加を促す試みであり、参加者の確保や高齢化、町内会・自治会の負担、活動のマンネリ化といった、自主防災組織が抱える防災活動の問題を克服する取組とも言える[(6)]。このような中で、社会教育も、ネットワークの一員として一定の役割を果たしたり、地域の防災ネットワークの活動を支援したりすることが期待される。

2．社会教育と地域防災

災害対策基本法は、市町村の防災会議に対し地域の実情に即した地域防災計画の策定を義務付け、計画に定めるべき事項を提示している。学びを通して人づくりと地域づくりを担う社会教育が、災害による被害の防止や軽減を図る地域防災に貢献できるのは、主に、法に例示された計画事項の中の「教育及び訓練その他の災害予防」であり、公民館等での防災教育による、災害に強い人づくりと地域づくりの側面である。地域の防災ネットワークに対する支援あるい

は一員としての役割の中身は、主にこのような防災教育に関することがらということになる。

３．防災教育の目的

防災教育の目的は、学びを通して「災害に強い人間を育てること」及びソフト面での「災害に強い地域をつくること」である。「災害に強い人間」とは、自己の責任によって災害から身を守るという自助の精神と、災害時にみずから考え判断し行動する態度や能力を備えた人間のことである。一方、「災害に強い地域」とは、災害時に相互に助け合い被害を最小限に食いとめることができる地域のことである。そのような地域に必要なのは、いざというときに互いに協力し合って身を守るという共助の精神と実践的な態度を備えた住民であり、日常的な住民の絆やソーシャルキャピタルの蓄積である。さらには、地域で組織的な対応を可能にする防災リーダーの存在である。

４．社会教育における防災教育の現状

文部科学省の社会教育調査によれば、公民館における地域防災対策・安全に関する教室・講座の開設状況は、2007（平成19）年度で約1,800件受講者数約7.9万人であったが、2014（平成26）年度には約2,200件受講者数約12.3万人となり、件数受講者数ともに増えている。

2011（平成23）年の東日本大震災後には、防災を喫緊の地域課題として位置付け、防災・減災に直接にかかわる講座や住民対象の避難訓練を実施する公民館等が増えている。防災講座では、防災に関する講演や災害図上訓練、防災マップの作成、地域の防災リーダーの育成などが行われ、指定避難所になっている公民館等では、住民参加による避難所の設営訓練や運営マニュアルの作成などが行われている。

5．防災教育の方向性と視点

⑴　防災・減災の視点からの事業の整理

公民館等は、学びを通して、共助の基本である人と人との関係づくり、特に顔の見える関係づくりに貢献してきた。また、地域学や地元学などの講座、あるいは地域の歴史や文化などを活用した各種の学習事業を通して、防災教育の目標の一つである「地域のことをよく知ること」や「地域の正しい生活習慣を学ぶこと」の機会を提供してきた。これらの多くは、防災教育として位置付けられていないものの、結果として、「持続的に減災に取り組む生活文化を醸成する役割」を果たしてきた。今後、公民館等は、これまで行ってきた事業等を防災・減災の視点から整理して防災教育の体系の中に位置付け、必要に応じてプログラムを開発したり修正したりする必要がある。

⑵　地域の防災事業に対する支援

公民館以外で実施されている地域の各種防災事業に対して、ネットワークの一員として、公民館等が積極的にかかわることも重要である。例えば、地域の防災活動の中には、毎年同じ内容が繰り返されたり、学習性に欠けたりする場合が少なくない。公民館等はそのような事業に対して、社会教育の強みである、学習者の組織化や学習成果の活用、参画型学習事業プログラムの開発などの支援機能を発揮することで、学習の視点から、既存の事業をブラッシュアップすることができる。公民館等の職員が出前で防災事業にかかわることで、事業が活性化し地域全体の防災教育の充実が図られる。

⑶　学習プログラム・教材の開発・提供

防災プログラムや教材を開発してみずからの事業に活用したり、他の組織や機関に提供することは、防災ネットワークでの公民館等の役割の一つである。開発にあたっては、次のような点に留意する必要がある。

①　「自ら考える」体験型プログラム

災害は予測を超えた被害をもたらす場合があることから、想定される危機に対応できるための知識や技術のみならず、想定外の事態にも柔軟に対処できる判断力や適応力などの備えが必要である。このような力は、体験的な活動の中で、自分自身で考えることによって身に付けられることから、「自ら考える」を重視した体験型の防災教育プログラムの開発が必要である。

②　楽しくてためになるプログラム

これまでの防災教育の取組は、学習の必要性の自覚にうったえかけ参加者を獲得しようとしてきたが、防災・減災への関心が高まっているとはいえ、この視点からだけで参加者を増やすことはむずかしい。民間企業やＮＰＯの中には、震災を機に開発された「クロスロード[7]」や「仙台発そなえゲーム[8]」のように、防災訓練をゲーム化して、参加者が意欲的に取り組めるように工夫しているところがある。また、「楽しい」や「おしゃれ」など、防災とはこれまで無縁の要素を取り入れ、「楽しくてためになる」あるいは「おしゃれに学べる」活動を展開して、多くの参加者を得ている取組もある[9]。公民館等においても、民間企業やＮＰＯなどと連携して、従来の防災教育のイメージにとらわれない、柔軟な発想を取り入れた新たなアプローチが必要である。

③　地域性と普遍性を備えた教材の開発

地域に適した防災教育の教材は地域で作成しなければならず、社会教育はこの役割の一端を担うことができる。例えば、地域の歴史を掘り起こすことによって、過去の災害時の被災体験やそこから導きだされた教訓が見つかる場合がある。その時の状況や成功体験、失敗体験などが今後の防災や減災に役立つことから、それらを記録に残し教材として活用できるようにする必要がある。また、作成された教材を活用した講座やフォーラム等を開催することで、過去の体験や教訓を地域全体で共有することが可能になる。

ただし、人の移動が広範でしかも激しい社会では、現在の居住地域以外でも災害に会うリスクがある。そのため、防災教育では、地域に特有の災害だけでなく、幅広い災害のリスクを扱うことが必要である。地域防災では、地域性が重視されるが、普遍性も防災教育の重要な視点である。

⑷　参画型防災教育の推進

防災教育に住民が参画することで、生活の実態に即したプログラムが作成される。また、参画のプロセスそのものが住民にとって学習機会となり、参画した住民の中から防災の担い手やリーダーが生まれる。このような効果が期待できる住民参画型の防災教育に対して参画の期待が大きいのは中学生や高校生である。東日本大震災では、地震発生直後から、中学生や高校生の活躍する姿が随所で見られた。高齢者が多い地域における昼間の災害で、減災の力になりうるのも中学生や高校生である。したがって、中学生や高校生が「地域社会の一員」として、防災教育に主体的に参加・参画できる環境を整えることが大切であり、そのような取組を通して、大人や高齢者と中学生や高校生との日常的な顔の見える人間関係が築かれる。公民館には、このような関係構築のために、地域の住民や団体等と学校をつなぐ役割が期待される。

6．ネットワークの強化

⑴　地域をつなぐ公民館

公民館には、学習支援事業への参加をきっかけに、終了後も施設を利用している住民や、活動の拠点として活用している団体等が存在する。そのような住民や団体とのつながりを有していることが公民館等の強みであり、この強みを生かして各種の団体や個人をコーディネートし、日常的な顔の見える関係を築くことが、災害に強い地域の基盤づくりとなる。このような機能を強化するためには、地域の住民や団体が気軽に利用できる共同の空間と機器等を備えたプラットフォームを設けるなど、日頃から地域の住民や団体が公民館に集い交流できる環境づくりが必要である。そして、そのような団体や個人を防災ネットワークにつなぐことも公民館等の役割の一つとなる。

(2)　防災教育推進のためのネットワーク型行政

地域での防災教育を推進するには、拠点となる施設が必要である。防災教育の内容が住民の生活全般に及ぶことから、これを担えるのは、これまで多様な学習の機会を提供してきた公民館等である。しかし、一方で、防災教育には専門性が必要であることから、公民館等は自前で事業を実施することが難しく、行政の各部局や機関、社会教育関係団体、ＮＰＯ、民間企業などとの連携・協働が不可欠である。例えば、地域の避難訓練や防災マニュアルの作成などでは消防や福祉部局など、地域防災に関係する地理的条件や気象条件についての学習では、行政の各部局や出先機関、大学等の専門家などとの連携が必要である。このように、地域防災において社会教育が一定の役割を果たそうとするときには、ネットワーク型の行政活動が不可欠である。

７．地域防災ネットワークが機能するための条件

防災に限らず、地域には様々なネットワーク組織が構築されているが、実態としては機能していないという場合も少なくない。原因は様々であるが、その一つは、ネットワークの拡大を急ぐあまりに、連携活動に意欲的でない組織をネットワークに加えることによる、全体のモチベーションの低下と活動の停滞があげられる。また、ネットワークの達成目標が明確でないことも機能しない原因の一つになる。さらに、各組織等が保有する交換可能な資源（人、もの、こと）が明示されないことが原因になる場合がある。連携協力の意思があっても、具体的に交換・活用される資源が明確になっていなければ、目標の達成に向けてネットワーク全体でアクションを起こすことができず、連携事業を円滑に実施することがむずかしくなる。したがって、防災ネットワークの構築にあたっ

ても、各組織等に対して連携協力の意思を確認するとともに、ネットワーク全体の目標やネットワーク内で交換可能な資源について、組織間で情報を共有することが重要である。

地域コミュニティの拠点施設として機能している公民館等では、災害時には避難場所としての利用だけでなく、いざというときの住民の生活を支える、災害時の地域防災拠点として位置付けられ、防災備蓄倉庫などを併設しているところもある。このような地域の中には、公民館等が中心になって防災ネットワークの構築に取り組み、地域を巻き込んで活動を展開しているところがあるが、そのような場合であっても、地域防災の中心は地域の住民・団体等であることを忘れてはならない。そのため、地域の住民・団体等が学習を通して災害への対応力を付け、将来的には主体的に取り組むことができるように働きかける必要がある。そして、地域の住民・団体等が主体となった取組に移行した後にも、公民館等は地域の一員として、自らの強みを発揮し防災教育推進の視点から役割を果たし続ける必要がある。

第５節 社会教育を推進する施設間ネットワーキング

１．施設間ネットワーキングの背景

社会教育を推進する施設には社会教育を主たる設置目的とする、公民館、図書館、博物館といった施設の他に、社会教育を主たる設置目的とはしないものの社会教育の機能を併せ持つ施設がある。それら各種の施設は、単独でも学習支援を行うが、複数の施設がネットワークを形成し、連携・協力することもある。それにより、単独ではできない、または単独で行うよりも事業内容を充実、高度化させられるという効果が期待されている。

1998（平成10）年９月の生涯学習審議会答申『社会の変化に対応した今後の社会教育行政の在り方について』では、「社会教育施設間のみならず、首長部局

が所管する各種の施設等との積極的な連携を促進し、住民にとって利用しやすい生涯学習施設のネットワークを構築していくことが必要である」と指摘されている。

また、2008（平成20）年2月の中央教育審議会答申『新しい時代を切り拓く生涯学習の振興方策について～知の循環型社会の構築を目指して～』においても、「生涯学習振興行政を推進するに当たっては、国民一人一人の学習活動が様々な時間や場所において様々な方法で実施されていることから、多様な関係者・関係機関が連携し、それにより関係者・関係機関をつなぐネットワークを構築することが不可欠である。」とされている。

2018（平成30）年12月に出された中央教育審議会答申『人口減少時代の新しい地域づくりに向けた社会教育の振興方策について』でも、「一般に、社会教育行政担当部局のみで完結しがちな「社会教育」の壁を打ち破り、多様な主体との連携・協働を実現することが重要である。」と述べられている。しかしながら、「社会教育行政については、かねてから多様な主体との連携・協働によるネットワーク型行政を推進すべきことが指摘されてきたが、その取組はいまだ十分とは言い難く、教育委員会の社会教育行政担当部局のみで完結していることも少なくない。」とも分析されている。これは、2013（平成25）年1月の『第6期中央教育審議会生涯学習分科会における議論の整理』でも、「社会教育行政は、学校支援地域本部や放課後子ども教室など学校教育との連携・協働については、大きな成果をあげている」と評価しながらも、まだ十分とは言えないとされていた。多様な主体による社会教育事業との連携・協働が必ずしも十分に行えていない状況は、「事業の内容に重複や偏りがみられ、人々の学習ニーズや社会の要請に対応しきれない部分も生じてきている」とも指摘している。このように、今後もますます、社会教育施設だけでなく、多様な施設間での更なるネットワークを構築することが求められている。

2．社会教育施設のネットワーキング

さて、ネットワーキングとは、複数の人、モノ、情報などの間にネットワークを形成することである。それによってできたつながりのことを指すこともあるが、ここではネットワークを形成すること、ネットワークづくりと捉えておく。社会教育施設のネットワーキングは、具体的には、例えば、施設の担当者間で話し合えるようになったり、情報を共有したり、事業同士を関係付けたりすることである。社会教育施設の間にそのようなことを通したつながりがあることにより、共催事業の実施や学習資源の貸し借りなど、連携・協力が可能となっている。そのようなネットワーキングには、同種類の施設をつなぐ場合と、異種類の場合がある。また、一つの地方公共団体内だけでなく、広域的な地域連携の場合もある。

(1) 同種類の社会教育施設間のネットワーキング

公民館同士、図書館同士のような、同種類の施設間のネットワーキングの場合は、各施設に同種類の事業があり、その事業担当者間で協力することにより、事業をより大規模に行うことができる。例えば、公民館同士の場合では、公民館でサークル活動などをしている人たちのための文化祭を大規模に行っているところがある。また、図書館では、複数館で所蔵する書籍や雑誌の情報をつなぎ、情報ネットワークを構築することにより、広域の図書館の情報検索を容易にしたり、自宅近くの図書館で他の館の書籍などを借りられる貸借サービスを可能にしている。

博物館の場合には、美術系、文学系、歴史系、科学系といったレベルでは同一地域に複数あることはあっても、全く同じ目的の博物館が複数あることはほとんどないと言ってよいであろう。しかし、博物館として見れば、同種の施設と見ることもできる。具体的には、お互いの館の情報を利用者に提供しあったり、複数館で共通に利用できる入館券を発行したり、一斉にナイトミュージアムなどのイベントを実施するなどを通して、それぞれの館の利用者を増やす努

力をしている。

同種類の施設におけるネットワーキングの場合、それぞれの館の機能やそれにより整備されている学習資源が似ているため、お互いに館の実情を理解しやすく、下記の異種類の施設間に比べると比較的実施しやすいと言えるだろう。一方で、図書館の情報検索機能や貸借機能などを除けば、それぞれが持つ学習資源が似ているためにネットワーキングの必要性を感じにくい面がある。

⑵　異種類の社会教育施設間のネットワーキング

公民館と図書館、博物館と図書館などのように、施設の主たる設置目的が異なる施設の間のネットワーキングの場合、それぞれの持つ学習資源には違いがあり、その施設にはないものを他の施設から借りることができる。そのことにより、それまで実現できなかった事業を実施する可能性がある。例えば、公民館と図書館の間におけるネットワーキングにより、公民館の図書室への書籍の貸し出しや共催事業を図書館で行うことなどがある。博物館と図書館においても、博物館の展示の際に図書館の貴重図書の貸し出しを行ったり、図書館の特別企画に博物館から実物の貸し出しを行うことなどが可能となっている。

さらに、2018（平成30）年中教審答申でも指摘されているように、「社会教育は学校教育以外の組織的な教育活動全般を指すものであり、教育委員会やいわゆる社会教育関係団体だけでなく、首長部局やＮＰＯ、大学や専門学校、民間事業者等もその担い手として期待され」、最近では多様な主体による、多様な学習機会の提供も活発に行われるようになっている。このような教育委員会所管以外の地方公共団体の施設や、企業・団体等の施設ともネットワークを構築することも考えられる。一方で、「これらの団体等は、教育委員会や社会教育関係団体とのつながりを持っていないことが多く、その活動が実質的に社会教育に該当するものであっても、自らの活動を社会教育と認識していない場合もあ」（同答申）り、ネットワークを形成するのが難しいという面がある。

しかしながら、このような異種類の施設等間におけるネットワーキングの場合、それぞれの施設の独自性を生かしつつ、相補的関係が保たれ、ネットワーキングを行う意味が明確になりやすい。その施設だけではできない学習支援が可能となるため、ネットワーキングが促進されることが期待されるが、それぞれの施設等の性格が違いすぎると日常的なつながりが持ちにくく、互いの館の状況が分からないために、どのようなところでつながりを形成できるかが理解しづらいという課題がある。

(3) 学校と社会教育施設のネットワーキング

そのような状況において、社会教育施設と学校間でのネットワーキングは成果を上げてきている。例えば、図書館から学校の図書室への定期的な書籍の貸し出しを行ったり、科学系博物館と学校の連携による理科教育、美術館と学校との連携による美術教育などが行われている。美術館の例で言えば、美術館に児童生徒が訪れ、学芸員や美術館ボランティアなどのファシリテーションによって美術館の作品を用いた対話型の鑑賞教育を行ったり、美術館が学校教育用に開発した教材を貸し出したり、美術館スタッフがそれを持って学校を訪問し、授業に参画するなどといった活動が行われるようになってきた。

このような学校と社会教育施設のネットワーキングは、学校における児童生徒の教育と図書館、博物館等の教育普及活動を同時に行えるという面があり、ネットワークを構築するよさは共有されやすいであろう。ただし、これまでは単発的なイベントとして行われることが多かったために、学校のカリキュラムの中で本来期待されるような教育効果が上がるかなど、具体的な実施内容、方法等についても検討が進められ、実践が試みらている。

(4) 市町村、都道府県を超えたネットワーキング

地域住民にとってより充実した、高度な学習支援を行うために必要な場合に

は、市町村単位、都道府県単位を超えた施設間でのネットワーキングを行う。図書館の情報サービスなどインターネット等の発達により、広域的なネットワーキングも行われるようになっている。博物館でも広域になれば同種類の館が存在する可能性が増え、それらの間をつなぐことにより、学習者に対して特定のテーマでの学習の深化を促すことができ、各館の利用者を増やすことが可能となる。

３．ネットワーキングの促進

施設間のネットワークは恒常的なものとは限らず、必要に応じて常に新たなネットワーキングを模索していくことが求められている。それがどのようなものであるかは地域の実情に応じて異なるが、ネットワーキングを促進するためには以下のようなことに取り組む必要があるだろう。

⑴　情報の共有　―発信と収集―

先に述べたように、社会教育施設の職員がネットワーキングを模索しようとする場合、地域にどのような施設があり、それらがどのような学習資源を持ち、どのような仕組で運営されているのかなどを知ることが必要である。1998（平成10）年の生涯学習審議会答申では、「ネットワークを構築するためには、国、地方公共団体、大学・研究機関、民間団体等に存在する人・もの・情報等に関する学習資源を調査、収集し、その学習資源を有効に活用できるようにすることが必要である」としている。現在は、各施設が情報公開に以前よりも力を入れてきているが、ネットワーキングを意図したときに他の施設から使われやすいものとしていくことが求められる。一方で、積極的に他の施設の情報を収集することにも力を入れていく必要があるだろう。施設職員が研修や他の施設の事業への参加などを通して情報収集することや自らの施設利用者を通して情報を収集するなどの努力が求められる。

⑵　人材養成と確保

社会教育施設のネットワーキングの際には、ある施設の必要性から施設職員の熱心な働きかけから始まる場合もあるが、地域全体の教育課題や行政課題と地域住民のニーズから教育委員会等の専門職員が働きかけていくことで進められる場合もある。例えば、2018（平成30）年中教審答申では、教育委員会に配置することとなっている社会教育主事には学びのオーガナイザー（organizer）としての役割が期待されており、教育委員会の枠内に留まらず、広く社会教育に関する取組を支援することが求められている。施設間のネットワーク構築もその一環となるであろう。

ネットワーキングには、さらに、地域における多様な人材の参加・協力が不可欠であり、専門職員を含めた地域の人材の養成や確保が重要とされる。特にコーディネーターとしての役割を担ったり、社会教育のことを理解し協力できる人材が求められる。例えば、社会教育主事となるための講習修了者等の「社会教育士」も、そのコーディネート能力やファシリテート能力等が期待されている。

⑶　ネットワークの評価

ネットワークはいったんできあがれば、そのまま有効に機能していくというものではない。社会教育施設のネットワークもネットワークを構成する施設間で目的が共有されているのか、期待された学習支援が可能となっているかなど、常に評価し、改善していくことが求められる。言い換えれば、ネットワーキングには終わりはなく、ＰＤＣＡサイクルを通して常に良い状態を模索する必要がある。

注

(1)　社会教育法第十条に「法人であると否とを問わず、公の支配に属しない団体で社会教育に関する事業を行うことを主たる目的とするものをいう。」とされている。

(2)　特定非営利活動法人（ＮＰＯ法人）の最新のデータは内閣府のウェブサイトで確認できる。https://www.npo-homepage.go.jp/

(3) リカレント教育とは、個人が社会に出て職業生活を送るようになった後に、最新の知識や技術など必要に応じて大学等にもどって学修する再教育のこと。recurrent と反復、回帰といった意味。人生100年時代を迎え、政府がまとめた『人づくり革命　基本構想』（2018（平成30）年）においてリカレント教育の抜本的拡充が提言され、政策の重要課題となっている。

(4)　内閣府経済社会総合研究所編『地方創生と大学　大学の知と人材を活用した持続可能な地方の創生』公人の友社、2016（平成28）年、47頁。

(5) 田中洋一・長谷川豊「高大連携キャリアサポート事業―これまでの沿革と成果について―」、『青森県総合社会教育センター研究紀要』第25号、2014（平成26）年。對馬明「大学生とカタル！キャリアサポート形成事業」同紀要第30号、2019（平成31）年等を参照。

(6)　一般財団法人 日本防火・危機管理促進協会『地域社会の防災ネットワークに関する調査研究報告書』同協会、2013（平成25）年３月、26頁。

(7)　クロスロードは、文部科学省が大地震の被害軽減を目的に進めた「大都市大震災軽減化特別プロジェクト」の一環として、矢守克也氏らによって開発された災害対応カードゲーム教材である。2004（平成16）年７月に、最初となる「神戸編・一般編」が完成した。阪神・淡路大震災で災害対応にあたった神戸市職員へのインタビューの内容がもとになっており、職員が経験した「災害対応のジレンマ」の事例をカードゲーム化したものである。

http://www.bousai.go.jp/kyoiku/keigen/torikumi/kth19005.html

(8)　仙台発そなえゲームは、「市民協働による地域防災推進実行委員会」が、2012（平成24）年度の仙台市市民協働事業提案制度を活用して、東日本大震災の経験をもとに開発した参加型ボードゲームである。参加者は、６～８人で１グループを作って仮想の地域住民になり、「災害に備えるために、自分や地域に何が必要か・何ができるか」について、考えながら実践的に学ぶことができる。http://www.k4.dion.ne.jp/~nikoniko/pilotproject.html

(9)　例えば、ＮＰＯ法人プラス・アーツが手がける新しい防災訓練「イザ・カエルキャラバン！」などの取組がある。（国立教育政策研究所社会教育実践研究センター『社会教育における防災教育・減災教育に関する調査研究報告書』、2013（平成25）３月、134～142頁）

参考文献

- 室崎益輝「地域における防災教育・減災教育の意義と必要性」、『社会教育における防災教育・減災教育に関する調査研究報告書』国立教育政策研究所社会教育実践研究センター、2013（平成25）年３月、５～14頁
- 水谷修「社会教育における防災教育・減災教育を推進する方向性・視点」、同上、21～27頁
- 水谷修「被災地域における生涯学習振興」、『日本生涯教育学会年報』第34号、2013（平成25）年11月、41～57頁

第7章　社会教育施設の経営戦略

第1節　これからの社会教育施設の経営

1．これまでの社会教育施設

社会教育施設とは、地域にあって地域の人々の学習を支援する拠点である。代表的な施設としては公民館、図書館、博物館、青少年教育施設、女性教育施設などがある。生涯学習推進行政が本格化する中で、これまで社会教育施設には、どのような役割が付託されてきたか、振り返ってみる。

⑴　多様化・高度化する学習ニーズへの対応

1996（平成８）年の生涯学習審議会答申『地域における生涯学習機会の充実方策について』では、社会教育施設等では「常に地域住民のニーズに柔軟・迅速・的確にこたえていくことができるようにするために」、「多様化・高度化する学習ニーズへの対応」を当面の目標とするとした。多様化・高度化とともに、個人化（一人一人の学習ニーズ）、広域化（交通網の発達等による学習活動の広域化）も併せて指摘され、地域における社会教育施設以外の大学・学校、首長部局所管施設（コミュニティ・センターなど）、民間教育事業者（カルチャーセンターなど）等の連携・協力によって、生涯学習の基盤としての広域的・総合的な学習機会提供の仕組も各所で試みられた。いわゆる県民カレッジと言われるもので、代表例として「あおもり県民カレッジ[(1)]」がある。社会教育施設以外の機関・施設にはそれぞれの設置目的・機能があるが、人々の学習活動になんらかの支援が期待できる場合には、「生涯学習関連施設」として整理され、多様な連携・協力が模索された。

(2)「個人の需要」と「社会の要請」のバランス

2004（平成16）年の中央教育審議会『今後の生涯学習の振興方策について（審議経過の報告）』は、社会が急激に変化する中で、今後社会を維持・発展させるためには、学習者のニーズに応えるだけではなく、「社会の要請」による新たな役割が社会教育施設に求められるとした。人々の学習ニーズは「個人的要求が中心となりがちであり、ともすれば、社会にとって必要なことへの関心や対応が欠如しがちである」、「社会の存続を図るためには、社会の共通の課題に取り組む必要がある。しかし、それは、必ずしも個人の興味・関心に合致しないことが多い」ため、「個人の需要と社会の要請の両者のバランスを保つことが必要」と。同報告では、公民館等の社会教育施設の取組が現在の社会の要請に必ずしも適合していない面があるとして、社会の要請に応じた学習機会の量的・質的な充実を求めた。

なお、2006（平成18）年に全部改正された教育基本法第十二条第１項では、社会教育について「個人の要望や社会の要請にこたえ、社会において行われる教育は、国及び地方公共団体によって奨励されなければならない」と規定している（下線は改正時に新たに追加された）。

これまで学習ニーズへ対応した学習機会の開発・提供が主たる役割だった社会教育施設だが、その結果、地域においては依然として趣味・教養に関する学習機会が中心となってしまったことは否めなかった（文部科学省主管『社会教育調査』（2015（平成27）年実施分）に依れば、公民館の講座等の約５割が「教養の向上」の内容）。ただし、趣味・教養にかかる学習機会だったとしても、地域の人々が集い、ともに学習することは人と人との「つながり」をつくり、強める上で重要な役割を果たしているとも言える。人々の学習支援には、学習ニーズに沿わなくても、人々が生活する社会の維持・発展のためには必要な学習があり、社会教育施設には、この両方を視野に入れた積極的な取組が求められるようになった。

⑶　社会教育施設が果たす役割の問い直し

以降ほぼ10年にわたり、社会教育施設は付託された役割を果たしてきただろうか。例えば全国の公民館数は1999（平成11）年度をピークに減少を続け、2015（平成27）年度は約２割減の14,841館となっている。この間、平成の大合併や地方財政の縮小、地域人口の減少があったにせよ、社会教育施設をめぐる状況は厳しい。2018（平成30）年の中央教育審議会答申『人口減少時代の新しい地域づくりに向けた社会教育の振興方策について』（以下、同答申）では「少子化による人口減少、高齢化の急激な進展、地域経済の縮小等の社会の急激な変化が進む中で、社会教育施設が真に地域の学習と活動の拠点として機能するためには、それぞれの施設が今後果たすべき役割を明確にするとともに、求められる役割を果たすために必要な取組を推進していく必要がある」と指摘している。

2．これからの社会教育施設の経営

⑴　学習支援から多様・複雑化する地域課題の解決支援へ

同答申では、「人づくり（自主的・自発的な学びによる自己実現・成長）」、「つながりづくり（相互学習を通じ、つながり意識や住民同士の絆の強化）」、「地域づくり（住民の主体的参画による地域課題解決）」の三つをつなぐ「学びと活動の好循環」を構築することが、今後の社会教育の目指すべき課題だとしている。中でも最も重要なのは「住民の主体的参画による地域課題解決」だろう。「地域課題解決」が少しでも実現していかなくては今後の地域社会は持たないという認識を持って、公民館等の社会教育施設がどう取り組めるか、である。

地域課題についての学習を奨励し、そのきっかけとなる学習プログラムを提供するだけではなく、実際に課題解決に向けた行動にまでどう結び付いたか、あるいは結び付くまでの支援ができたか、社会教育施設の活動の評価はそこまで視野に入れる必要がある。行政、住民が一体となった地域全体の取組の中に、社会教育施設の活動をどう位置付けていくかが重要となる。

同答申でも「今後の社会教育施設には、学習と活動の拠点としてのみならず、住民自身の地域づくり、持続可能な共生社会の構築に向けた取組の拠点（下線、筆者）としての役割も求められる」と指摘している。

⑵　多様な主体との連携・協働

これまで「多様な主体との連携・協働」を言うときは、学習機会の提供、学習支援の領域で指摘されることが多かった。例えば、１．であげた社会教育施設、生涯学習関連施設の連携による学習機会の提供などがそうである。一方、地域における課題は、ますます多様・複合化し、もはや一つの行政領域だけの取組では解決が困難となっている（例えば高齢者の問題は福祉行政の領域だけで解決できない）。同時にその解決に向けた取組の中で最も重要なのはそれを担う人材の育成であり、そのための「教育・学習」の分野である。

同答申に拠れば、今後の社会教育施設においては、「学習者のニーズに応えるとともに、多様かつ複合的な地域課題により効果的に対応するため」、首長部局（所管施設を含む）はもとより、「社会教育関係団体、企業、ＮＰＯ、学校等の多様な主体との連携を強化することが求められる」。また、「社会教育の強みである学びを通じた人づくりやつながりづくりの視点を」、首長部局をはじめとする多様な主体の活動の中に積極的に組み込むことも重要となる。社会教育行政の課題であるネットワーク型の行政を実質化するためには、社会教育施設の理念や手法を生かすかたちで、多様な主体に積極的に働きかけていくことが重要となる。

⑶　首長部局との役割分担と連携

地域課題がますます多様・複合化し、地域において行政と住民が一体となって、その解決に取り組もうとするとき、社会教育施設だけが独立して教育委員会が所管する施設であることの意味をどう考えるか。同答申では、地域課題への効果的な対応のため、首長部局との連携強化が不可欠であることを踏まえ、地方公共団体の判断により、地方公共団体の長（知事や市町村長）が公民館等の公立社会教育施設を所管することができる特例を、社会教育の適切な実施の確保を条件に可とする方針を打ち出した。これまでも公民館を廃止し、新たに首長部局の所管施設として生涯学習センターを設置するなど、事実上の所管替えは一部行われてきたが、今後は制度として明確に位置付けようということである。地方行政の仕組をよく理解できていないと難しいかもしれないが、教育行政は首長から独立した教育委員会が主体となって担われており（政治的中立性の確保）、教育委員会所管の社会教育施設も首長の管理のもとにない（つまり首長を中心とした総合行政とは一線を画している）、ということである。

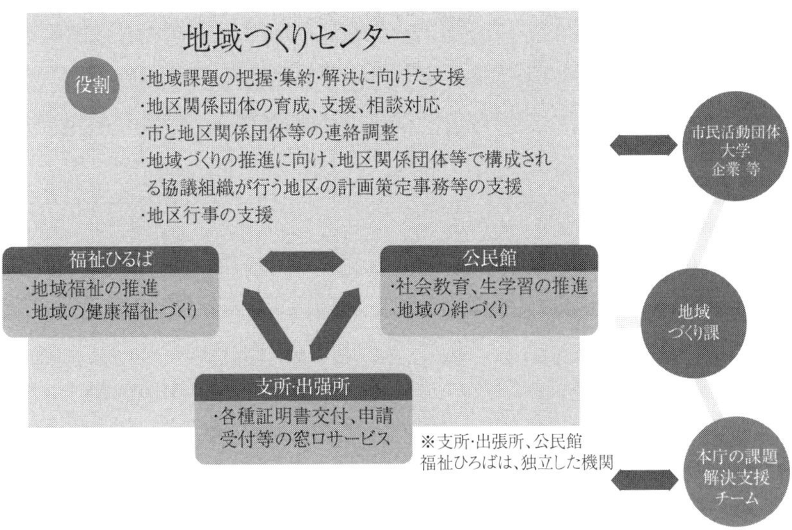

図7-1　地区支援プロジェクトチーム
（地区の行政機関・地区担当職員・市社協職員等）
松本市公式サイトから転載。https://www.city.matsumoto.nagano.jp/kurasi/tiiki/tiikidukuri/toha.html

一方で、これまでも活発な公民館活動でよく知られていた長野県松本市では、「地域づくり」を「安心して、いきいきと暮らせる住みよい地域社会を構築するため、住民が主体となって地域課題を解決していく活動や取り組み」と捉え、住民主体の地域づくりを支援する市内全35地区の地域づくりにおける最前線の拠点として「地域づくりセンター」を、2014（平成26）年に開設した。同センターはいわば緩やかなネットワーク体であり、支所・出張所（首長部局）、公民館（教育委員会）、福祉ひろば（市民の健康増進のための施設、首長部局）がこれまで同様、独立した機関として継続的に設置され、活発に活動するとともに、一体となって市民の地域づくりの取組を支援する。

今後、首長部局所管の特例がどう制度化され、それにより社会教育行政がどう変わっていくか注視する必要があるが、松本市の例のように、公民館等の社会教育施設の役割を大切にし、首長部局の施設であろうが、社会教育施設であろうが、お互いの持ち味を生かすかたちでの連携・協働の方向もある。

第２節　社会教育施設の経営と民間活力の活用

１．民間活力の導入

行政が提供する公共サービスは、住民ニーズの多様化、高度化に対応するため拡大の一途をたどってきた。こうした状況に対して、自治体は、サービスの効率化を図り対応に努めてきたが、もはや行政のみで住民ニーズに対応していくことには質的にも量的にも限界となってきた。従来行政が担ってきた公共サービスを類別すると、行政でなければ対応しえないものから、ＮＰＯや住民団体、民間企業などでも十分対応しうるものまで様々なレベルが存在する。そこで、これからの自治体における公共サービスの提供については、従来行政が担ってきた公共サービスの中で、行政でなければ対応しえないもの以外は、公共サービスの提供主体となりうる意欲と能力を備えた多様な主体（住民団体、ＮＰＯ、企業等）に委ね、民間等が有する高度な専門知識や経営資源の積極的な

活用を図ることが必要とされ、民間活力の導入が進められてきた。[(2)]

民間活力を導入するための具体的手法については、一般的に次のような手法があり、事務事業の内容や手法の特性に応じて、どの手法が適切か検討のうえ、進められることになる。

①	民営化	施設の民間委譲等により、サービス提供の実施主体が民間等となる。
②	指定管理者制度	公の施設の目的達成のため、民間の能力・技術を活用して管理運営を委ねる。
③	ＰＦＩ	ＰＦＩ（Private Finance Initiative）推進法に基づき民間の資金・能力を活用し、公共施設の整備、運営等を行う。
④	市民協働	市民、団体、市が相互に役割分担を行い協力する。
⑤	民間委託	必要な監督権などを留保したうえで事務事業等を民間企業等に委ねる。
⑥	人材派遣	「労働者派遣法[(3)]」に基づき、労働者派遣事業者から労働者の派遣を受け、市の指揮命令下で業務に従事させること。

２．指定管理者制度

ここでは、施設の運営に民間活力導入の具体的手法のひとつである指定管理者制度について、取り上げる。本制度は、地方自治法に規定する「公の施設」の運営について、従来の公共的な団体等に限定していた管理委託制度に代わって、議会の議決を経て指定される法人や団体などの「指定管理者」に、その管理運営を代行させることができるという制度である。ここで言う「公の施設」とは、地方自治法第二四四条第１項において、「住民の福祉を増進する目的をもってその利用に供するための施設」と定義されており、おおむね、次の要件を満たすものとされている。

① 施設を設置した自治体の住民の利用に供するための施設であること
② 住民の福祉を増進する目的をもって、自治体により設置された物的施設であること
③ 法律又は条例の規定により設置されているものであること

具体的には、公民館・博物館・図書館等の社会教育施設をはじめ文化施設・体育施設・福祉施設・コミュニティ施設など様々な施設が該当する。

一方、これまでの管理委託制度は、昭和38（1963）年の地方自治法改正において「公の施設」を公共団体または公共的団体へ管理を委託できるとしたことに始まる。1991（平成３）年の同法改正においては、地方公共団体の出資比率や人的な関与において一定の要件を満たす第三セクターにも管理受託を許可してその対象拡大を図った。しかし、平成15（2003）年６月の地方自治法の改正によって、管理委託制度は廃止され、これまでの団体に加え幅広く民間事業者を含んだ地方公共団体が指定する「指定管理者」が管理を代行することができるようになった。同年９月に施行され、施行後３年以内にそれまで管理委託制度によって運営していた施設は、直営に戻すか、指定管理者制度を導入するかの選択を迫られることになった。図書館及び博物館については、図書館法と博物館法の規定から、指定管理者制度の導入についての適否が当初は問題になったが、2005（平成17）年１月に開催された全国生涯学習・社会教育主管部課長会議において、文部科学省は、図書館及び博物館に対しても指定管理者制度の適用が可能である、との見解を示した。これを機に、全国で博物館及び図書館における指定管理者制度の導入が広がることとなった。

表7-1　「管理委託制度」と「指定管理者制度」の比較

区分	管理委託制度 （従前） <地方自治法改正前>	指定管理者制度 （新制度：平成15年9月施行） <地方自治法改正後>
管理運営の主体	公共団体、公共的団体及び市出資法人（1/2以上出資等）に限定。	民間事業者を含む幅広い団体（法人格は必要ではない。個人は除く。）
管理者の定め方	相手方を条例で規定	議会の議決を経て指定
権限と業務の範囲	施設の設置者である地方公共団体との契約に基づき、具体的な管理の事務又は業務の執行を行う 施設の管理権限及び責任は地方自治体が引き続き有する（使用許可権限も付与できない）	施設の管理権限を指定管理者に委任（使用許可権限を含む） 地方自治体は、管理権限を行使せず、設置者としての責任を果たす立場から必要に応じて指示等を行う
契約の形態	委託契約	協定

3．社会教育施設における指定管理者制度の導入状況

社会教育施設における指定管理者制度の導入状況について、2015（平成27）年度の社会教育調査で確認すると、公立の社会教育関係施設（53,016施設）のうち、15,297施設（28.9%）で指定管理者制度を導入しており、前回の2011（平成23）年度調査と比較すると2.7ポイント上昇している。各施設のうち最も割合が高いのは劇場、音楽堂等の57.7%で、次いで青少年教育施設の41.0%の順となっている。

公民館・図書館・博物館の社会教育施設に限って見ると、博物館が21.8%で最も導入が進んでおり、次いで図書館10.7%、公民館8.6%となっている。また、組織別の指定管理者の状況を見ると、博物館は「一般社団法人・一般財団法人（特例民法法人を含む。）」が多く、図書館は「会社」、公民館は「その他」が多くなっている。

表７－２　種類別指定管理者別施設数

（施設）

区　分	計	公民館（類似施設含む）	図書館（同種施設含む）	博物館	博物館類似施設	青少年教育施設	女性教育施設	社会体育施設	劇場、音楽堂等	生涯学習センター
公立の施設数（社会体育施設は団体数）	53,016 (53,804)	14,837 (15,392)	3,308 (3,249)	765 (724)	3,528 (3,522)	913 (1,020)	276 (277)	27,197 (27,469)	1,743 (1,742)	449 (409)
うち指定管理者導入施設数	15,297 (14,098)	1,303 (1,319)	516 (347)	183 (158)	1,096 (1,053)	374 (393)	94 (88)	10,604 (9,714)	1,006 (935)	121 (91)
公立の施設数に占める割合	28.9% (26.2%)	8.8% (8.6%)	15.6% (10.7%)	23.9% (21.8%)	31.1% (29.9%)	41.0% (38.5%)	34.1% (31.8%)	39.0% (35.4%)	57.7% (53.7%)	26.9% (22.2%)
地方公共団体	115 (147)	— (9)	— (1)	— (—)	16 (24)	7 (9)	— (—)	85 (95)	7 (9)	— (—)
地縁による団体（自治会、町内会等）	806 (…)	350 (…)	8 (…)	1 (…)	42 (…)	18 (…)	9 (…)	347 (…)	4 (…)	27 (…)
一般社団法人・一般財団法人 公益社団法人・公益財団法人	5,648 (5,796)	287 (285)	55 (52)	128 (118)	523 (522)	143 (150)	37 (34)	3,888 (4,038)	539 (550)	48 (47)
会社	4,551 (3,865)	101 (92)	381 (223)	41 (31)	236 (211)	106 (87)	11 (7)	3,350 (2,953)	304 (244)	21 (17)
ＮＰＯ	1,544 (1,136)	42 (33)	40 (44)	6 (4)	87 (73)	51 (49)	19 (22)	1,233 (858)	57 (47)	9 (6)
その他	2,633 (3,154)	523 (900)	32 (27)	7 (5)	192 (223)	49 (98)	18 (25)	1,701 (1,770)	95 (85)	16 (21)

（注）1．「指定管理者」とは、地方自治法第244条の２第３項に基づき管理者を指定している場合をいう。
2．（　）内は平成23年度調査の数値である。
3．「地縁による団体（自治会、町内会等）」は平成27年度から調査。
文部科学省『平成27年度社会教育調査報告書』2017（平成29）年

４．指定管理者制度導入にあたっての留意点

公の施設の運営に指定管理者制度を導入するか、直営で行うのかは、あくまでも自治体の政策判断によるものである。指定管理者制度導入の検討において、「コスト削減」が重視されがちであるが、最も重要なことは、自治体の政策の基本方針や、その中での当該施設の位置付け及びミッションを明らかにし、そこから望ましい管理運営の在り方を検討することである。また、導入にあたっての判断基準として、以下の項目についての照査が必要である。

①　当該自治体における法規上の問題や制約がないか
②　市民（利用者）サービスが維持・向上するか
（利用者数の増加や将来的に利用料金の引き下げが見込めるかなど）
③　市民の平等利用が確保できるか
④　管理運営経費の削減が図れるか
⑤　施設の設置目的が達成されるか

また、指定管理者制度の導入から７年を経た2010（平成22）年12月、地方公共団体において様々な取組がなされる中で、留意すべき点が明らかになってきたとして、制度の適切な運用を図るために、総務省自治行政局より「指定管理者制度の運用について」の通知が出され、次の留意点が示されている。

①　指定管理者制度については、公の施設の設置の目的を効果的に達成するため必要があると認めるときに活用できる制度であり、個々の施設に対し、指定管理者制度を導入するかしないかを含め、幅広く地方公共団体の自主性に委ねる制度となっていること。
②　指定管理者制度は、公共サービスの水準の確保という要請を果たす最も適切なサービスの提供者を、議会の議決を経て指定するものであり、単な

る価格競争による入札とは異なるものであること。

③ 指定管理者による管理が適切に行われているかどうかを定期的に見直す機会を設けるため、指定管理者の指定は、期間を定めて行うものとすることとされている。この期間については、法令上具体の定めはないものであり、公の施設の適切かつ安定的な運営の要請も勘案し、各地方公共団体において、施設の設置目的や実情等を踏まえて指定期間を定めること。

④ 指定管理者の指定の申請にあたっては、住民サービスを効果的、効率的に提供するため、サービスの提供者を民間事業者等から幅広く求めることに意義があり、複数の申請者に事業計画書を提出させることが望ましい。一方で、利用者や住民からの評価等を踏まえ同一事業者を再び指定している例もあり、各地方公共団体において施設の態様等に応じて適切に選定を行うこと。

⑤ 指定管理者制度を活用した場合でも、住民の安全確保に十分に配慮するとともに、指定管理者との協定等には、施設の種別に応じた必要な体制に関する事項、リスク分担に関する事項、損害賠償責任保険等の加入に関する事項等の具体的事項をあらかじめ盛り込むことが望ましいこと。

⑥ 指定管理者が労働法令を遵守することは当然であり、指定管理者の選定にあたっても、指定管理者において労働法令の遵守や雇用・労働条件への適切な配慮がなされるよう、留意すること。

⑦ 指定管理者の選定の際に情報管理体制のチェックを行うこと等により、個人情報が適切に保護されるよう配慮すること。

⑧ 指定期間が複数年度にわたり、かつ、地方公共団体から指定管理者に対して委託料を支出することが確実に見込まれる場合には、債務負担行為を設定すること。

5．これからの社会教育施設の経営と多様な手法による資金調達

中央教育審議会は、2018（平成30）年12月『人口減少時代の新しい地域づくりに向けた社会教育の振興方策について（答申）』を取りまとめた。この答申の第2部では、「今後の社会教育施設の在り方」について提起している。特に、公立社会教育施設の所管については、社会教育に関する事務は今後とも教育委員会の所管を基本とすべきとした上で、地方の実情等を踏まえ、より効果的と判断される場合には、社会教育の適切な実施の制度的な保証が行われることを条件に、地方公共団体の判断により特例を設けることができることとなった。このように在り方の問われる社会教育施設であるが、本答申では、従前の地域の学習拠点としての役割に加え、新たに期待される役割も示している。

いずれの社会教育施設も、地域住民の多様なニーズの把握に努めるとともに、障害の有無にかかわらず、全ての住民に開かれた施設としてユニバーサルデザイン化を進め、幅広い年齢層にわたる多様な人々のニーズに応え、あらゆる地域住民の社会的包摂に寄与するとの視点に立ち、運営の充実を図ることを求めている。しかし、地方公共団体の社会教育費は、ピーク時に比して減少傾向にある。各地方公共団体において、十分な社会教育費を確保することが社会教育の振興のためには重要なことであるが、今日の逼迫した地方財政下では、至難と言わざるをえない。とりわけ、社会教育施設の経営には、大きな痛手となっている。しかし、こうした状況下にあっても、社会教育の取組を活性化し、持続可能なものとするためには、基盤整備や資金調達の面において、更なる工夫が必要である。

近年、新しい資金調達の方法として注目を集めているものに「クラウドファンディング（crowdfunding）」がある。クラウドファンディングは、インターネットを通じて不特定多数の人に資金提供を呼びかけ、趣旨に賛同した人から資金を集めるという方法である。

国立科学博物館では、「3万年前の航海・徹底再現プロジェクト」の実施に際

して、クラウドファンディングにより資金提供を呼びかけ、目標額を超える支援を得ている。この背景には、博物館全体の組織的なバックアップや、イベント開催、ＳＮＳの活用等切れ目のない広報戦略等の取組があることも目標額達成の一因と言われている。

また、指宿市立図書館の指定管理者であるＮＰＯ法人「そらまめの会」では、「本のある空間を届けるブックカフェプロジェクト」として、クラウドファンディングにより目標額を集め、移動図書館を十数年ぶりに地域に復活させている。

今後、持続可能な社会教育システムを構築していく上では、クラウドファンディングやふるさと納税制度などの多様な資金調達手法も視野に入れ、社会教育分野への官民の教育投資の促進を図っていくことが重要である。そのためには、社会教育分野への教育投資について国民の理解と支持が得られるよう、効果的・効率的な社会教育を展開していくことが求められる。

第３節 社会教育施設と機関・団体等との連携・協働

1．社会教育施設における連携・協働の内容

今日、社会教育施設がその使命を果たす上において、他の社会教育施設や学校、文化・スポーツ施設、福祉施設、企業・事業所、自治会・町内会などとの連携・協働の重要性が高まっている。施設の種類により、求められる連携・協働の機能は異なり、同種の施設であっても取組内容に多様性が見られるが、およそ下記の内容を含むものと言えるだろう。

第１に、「資源の共同利用」である。単一の社会教育施設が有する資源には限りがあり、様々な機関・団体などと双方の資源（人的・物的・財的等）を融通し合うことにより、利用者のニーズに応えようとする考え方である。他の図書館等と「図書館資料の相互貸借を行うこと」（三条）という図書館法の規定は、同種施設との保有資源の相互利用、有効活用を図る典型例と言えよう[(4)]。

第２に、「事業の共催・委託等」をあげることができる。例えば、公民館を例

にとれば、「地域の学習拠点としての機能の発揮」を目指して、「講座の開設、講習会の開催等を自ら行うとともに、必要に応じて学校、社会教育施設、社会教育関係団体、ＮＰＯ……(略)……その他の民間団体、関係行政機関等と共同してこれらを行う等の方法により、多様な学習機会の提供に努める[(5)]」ことが期待されている。ここには、独自に主催事業を行うだけでなく、機関・団体等との共催の方法により多様な学習機会を提供すべきことが示されている。また、民間社会教育事業者（営利・非営利の双方を含む）や地域団体などへの委託事業なども広がりを見せつつある。

第３に、「情報交換、連絡・調整」である。前記した「資源の相互利用」や「事業の共催・委託等」を効果的に行うためには、情報交換・共有を図ることが不可欠であろう。例えば、学校教育に対する支援を図るため、体験活動や図書室運営等の学校側のニーズを把握したり、学年・教科の指導内容に合致した博物館資料の情報をもとに、教材について協議したりすることが考えられる。また、「各種の団体、機関等の連絡を図ること」（社会教育法二十二条）という公民館事業に関する規定に見られるように、関係団体やサークル等の地域拠点として、当該区域の社会教育における事務局的な機能が期待されるほか、施設利用者・利用団体間の調整などの役割が示唆されているものと言えよう。

第４に、「運営への参加・参画」である。特に、社会教育活動による学習成果を活用して教育活動を行うことを奨励し、そのための機会を提供することは、学習活動と成果活用の循環を促進する上でも、社会教育施設の重要な役割とされる（社会教育法五条、図書館法・博物館法三条）。特に、指導者・ボランティア養成講座などの修了者が、公民館の講座や図書館・博物館の補助的業務（読み聞かせや音読ボランティア、資料の修復や展示説明など）に携わることなどが想定される。また、関係者を公民館運営審議会や図書館・博物館の協議会の委員として委嘱し、運営面に対する意見を求めることも含まれよう。

最後に、「施設運営の改善」をあげることができる。公民館を例にとれば、施設の目的を達成するために「運営の状況に関する評価」（社会教育法三十二条）を行う際に、「公民館運営審議会等の協力を得つつ、自ら点検及び評価」を行うこととされている[(6)]。公民館運営審議会の委員は、関係機関・団体等から出されることも多いため、各施設の自己点検・評価を進めるためには、これら機関・団体等との連携が不可欠であると言える。

2．社会教育施設における連携・協働の現状

前項で示した連携・協働の内容に即して、社会教育施設の連携・協働に関する現状（2014（平成26）年現在）を確認しておこう[(7)]。

まず、「資源の相互利用」について、市区町村立図書館3,231館のうち、図書館資料の相互貸借を実施したのは2,998館（92.8％）に上る（平成26年度間）。実施先としては、都道府県立図書館2,964館（91.7％）、市区町村立図書館2,942館（91.1％）、大学図書館1,462館（45.2％）、学校図書館485館（15.0％）などとなっている。公共図書館との間の相互貸借は当然のこととして、利用者への便宜を図るため、大学や学校の図書館との連携にも取り組まれている。

次に、「事業の共催・委託等」について、関係機関との共催事業を行っている施設の割合は、公民館47.7％、図書館36.2％、博物館50.7％である（2014（平成26）年度間）。このうち、同種の社会教育施設と共催している施設の割合は、公民館12.5％、図書館6.8％、博物館18.1％であるが、異なる種類の社会教育施設との間で実施される割合は、順に4.3％、11.3％、10.3％となっている（**表7－3**）。

一方、民間社会教育事業者への事業委託の状況を見ると、事業総数に占める割合は、公民館0.6％、図書館2.8％、博物館1.9％となっており、連携・協働の内容としては、ごく一部の実践に留まっている（2014（平成26）年度間）。少数ながら営利事業者に委託して実施された事業も含まれているが（公民館0.1％、図書館0.2％、博物館0.2％）、この部分における連携・協働は今後の課題となっ

表7－3　関係機関との事業の共催状況

（2014（平成26）年度間。施設数、括弧内は％）

共催相手	公民館（N=14,197）		図書館（N=3,313）		博物館（N=1,240）	
社会教育施設（当該施設と同分類）	1,772	(12.5)	226	(6.8)	224	(18.1)
社会教育施設（上記以外）	614	(4.3)	374	(11.3)	128	(10.3)
学校（大学）	250	(1.8)	121	(3.7)	147	(11.9)
学校（大学以外）	1,461	(10.3)	145	(4.4)	103	(8.3)
都道府県・市町村教育委員会	1,511	(10.6)	349	(10.5)	180	(14.5)
都道府県・市町村首長部局	1,201	(8.5)	297	(9.0)	103	(8.3)
その他	4,644	(32.7)	576	(17.4)	365	(29.4)
計（共催事業を行った施設数）	6,775	(47.7)	1,200	(36.2)	629	(50.7)

※博物館は類似施設を除く。

文部科学省『平成27年度 社会教育調査報告書』、2017（平成29）年より筆者作成。

ている。

「施設運営への参加・参画」について、まず、施設におけるボランティア活動の状況について見ると、2015（平成27）年度の登録者数は公民館17万人、図書館９万６千人、博物館３万８千人などとなっている。これら登録者数に占める女性の割合は、順に64.0％、91.0％、57.2％である。また、何らかの登録制度を有する施設の割合は、図書館で70.6％、博物館で42.9％に上る一方、公民館では15.5％に留まる。

次に、公民館運営審議会の状況を見ると、3,768館が当該館に設置され、3,716館が連絡等にあたる公民館に設置されている（2015（平成27）年度）。約53％の施設に公民館運営審議会等が設置されており、委員総数は49,741人、その内訳は学校教育関係者5,828人（11.7％）、社会教育関係者20,153人（40.5％）、家庭教育の向上に資する活動を行う者6,251人（12.6％）、学識経験者11,166人（22.4％）などとなっている。また、図書館・博物館に協議会等が設置されている施設数（割合）は、それぞれ2,219館（66.6％）、664館（52.9％）となっている。

地域の関係者の施設運営への参画が広がっている実態をうかがうことができる。

最後に、「施設運営の改善」について見ると、公民館、図書館、博物館ともに約半数の施設が、何らかの形で運営状況に関する評価を実施している。半面、連携・協働等による評価活動との関連が深い「外部評価」については、各施設とも相対的に実施率が低い。また、公民館の場合、評価結果を公表している施設が２割に満たず、機関・団体等との連携を図るための「情報交換、連絡・調整」機能を発揮する上で課題を残すものと言えよう（**表７－４**）。

３．社会教育施設における連携・協働戦略の課題

今日、各種サービスの提供主体（企業等）は市場の成熟に直面しており、従来有効であった「４Ｐマーケティング」――①製品政策（product）、②価格政策（price）、③広告・販促政策（promotion）、④チャネル政策（place）――を中心とした企業活動等が成り立たなくなってきたとの指摘がある。製品・サービスの開発・提供において、各政策の最適化（マーケティング・ミックス）により対応しようとする戦略が限界を迎えているというのである[(8)]。

社会教育施設においても、利用者のニーズを探索し、ニーズに適合した学習プログラム等の開発・提供を中心とする運営が進められてきた。ニーズ対応の

表７－４　運営状況に関する評価の実施状況

（平成2014（26年）度間。施設数、括弧内は％）

内容	公民館（N=13,548）	図書館（N=3,313）	博物館（N=1,240）
自己評価	4,501　（33.2）	1,554　（46.9）	572　（46.1）
外部評価	2,305　（17.0）	927　（28.0）	282　（22.7）
評価結果の公表	2,528　（18.7）	1,353　（40.8）	344　（27.7）
計（運営状況を評価した施設数）	6,775　（50.0）	1,721　（51.9）	623　（50.2）

博物館は類似施設を除く。

文部科学省『平成27年度 社会教育調査報告書』、2017（平成29）年より筆者作成。

戦略の有効性が完全に失われることはないものの、競合するサービスに取り囲まれる現代的状況の中で、異なるアプローチが求められていることも事実であろう。「時代は fit（環境適合）から interact（関係）へと移りつつあり、企業を取り巻く様々な集団との関係性形成の重要性、つまり関係性マーケティングの重要性が高まっている[(9)]」との指摘は、公共・非営利部門においても軽んじることはできない。

ドラッカー（Drucker, P. F.）とスターン（Stern, G. J.）は、非営利組織には２種類の顧客が存在すると指摘する。一つは「組織の活動によって生活が改善される人々」であり、社会教育施設で言えば、利用者ということになろう。他の一つは「組織の活動に参加することで満足感や達成感を味わいたいと思っている人々」であり、「ボランティア、メンバー、パートナー、資金提供者、委託先」などのステイクホルダー（利害関係者、stakeholder）が例示されている[(10)]。前項で見たように、社会教育施設の連携・協働は様々な形で進められているが、「関係性マーケティング」の戦略は「２種類の顧客」ごとに立てる必要がある。

まず、利用者との連携・協働は、公民館運営審議会、図書館・博物館協議会などの住民参加制度に基づく施設運営への参画や、学習成果を活用したボランティアとしての事業参加などを通して行われる。すでに多くの施設で、学級・講座等の企画を募集したり、ＰＤＣＡサイクルの各局面にかかわる仕組が設けられたりしているが、今後はそのような機会を増やすことが重要である。「ニーズ探索、そして fit という行動様式の限界を打破するものが、企業とステイクホルダー（たとえば生活者）とのインタラクションであり、企業と生活者がともに考え、ともに作り、ともに生きていくことが必要となってくる[(11)]」からである。今後は、施設の運営状況の評価（外部評価、評価結果の公表等）を含め、様々な機会に利用者の参画を求めることが、地域に支えられた施設づくりにとって重要な戦略となる。

次に、機関・団体などステイクホルダーとの連携・協働は、図書館・博物館の相互貸借、事業の共催や委託、公民館運営審議会等への教育関係者等としての参画、運営状況の評価活動への参画などを通じて進められてきた。今後も、機関・団体等との関係性を維持し、様々な角度からの支援を引き入れることをとおして、事業目的を効果的・効率的に果たし、施設としての専門性を最大限発揮することが求められている。

近年、社会教育施設への指定管理者制度の導入をはじめ、首長部局への移管や事務委任・補助執行等を進める自治体も増えている。文部科学省の委託調査[(12)]（2012（平成24））でも、指定管理者制度について「行政と指定管理者との役割分担があいまいになりがち」とか、首長部局への事務委任・補助執行について「専門性を有する職員の配置が難しくなった」などといった声が聞かれる。また、施設の老朽化等に伴う再編計画の中で、施設の複合化を行った自治体も増えている（公民館42.6%、図書館38.6%、博物館14.0%）。このような状況は、施設運営において多様な主体との「関係性マーケティング」が避けられない時代の到来を意味するものと言えよう。また、運営の合理化やシナジー効果などを求めて、機関・団体等と積極的に連携・協働を図ることは、施設職員の経営的力量の向上にも資するであろう。

第４節　社会教育施設の自己点検・評価

1．自己点検と自己評価の考え方

社会教育施設の自己点検・評価というときの施設には、どのようなものがあるのだろうか。

従来の文部科学省主管の社会教育調査が対象としてきた施設は、公民館、図書館、博物館（博物館類似施設を含む）、青少年教育施設、女性教育施設、体育施設、劇場・音楽堂等（座席数300以上のホールを有する劇場、音楽堂、文化会館、市民会館、文化センター等）、生涯学習センターなどである。ここでは、そのことを念頭に置いて、社会教育施設に共通する自己点検・評価の基本的なことを取り上げることにしよう。施設にはそれぞれ特色もあるので、自己点検・評価の実施段階では、自己点検・評価項目等をさらに個別に検討する必要がある。

評価といっても様々である。ここでは、評価を、設定された目標をどの程度達成したかを確かめるために情報や証拠を集め、その達成度を判断すること、としておきたい。ただし、その過程全体を評価と言うこともある。

自己点検と自己評価は同じような意味で使われたり、区別されて使われることもあったりして、用語法にあいまいなところもあるが、ここでは区別して、次のように捉えておくことにしよう。

(1)　自己点検

自己点検は、一定の項目についてある時点での自己の状態を明らかにし、問題や課題を析出することである。自己点検は、**図７－２**で言えば、学習の学習開始時（t_1）の状態（s_1）を項目Ａ～Ｄ……を用いて明らかにすることで、これは、**図７－２**の水平方向に項目Ａ～Ｄ……がどのような状態にあるかを明らかにすることと言える。（**図７－２**では学習としてあるが、必要に応じ「学習」を「事業」、「計画」などに読み替える。）

自己点検は、段階毎の状態を明らかにするが、評価はしないので、達成度にかかわる評価基準は不要である。

(2)　自己評価

自己評価は、**図７－２**で言えば、設定された目標状態（s_g）について、ある時点（t_1）での自己の状態（s_1）を明らかにしたうえで、一定時間後（t_n）に達成（あるいは到達）した状態（s_n）を評価基準によってs_1の状態と比較したり、目標状態（s_g）と比較したりして達成（到達）度を明らかにし、問題や課題を析出することである。これは、**図７－２**の垂直方向に状態の差を調べて、達成（到

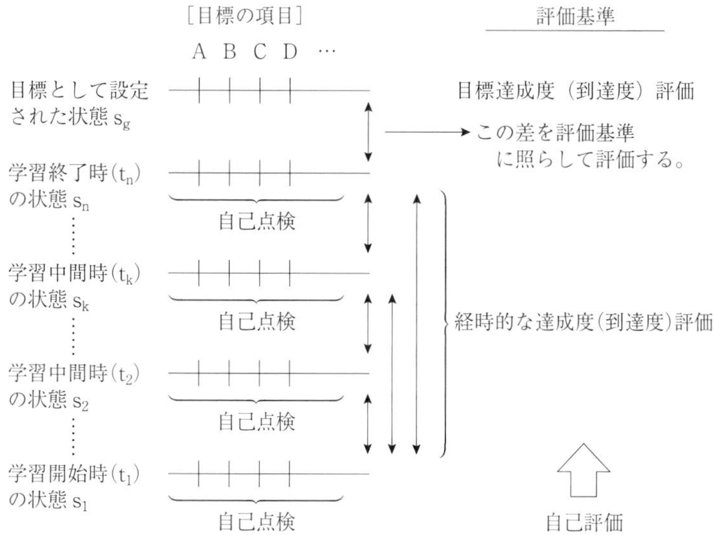

図７－２　自己点検・自己評価

山本恒夫「生涯学習事象理論」、日本生涯教育学会編『生涯学習研究ｅ事典』（http://ejiten.javea.or.jp/）、2013（平成25）年４月17日登録より転載。

達）度を明らかにすることと言える。自己評価では、目標、段階毎の状態、評価基準のすべてが必要である。

図中の評価基準は達成度の評定を行う際に用いる基準で　目標項目ごとに定める。達成度の要求水準がかなり高い場合の例をあげると、次のような基準を設定することも考えられる。

「とてもよい」（達成率90パーセント以上）、「よい」（達成率80～89パーセント、「ややよい」（達成率70～79パーセント）、「ふつう」（達成率60～69パーセント）、「ややわるい」（達成率50～59パーセント）、「わるい」（達成率40～49パーセント）、「非常にわるい」（達成率39パーセント以下）

２．自己点検・評価の目的

自己点検と自己評価の違いは、その時の状態を調べるだけなのか（自己点検）、それに加えて達成度までも明らかにするのか（自己評価）、というところにあるが、その目的は同じで次の二つである。

① 自己の活動の向上を図るための資料を得ること、
② 自己の目標・計画の改善を図るための資料を得ること、

３．自己点検・評価の手順

自己点検・評価は、ふつう次のような手順で行われる。

① 点検・評価のできるような目標の策定、
② 点検・評価項目及び指標の決定、
③ 点検方法・評価方法の選択、
④ 点検・評価のためのデータ収集、
⑤ 分析・解釈、
⑥ （評価にあっては）達成度の評定、
⑦ 問題・課題の析出

４．自己点検・評価の項目

社会教育施設の自己点検・評価は、社会教育計画の中の当該施設の項目について行うことが多い。（本書第２章第２節）「社会教育計画の策定」、第３節「社会教育事業の評価」を参照。）しかし、それ以外にも、全国平均、都道府県別平均等との比較が必要になることもある。そのような場合には、文部科学省主管の社会教育調査の全国平均や当該都道府県平均等を利用することができる。

社会教育調査の調査事項には、事業実施に関する状況、施設の利用状況、ボランティア活動に関する事項などがある。それぞれの事項の調査項目の中から、全国平均や都道府県別平均等との比較が必要な項目を取り入れて自己点検・評価を行えば、他との比較による評価を行うことができる。例えば、公民館の事業実施に関する事項の調査項目には、公民館における学級・講座の開設状況、公民館における諸集会の実施状況などがあるので、それらの１館当たり平均を算出して、当該公民館と比較することができる。（詳しくは、文部科学省主管の社会教育調査報告書を参照。）

また、計画や事業などの目標項目によっては、指標を立てて評価を行うこともある。指標は評価を行うときの目じるしで、目標は到達点である。指標は社会で広く使われており、多種多様な指標があるが、社会教育施設の場合にも様々な指標がある。数量的な指標の例としては

・定員充足率（参加者数／定員）
・予算執行率（執行額／予算額）
・費用対効果（参加者数／執行額）

などがあり、質的な指標としては

・主要成果事項（計画や事業の実施、学習活動等によって得られた主な成果事項。例えば、学習成果の社会的活用の拡大など。）
・主要消失事項（計画や事業の実施、学習活動等によって消失した主な事項。例えば、使命を終えた講座の廃止など。）
・希少価値事項の存続・消失（博物館や図書館等の希少価値のあるもので消失する恐れがあったが存続できたもの、消失したもの。）

などがあるが、質的な指標の場合には、数量的な処理はできないので、記述す

る。

５．評価の技法

評価の技法は、社会教育施設に共通するものとそれぞれの施設評価に固有のものとがある。ここでは共通する技法を取り上げ、検討しておくことにしよう。

評価項目の性格によって定量的評価、定性的評価の両方ができることもあるし、その一方しかできないこともある。いずれにしても、評価を行うための技法が必要である。評価技法にはいろいろあるが、ここでは、施設の評価に用いることのできるごく簡単な技法の例をあげておくことにしよう。一般的で、使いやすい評価技法としては、次のようなものがある。

○数量的な目標値を設定できるもの。

達成率の利用

達成率＝(達成値／目標値)×100

○数量的な目標値は設定できないが、結果として一定期間（例えば１年とか３年）ごとの数量が分かるもの。

時系列指数の利用

時系列指数＝（ある時の数量／参照基準）×100

参照基準：基準とする時の数量（どこをとってもよいが、市町村合併後の最初の年というように、意味のあるところの方がよいであろう。）

なお、時系列と言えときには、１年ごととか３年ごとというように、時点を一定の間隔でとることが多い。

○質問紙調査によってデータを収集できるもの。

効果測定の利用

例：利用者アンケート、職員アンケートなどによって効果を測定する。

○数量的に対象を把握できないもの。

記述法の利用

文書類、利用者や職員の反応・意見等の記録類によって達成度や効果を記述する。

ここにあげた達成率は、目標値のある定量的評価の場合に用いられる。達成率は目標値の種類によっては、到達率となったりするなど名称は様々である。

時系列指数は、目標値が立てられない場合の技法としてあげてあるが、勿論、目標値があって、達成率を算出する場合でも、時系列指数を算出して、その変化を分析するというような使い方もあり、時系列指数そのものは多様な使われ方をしている。

時系列指数をつくれば、時系列変動の分析を行うことができるので。経済や経営の分野では、時系列指数を用いた時系列分析がかなり進んでいる。施設の時系列変動も、他の分野での時系列変動の場合と同様に、次のような分析を行うことができるであろう。

・トレンド（傾向変動）

取り上げた項目（変数）の上昇や下降の傾向など。

・循環変動

トレンドのまわりに存在するかなり周期的な変動。

・季節変動

１年の中での季節による変動を表わす要素。

注

(1)　あおもり県民カレッジ

http://www.alis.pref.aomori.lg.jp/s_kanri/college/index.html

地域における広域的・総合的な学習機会の提供については、生涯学習審議会社会教育分科審議会施設部会報告『学習機会提供を中心とする広域的な学習サービス網の充実について』1994（平成6）年、文部省生涯学習局『地域における生涯大学システムの整備について』、1997（平成9）年を参考。

(2)　2005年3月に総務省の分権型社会に対応した地方行政組織運営の刷新に関する研究会が公表した『分権型社会における自治体経営の刷新戦略―新しい公共空間の形成を目指して―』において指摘されている。

(3)　労働者派遣事業の適正な運営の確保及び派遣労働者の就業条件の整備等に関する法律

(4)　博物館法にも、他の博物館等と「博物館資料の相互貸借等を行うこと」（三条）という同様の規定がある。

(5)　「公民館の設置及び運営に関する基準」（文部科学省告示第112号、2003（平成15）年6月6日）第三条。

(6)　同上、第十条。

(7)　本項で用いたデータは、とくに断りのない限り文部科学省『平成27年度 社会教育調査報告書』（2017年）をもとにしている。

(8)　和田ほか『マーケティング戦略（新版）』有斐閣、2000（平成12）年、323頁。

(9)　同上。

(10)　P. F. ドラッカー・G. J. スターン編著、田中弥生訳『非営利組織の成果重視マネジメント―NPO・行政・公益法人のための［自己評価手法］』ダイヤモンド社、2000（平成12）年、20～23頁。

(11)　前掲、和田ほか書、327頁。

(12)　（株）インテージ『「生涯学習センター・社会教育施設の状況及び課題分析等に関する調査」報告書』平成23年度文部科学省委託調査、2012（平成24）年。

参考文献

- 中央教育審議会答申『人口減少時代の新しい地域づくりに向けた社会教育の振興方策について』、2019（平成30）年12月21日
- 学びを通じた地域づくりに関する調査研究協力者会議「人々の暮らしと社会の発展に貢献する持続可能な社会教育システムの構築に向けて」、2017（平成29）年
- 文部科学省『平成27年度 社会教育調査報告書』、2017（平成29）年

- (株) インテージ『「生涯学習センター・社会教育施設の状況及び課題分析等に関する調査」報告書』平成23年度文部科学省委託調査、2012（平成24）年
- 柳与志夫「社会教育施設への指定管理者制度導入に関わる問題点と今後の課題—図書館および博物館を事例として—」、『レファレンス』国立国会図書館調査及び立法考査局、2012（平成24）年２月　79～91頁
- 『桑名市民間活力導入に関する指針—「新しい公共空間」の形成と「効率的な行政運営」の推進を目指して—』市長公室政策経営課経営管理係、行政改革推進本部事務局、2011（平成23）年4月
- 服部英二「指定管理者制度の導入の背景と制度をめぐる諸課題」、㈶全日本社会教育連合会『社会教育』、2010（平成22）年10月、32～35頁
- 井上伸良「社会教育施設における管理主体の多様化に関する考察—青少年教育施設を例に—」、国立青少年教育振興機構『国立オリンピック記念青少年総合センター研究紀要』第6号、2006（平成18）年　1～8頁
- 井内慶次郎監修、山本恒夫・浅井経子・椎廣行編著『生涯学習「自己点検・評価」ハンドブック—行政機関・施設における評価技法の開発と展開—』文憲堂、2001（平成16）年
- Ｐ．Ｆ．ドラッカー・Ｇ．Ｊ．スターン編著、田中弥生訳『非営利組織の成果重視マネジメント—ＮＰＯ・行政・公益法人のための［自己評価手法］』ダイヤモンド社、2000（平成12）年
- 和田充夫ほか『マーケティング戦略（新版）』有斐閣、2000（平成12）年

あとがきにかえて

社会教育領域の経営分野では、研究の発展を図らなければならないが、その際には経営学の研究に対する目配りが必要であろう。ごく一般的に言えば、広義の経営学は組織の運営についての研究を行う学問であり、狭義には、組織の運営についての理論構築を目指す学問と捉えられる。経営科学（management science）は、組織における管理活動を意思決定プロセスとして捉え、そのプロセスを合理化、効率化するための科学的方法を研究する学問分野とされている。

経営科学は第2次世界大戦中に作戦研究のため発達したオペレーションズ・リサーチを受けて、戦後、新たに経営に関する科学として成立し、論理学・数学・経済学・心理学などを援用した研究が行われてきたが、最近は、経営管理システムの解析、設計、運用の研究を数理的な手法で行ってきた経営工学が、社会科学の観点を加えて新たな発展を遂げつつある。

社会教育領域の経営研究は、このような経営科学の研究成果を取り込んで行われることになるであろうが、そのためには科学的な研究を行うことを可能にする基礎的な研究作業を行う必要があろう。基礎的研究の当面の課題としては、これからの超高齢時代に増大する高齢者の学習の解明とその支援法の開発、さらには急速に発達しつつある人工知能（ＡＩ：Artificil Intelligence）の導入・活用問題がある[(1)]。

人工知能（ＡＩ）の導入・活用のための基礎研究では、人工知能（ＡＩ）を活用する学習を支援できるように生涯学習支援システムを再構築する必要があり、そのためのモデル[(2)]をつくる必要がある。この研究課題の中には、人工知能やロボットを高齢者が学習面でうまく活用できるようにするためにはどうするかという問題も含まれている。

増加する高齢者の学習効率の低下を防ぎ、さらには向上を図るためのレジリエンス（回復力・成長力、resilience）育成には、人工知能を活用する必要があり、ロボットの開発も期待される。したがって、生涯学習支援システムには知識・技術の活性化ツールを開発する機能を備えるようにする必要があろう。

生涯学習支援システムにおける管理・運営についての数理的解析を行えるようにするには、基礎的研究の中に人工知能（ＡＩ）を変数として取り入れていかなければならないが、この分野では、人工知能（ＡＩ）の導入・活用がまだ実際に行われていない。したがって、当面はそれを外して解析を行えるようにし、将来的に人工知能（ＡＩ）の活用を変数として導入するという漸進的アプローチをとらざるをえないように思われる。

いずれにしても、新たな発想に基づく研究の発展が期待される。

注

(1)　超高齢社会では人間の生涯についての考え方も変えざるをえなくなるが、その一つの仮説を資料として提出したものに、山本恒夫「生涯モデルの転換―山型から高原型へ―」（日本生涯教育学会生涯学習実践研究所・プラチナ資料館の論文・報告コーナー（http://lifelong-center.jimdo.com/）、2016（平成28）年９月）がある。

また、高齢者の学習仮説については、山本恒夫「高齢者の学習に関する仮説（１）」（同、2016（平成28）年11月）、山本恒夫「高齢者の学習に関する仮説（２）――可能性仮説――」（同、2017（平成29）年８月）を参照。

(2)　山本恒夫「高度生涯学習社会の理論」（日本生涯教育学会生涯学習実践研究所・プラチナ資料館の論文・報告コーナー（http://lifelong-center.jimdo.com/）、2018（平成30）年５月）に、学習面での人工知能（ＡＩ）・ロボットの活用を支援する知識・技術活性化ツール開発センター（仮）を組み込んだ高度生涯学習支援システムのモデルがある。

資料　生涯学習関連の法律

教育基本法

（平成十八年十二月二十二日法律第百二十号）

教育基本法（昭和二十二年法律第二十五号）の全部を改正する。

前文

我々日本国民は、たゆまぬ努力によって築いてきた民主的で文化的な国家を更に発展させるとともに、世界の平和と人類の福祉の向上に貢献することを願うものである。

我々は、この理想を実現するため、個人の尊厳を重んじ、真理と正義を希求し、公共の精神を尊び、豊かな人間性と創造性を備えた人間の育成を期するとともに、伝統を継承し、新しい文化の創造を目指す教育を推進する。

ここに、我々は、日本国憲法の精神にのっとり、我が国の未来を切り拓（ひら）く教育の基本を確立し、その振興を図るため、この法律を制定する。

第一章　教育の目的及び理念

（教育の目的）

第一条　教育は、人格の完成を目指し、平和で民主的な国家及び社会の形成者として必要な資質を備えた心身ともに健康な国民の育成を期して行われなければならない。

（教育の目標）

第二条　教育は、その目的を実現するため、学問の自由を尊重しつつ、次に掲げる目標を達成するよう行われるものとする。

一　幅広い知識と教養を身に付け、真理を求める態度を養い、豊かな情操と道徳心を培うとともに、健やかな身体を養うこと。

二　個人の価値を尊重して、その能力を伸ばし、創造性を培い、自主及び自律の精神を養うとともに、職業及び生活との関連を重視し、勤労を重んずる態度を養うこと。

三　正義と責任、男女の平等、自他の敬愛と協力を重んずるとともに、公共の精神に基づき、主体的に社会の形成に参画し、その発展に寄与する態度を養うこと。

四　生命を尊び、自然を大切にし、環境の保全に寄与する態度を養うこと。

五　伝統と文化を尊重し、それらをはぐくんできた我が国と郷土を愛するとともに、他国を尊重し、国際社会の平和と発展に寄与する態度を養うこと。

（生涯学習の理念）

第三条　国民一人一人が、自己の人格を磨き、豊かな人生を送ることができるよう、その生涯にわたって、あらゆる機会に、あらゆる場所において学習することができ、その成果を適切に生かすことのできる社会の実現が図られなければならない。

（教育の機会均等）

第四条　すべて国民は、ひとしく、その能力に応じた教育を受ける機会を与えられなければならず、人種、信条、性別、社会的身分、経済的地位又は門地によって、教育上差別されない。

2　国及び地方公共団体は、障害のある者が、その障害の状態に応じ、十分な教育を受けられるよう、教育上必要な支援を講じなければならない。

3　国及び地方公共団体は、能力があるにもかかわらず、経済的理由によって修学が困難な者に対して、奨学の措置を講じなければならない。

第二章　教育の実施に関する基本

（義務教育）

第五条　国民は、その保護する子に、別に法律で定めるところにより、普通教育を受けさせる義務を負う。

2　義務教育として行われる普通教育は、各個人の有する能力を伸ばしつつ社会において自立的に生きる基礎を培い、また、国家及び社会の形成者として必要とされる基本的な資質を養うことを目的として行われるものとする。

3　国及び地方公共団体は、義務教育の機会を保障し、その水準を確保するため、適切な役割分担及び相互の協力の下、その実施に責任を負う。

4　国又は地方公共団体の設置する学校における義務教育については、授業料を徴収しない。

（学校教育）

第六条　法律に定める学校は、公の性質を有するものであって、国、地方公共団体及び法律に定める法人のみが、これを設置することができる。

2　前項の学校においては、教育の目標が達成されるよう、教育を受ける者の心身の発達に応じて、体系的な教育が組織的に行われなければならない。この場合において、教育を受ける者が、学校生活を営む上で必要な規律を重んずるとともに、自ら進んで学習に取り組む意欲を高めることを重視して行われなければならない。

（大学）

第七条　大学は、学術の中心として、高い教養と専門的能力を培うとともに、深く真理を探究して新たな知見を創造し、これらの成果を広く社会に提供することにより、社会の発展に寄与するものとする。

2　大学については、自主性、自律性その他の大学における教育及び研究の特性が尊重されなければならない。

（私立学校）

第八条　私立学校の有する公の性質及び学校教育において果たす重要な役割にかんがみ、国及び地方公共団体は、その自主性を尊重しつつ、助成その他の適当な方法によって私立学校教育の振興に努めなければならない。

（教員）

第九条　法律に定める学校の教員は、自己の崇高な使命を深く自覚し、絶えず研究と修養に励み、その職責の遂行に努めなければならない。

2　前項の教員については、その使命と職責の重要性にかんがみ、その身分は尊重され、待遇の適正が期せられるとともに、養成と研修の充実が図られなければならない。

（家庭教育）

第十条　父母その他の保護者は、子の教育について第一義的責任を有するものであって、生活のために必要な習慣を身に付けさせるとともに、自立心を育成し、心身の調和のとれた発達を図るよう努めるものとする。

2　国及び地方公共団体は、家庭教育の自主性を尊重しつつ、保護者に対する学習の機会及び情報の提供その他の家庭教育を支援するために必要な施策を講ずるよう努めなければならない。

（幼児期の教育）

第十一条　幼児期の教育は、生涯にわたる人格形成の基礎を培う重要なものであることにかんがみ、国及び地方公共団体は、幼児の健やかな成長に資する良好な環境の整備その他適当な方法によって、その振興に努めなければならない。

（社会教育）

第十二条　個人の要望や社会の要請にこたえ、社会において行われる教育は、国及び地方公共団体によって奨励されなければならない。

2　国及び地方公共団体は、図書館、博物館、公民館その他の社会教育施設の設置、学校の施設の利用、学習の機会及び情報の提供その他の適当な方法によって社会教育の振興に努めなければならない。

（学校、家庭及び地域住民等の相互の連携協力）

第十三条　学校、家庭及び地域住民その他の関係者は、教育におけるそれぞれの役割と責任を自覚するとともに、相互の連携及び協力に努めるものとする。

（政治教育）

第十四条　良識ある公民として必要な政治的教養は、教育上尊重されなければならない。

2　法律に定める学校は、特定の政党を支持し、又はこれに反対するための政治教育その他政治的活動をしてはならない。

（宗教教育）

第十五条　宗教に関する寛容の態度、宗教に関する一般的な教養及び宗教の社会生活における地位は、教育上尊重されなければならない。

2　国及び地方公共団体が設置する学校は、特定の宗教のための宗教教育その他宗教的活動をしてはならない。

第三章　教育行政

（教育行政）

第十六条　教育は、不当な支配に服することなく、この法律及び他の法律の定めるところにより行われるべきものであり、教育行政は、国と地方公共団体との適切な役割分担及び相互の協力の下、公正かつ適正に行われなければならない。

2　国は、全国的な教育の機会均等と教育水準の維持向上を図るため、教育に関する施策を総合的に策定し、実施しなければならない。

3　地方公共団体は、その地域における教育の振興を図るため、その実情に応じた教育に関する施策を策定し、実施しなければならない。

4　国及び地方公共団体は、教育が円滑かつ継続的に実施されるよう、必要な財政上の措置を講じなければならない。

（教育振興基本計画）

第十七条　政府は、教育の振興に関する施策の総合的かつ計画的な推進を図るため、教育の振興に関する施策についての基本的な方針及び講ずべき施策その他必要な事項について、基本的な計画を定め、これを国会に報告するとともに、公表しなければならない。

2　地方公共団体は、前項の計画を参酌し、その地域の実情に応じ、当該地方公共団体における教育の振興のための施策に関する基本的な計画を定めるよう努めなければならない。

第四章　法令の制定

第十八条　この法律に規定する諸条項を実施するため、必要な法令が制定されなければならない。

社会教育法

（昭和二十四年六月十日法律第二百七号）
（最近改正：令和元年六月七日法律第二十六号）

第一章　総則

（この法律の目的）
第一条　この法律は、教育基本法（平成十八年法律第百二十号）の精神に則り、社会教育に関する国及び地方公共団体の任務を明らかにすることを目的とする。

（社会教育の定義）
第二条　この法律で「社会教育」とは、学校教育法（昭和二十二年法律第二十六号）又は就学前の子どもに関する教育、保育等の総合的な提供の推進に関する法律（平成十八年法律第七十七号）に基き、学校の教育課程として行われる教育活動を除き、主として青少年及び成人に対して行われる組織的な教育活動（体育及びレクリエーションの活動を含む。）をいう。

（国及び地方公共団体の任務）
第三条　国及び地方公共団体は、この法律及び他の法令の定めるところにより、社会教育の奨励に必要な施設の設置及び運営、集会の開催、資料の作製、頒布その他の方法により、すべての国民があらゆる機会、あらゆる場所を利用して、自ら実際生活に即する文化的教養を高め得るような環境を醸成するように努めなければならない。

2　国及び地方公共団体は、前項の任務を行うに当たつては、国民の学習に対する多様な需要を踏まえ、これに適切に対応するために必要な学習の機会の提供及びその奨励を行うことにより、生涯学習の振興に寄与することとなるよう努めるものとする。

3　国及び地方公共団体は、第一項の任務を行うに当たつては、社会教育が学校教育及び家庭教育との密接な関連性を有することにかんがみ、学校教育との連携の確保に努め、及び家庭教育の向上に資することとなるよう必要な配慮をするとともに、学校、家庭及び地域住民その他の関係者相互間の連携及び協力の促進に資することとなるよう努めるものとする。

（国の地方公共団体に対する援助）

第四条　前条第一項の任務を達成するために、国は、この法律及び他の法令の定めるところにより、地方公共団体に対し、予算の範囲内において、財政的援助並びに物資の提供及びそのあつせんを行う。

（市町村の教育委員会の事務）

第五条　市（特別区を含む。以下同じ。）町村の教育委員会は、社会教育に関し、当該地方の必要に応じ、予算の範囲内において、次の事務を行う。

一　社会教育に必要な援助を行うこと。

二　社会教育委員の委嘱に関すること。

三　公民館の設置及び管理に関すること。

四　所管に属する図書館、博物館、青年の家その他の社会教育施設の設置及び管理に関すること。

五　所管に属する学校の行う社会教育のための講座の開設及びその奨励に関すること。

六　講座の開設及び討論会、講習会、講演会、展示会その他の集会の開催並びにこれらの奨励に関すること。

七　家庭教育に関する学習の機会を提供するための講座の開設及び集会の開催並びに家庭教育に関する情報の提供並びにこれらの奨励に関すること。

八　職業教育及び産業に関する科学技術指導のための集会の開催並びにその奨励に関すること。

九　生活の科学化の指導のための集会の開催及びその奨励に関すること。

十　情報化の進展に対応して情報の収集及び利用を円滑かつ適正に行うために必要な知識又は技能に関する学習の機会を提供するための講座の開設及び集会の開催並びにこれらの奨励に関すること。

十一　運動会、競技会その他体育指導のための集会の開催及びその奨励に関すること。

十二　音楽、演劇、美術その他芸術の発表会等の開催及びその奨励に関すること。

十三　主として学齢児童及び学齢生徒（それぞれ学校教育法第十八条に規定する学齢児童及び学齢生徒をいう。）に対し、学校の授業の終了後又は休業日において学校、社会教育施設その他適切な施設を利用して行う学習その他の活動の機会を提供する事業の実施並びにその奨励に関すること。

十四　青少年に対しボランティア活動など社会奉仕体験活動、自然体験活動その他の体験活動の機会を提供する事業の実施及びその奨励に関すること。

十五　社会教育における学習の機会を利用して行つた学習の成果を活用して学校、社会教育施設その他地域において行う教育活動その他の活動の機会を提供する事業の実施及びその奨励に関すること。

十六　社会教育に関する情報の収集、整理及び提供に関すること。

十七　視聴覚教育、体育及びレクリエーションに必要な設備、器材及び資料の提供に関すること。

十八　情報の交換及び調査研究に関すること。

十九　その他第三条第一項の任務を達成するために必要な事務

2　市町村の教育委員会は、前項第十三号から第十五号までに規定する活動であつて地域住民その他の関係者（以下この項及び第九条の七第二項において「地域住民等」という。）が学校と協働して行うもの（以下「地域学校協働活動」という。）の機会を提供する事業を実施するに当たつては、地域住民等の積極的な参加を得て当該地域学校協働活動が学校との適切な連携の下に円滑かつ効果的に実施されるよう、地域住民等と学校との連携協力体制の整備、地域学校協働活動に関する普及啓発その他の必要な措置を講ずるものとする。

3　地方教育行政の組織及び運営に関する法律（昭和三十一年法律第百六十二号）第二十三条第一項の条例の定めるところによりその長が同項第一号に掲げる事務（以下「特定事務」という。）を管理し、及び執行することとされた地方公共団体（以下「特定地方公共団体」という。）である市町村にあつては、第一項の規定にかかわらず、同項第三号及び第四号の事務のうち特定事務に関するものは、その長が行うものとする。

（都道府県の教育委員会の事務）

第六条　都道府県の教育委員会は、社会教育に関し、当該地方の必要に応じ、予算の範囲内において、前条各号の事務（第三号の事務を除く。）を行うほか、次の事務を行う。

一　公民館及び図書館の設置及び管理に関し、必要な指導及び調査を行うこと。

二　社会教育を行う者の研修に必要な施設の設置及び運営、講習会の開催、資料の配布等に関すること。

三　社会教育施設の設置及び運営に必要な物資の提供及びそのあつせんに関すること。

四　市町村の教育委員会との連絡に関すること。

五　その他法令によりその職務権限に属する事項

2　前条第二項の規定は、都道府県の教育委員会が地域学校協働活動の機会を提供する事業を実施する場合に準用する。

3　特定地方公共団体である都道府県にあつては、第一項の規定にかかわらず、前条第一項第四号の事務のうち特定事務に関するものは、その長が行うものとする。

（教育委員会と地方公共団体の長との関係）

第七条　地方公共団体の長は、その所掌に関する必要な広報宣伝で視聴覚教育の手段を利用することその他教育の施設及び手段によることを適当とするものにつき、教育委員会に対し、その実施を依頼し、又は実施の協力を求めることができる。

2　前項の規定は、他の行政庁がその所掌に関する必要な広報宣伝につき、教育委員会（特定地方公共団体にあつては、その長又は教育委員会）に対し、その実施を依頼し、又は実施の協力を求める場合に準用する。

第八条　教育委員会は、社会教育に関する事務を行うために必要があるときは、当該地方公共団体の長及び関係行政庁に対し、必要な資料の提供その他の協力を求めることができる。

第八条の二　特定地方公共団体の長は、特定事務のうち当該特定地方公共団体の教育委員会の所管に属する学校、社会教育施設その他の施設における教育活動と密接な関連を有するものとして当該特定地方公共団体の規則で定めるものを管理し、及び執行するに当たつては、当該教育委員会の意見を聴かなければならない。

2　特定地方公共団体の長は、前項の規則を制定し、又は改廃しようとするときは、あらかじめ、当該特定地方公共団体の教育委員会の意見を聴かなければならない。

第八条の三　特定地方公共団体の教育委員会は、特定事務の管理及び執行について、その職務に関して必要と認めるときは、当該特定地方公共団体の長に対し、意見を述べることができる。

（図書館及び博物館）

第九条　図書館及び博物館は、社会教育のための機関とする。

2　図書館及び博物館に関し必要な事項は、別に法律をもつて定める。

第二章　社会教育主事等

（社会教育主事及び社会教育主事補の設置）

第九条の二　都道府県及び市町村の教育委員会の事務局に、社会教育主事を置く。

2　都道府県及び市町村の教育委員会の事務局に、社会教育主事補を置くことができる。

（社会教育主事及び社会教育主事補の職務）

第九条の三　社会教育主事は、社会教育を行う者に専門的技術的な助言と指導を与える。ただし、命令及び監督をしてはならない。

2　社会教育主事は、学校が社会教育関係団体、地域住民その他の関係者の協力を得て教育活動を行う場合には、その求めに応じて、必要な助言を行うことができる。

3　社会教育主事補は、社会教育主事の職務を助ける。

（社会教育主事の資格）

第九条の四　次の各号のいずれかに該当する者は、社会教育主事となる資格を有する。

一　大学に二年以上在学して六十二単位以上を修得し、又は高等専門学校を卒業し、かつ、次に掲げる期間を通算した期間が三年以上になる者で、次条の規定による社会教育主事の講習を修了したもの

イ　社会教育主事補の職にあつた期間

ロ　官公署、学校、社会教育施設又は社会教育関係団体における職で司書、学芸員その他の社会教育主事補の職と同等以上の職として文部科学大臣の指定するものにあつた期間

ハ　官公署、学校、社会教育施設又は社会教育関係団体が実施する社会教育に関係のある事業における業務であつて、社会教育主事として必要な知識又は技能の習得に資するものとして文部科学大臣が指定するものに従事した期間（イ又はロに掲げる期間に該当する期間を除く。）

二　教育職員の普通免許状を有し、かつ、五年以上文部科学大臣の指定する教育に

関する職にあつた者で、次条の規定による社会教育主事の講習を修了したもの

三　大学に二年以上在学して、六十二単位以上を修得し、かつ、大学において文部科学省令で定める社会教育に関する科目の単位を修得した者で、第一号イからハまでに掲げる期間を通算した期間が一年以上になるもの

四　次条の規定による社会教育主事の講習を修了した者（第一号及び第二号に掲げる者を除く。）で、社会教育に関する専門的事項について前三号に掲げる者に相当する教養と経験があると都道府県の教育委員会が認定したもの

（社会教育主事の講習）

第九条の五　社会教育主事の講習は、文部科学大臣の委嘱を受けた大学その他の教育機関が行う。

2　受講資格その他社会教育主事の講習に関し必要な事項は、文部科学省令で定める。

（社会教育主事及び社会教育主事補の研修）

第九条の六　社会教育主事及び社会教育主事補の研修は、任命権者が行うもののほか、文部科学大臣及び都道府県が行う。

（地域学校協働活動推進員）

第九条の七　教育委員会は、地域学校協働活動の円滑かつ効果的な実施を図るため、社会的信望があり、かつ、地域学校協働活動の推進に熱意と識見を有する者のうちから、地域学校協働活動推進員を委嘱することができる。

2　地域学校協働活動推進員は、地域学校協働活動に関する事項につき、教育委員会の施策に協力して、地域住民等と学校との間の情報の共有を図るとともに、地域学校協働活動を行う地域住民等に対する助言その他の援助を行う。

第三章　社会教育関係団体

（社会教育関係団体の定義）

第十条　この法律で「社会教育関係団体」とは、法人であると否とを問わず、公の支配に属しない団体で社会教育に関する事業を行うことを主たる目的とするものをいう。

（文部科学大臣及び教育委員会との関係）

第十一条　文部科学大臣及び教育委員会は、社会教育関係団体の求めに応じ、これに対し、専門的技術的指導又は助言を与えることができる。

2　文部科学大臣及び教育委員会は、社会教育関係団体の求めに応じ、これに対し、社会教育に関する事業に必要な物資の確保につき援助を行う。

（国及び地方公共団体との関係）

第十二条　国及び地方公共団体は、社会教育関係団体に対し、いかなる方法によつても、不当に統制的支配を及ぼし、又はその事業に干渉を加えてはならない。

（審議会等への諮問）

第十三条　国又は地方公共団体が社会教育関係団体に対し補助金を交付しようとする場合には、あらかじめ、国にあつては文部科学大臣が審議会等（国家行政組織法（昭和二十三年法律第百二十号）第八条に規定する機関をいう。第五十一条第三項において同じ。）で政令で定めるものの、地方公共団体にあつては教育委員会が社会教育委員の会議（社会教育委員が置かれていない場合には、条例で定めるところにより社会教育に係る補助金の交付に関する事項を調査審議する審議会その他の合議制の機関）の意見を聴いて行わなければならない。

（報告）

第十四条　文部科学大臣及び教育委員会は、社会教育関係団体に対し、指導資料の作製及び調査研究のために必要な報告を求めることができる。

第四章　社会教育委員

（社会教育委員の設置）

第十五条　都道府県及び市町村に社会教育委員を置くことができる。

2　社会教育委員は、教育委員会が委嘱する。

第十六条　削除

（社会教育委員の職務）

第十七条　社会教育委員は、社会教育に関し教育委員会に助言するため、次の職務を行う。

一　社会教育に関する諸計画を立案すること。

二　定時又は臨時に会議を開き、教育委員会の諮問に応じ、これに対して、意見を述べること。

三　前二号の職務を行うために必要な研究調査を行うこと。

2　社会教育委員は、教育委員会の会議に出席して社会教育に関し意見を述べることができる。

3　市町村の社会教育委員は、当該市町村の教育委員会から委嘱を受けた青少年教育に関する特定の事項について、社会教育関係団体、社会教育指導者その他関係者に対し、助言と指導を与えることができる。

（社会教育委員の委嘱の基準等）

第十八条　社会教育委員の委嘱の基準、定数及び任期その他社会教育委員に関し必要な事項は、当該地方公共団体の条例で定める。この場合において、社会教育委員の委嘱の基準については、文部科学省令で定める基準を参酌するものとする。

第十九条　　削除

第五章　公民館

（目的）

第二十条　公民館は、市町村その他一定区域内の住民のために、実際生活に即する教育、学術及び文化に関する各種の事業を行い、もつて住民の教養の向上、健康の増進、情操の純化を図り、生活文化の振興、社会福祉の増進に寄与することを目的とする。

（公民館の設置者）

第二十一条　公民館は、市町村が設置する。

2　前項の場合を除くほか、公民館は、公民館の設置を目的とする一般社団法人又は一般財団法人（以下この章において「法人」という。）でなければ設置することができない。

3　公民館の事業の運営上必要があるときは、公民館に分館を設けることができる。

（公民館の事業）

第二十二条　公民館は、第二十条の目的達成のために、おおむね、左の事業を行う。但し、この法律及び他の法令によつて禁じられたものは、この限りでない。
一　定期講座を開設すること。
二　討論会、講習会、講演会、実習会、展示会等を開催すること。
三　図書、記録、模型、資料等を備え、その利用を図ること。
四　体育、レクリエーション等に関する集会を開催すること。
五　各種の団体、機関等の連絡を図ること。
六　その施設を住民の集会その他の公共的利用に供すること。

（公民館の運営方針）
第二十三条　公民館は、次の行為を行つてはならない。
一　もつぱら営利を目的として事業を行い、特定の営利事務に公民館の名称を利用させその他営利事業を援助すること。
二　特定の政党の利害に関する事業を行い、又は公私の選挙に関し、特定の候補者を支持すること。
2　市町村の設置する公民館は、特定の宗教を支持し、又は特定の教派、宗派若しくは教団を支援してはならない。

（公民館の基準）
第二十三条の二　文部科学大臣は、公民館の健全な発達を図るために、公民館の設置及び運営上必要な基準を定めるものとする。
2　文部科学大臣及び都道府県の教育委員会は、市町村の設置する公民館が前項の基準に従つて設置され及び運営されるように、当該市町村に対し、指導、助言その他の援助に努めるものとする。

（公民館の設置）
第二十四条　市町村が公民館を設置しようとするときは、条例で、公民館の設置及び管理に関する事項を定めなければならない。

第二十五条及び第二十六条　削除

（公民館の職員）
第二十七条　公民館に館長を置き、主事その他必要な職員を置くことができる。

2　館長は、公民館の行う各種の事業の企画実施その他必要な事務を行い、所属職員を監督する。
3　主事は、館長の命を受け、公民館の事業の実施にあたる。

第二十八条　市町村の設置する公民館の館長、主事その他必要な職員は、当該市町村の教育委員会（特定地方公共団体である市町村の長がその設置、管理及び廃止に関する事務を管理し、及び執行することとされた公民館（第三十条第一項及び第四十条第一項において「特定公民館」という。）の館長、主事その他必要な職員にあつては、当該市町村の長）が任命する。

（公民館の職員の研修）
第二十八条の二　第九条の六の規定は、公民館の職員の研修について準用する。

（公民館運営審議会）
第二十九条　公民館に公民館運営審議会を置くことができる。
2　公民館運営審議会は、館長の諮問に応じ、公民館における各種の事業の企画実施につき調査審議するものとする。

第三十条　市町村の設置する公民館にあつては、公民館運営審議会の委員は、当該市町村の教育委員会（特定公民館に置く公民館運営審議会の委員にあつては、当該市町村の長）が委嘱する。
2　前項の公民館運営審議会の委員の委嘱の基準、定数及び任期その他当該公民館運営審議会に関し必要な事項は、当該市町村の条例で定める。この場合において、委員の委嘱の基準については、文部科学省令で定める基準を参酌するものとする。

第三十一条　法人の設置する公民館に公民館運営審議会を置く場合にあつては、その委員は、当該法人の役員をもつて充てるものとする。

（運営の状況に関する評価等）
第三十二条　公民館は、当該公民館の運営の状況について評価を行うとともに、その結果に基づき公民館の運営の改善を図るため必要な措置を講ずるよう努めなければならない。

（運営の状況に関する情報の提供）

第三十二条の二　公民館は、当該公民館の事業に関する地域住民その他の関係者の理解を深めるとともに、これらの者との連携及び協力の推進に資するため、当該公民館の運営の状況に関する情報を積極的に提供するよう努めなければならない。

（基金）

第三十三条　公民館を設置する市町村にあつては、公民館の維持運営のために、地方自治法（昭和二十二年法律第六十七号）第二百四十一条の基金を設けることができる。

（特別会計）

第三十四条　公民館を設置する市町村にあつては、公民館の維持運営のために、特別会計を設けることができる。

（公民館の補助）

第三十五条　国は、公民館を設置する市町村に対し、予算の範囲内において、公民館の施設、設備に要する経費その他必要な経費の一部を補助することができる。

2　前項の補助金の交付に関し必要な事項は、政令で定める。

第三十六条　削除

第三十七条　都道府県が地方自治法第二百三十二条の二の規定により、公民館の運営に要する経費を補助する場合において、文部科学大臣は、政令の定めるところにより、その補助金の額、補助の比率、補助の方法その他必要な事項につき報告を求めることができる。

第三十八条　国庫の補助を受けた市町村は、左に掲げる場合においては、その受けた補助金を国庫に返還しなければならない。

一　公民館がこの法律若しくはこの法律に基く命令又はこれらに基いてした処分に違反したとき。

二　公民館がその事業の全部若しくは一部を廃止し、又は第二十条に掲げる目的以外の用途に利用されるようになつたとき。

三　補助金交付の条件に違反したとき。

四　虚偽の方法で補助金の交付を受けたとき。

（法人の設置する公民館の指導）

第三十九条　文部科学大臣及び都道府県の教育委員会は、法人の設置する公民館の運営その他に関し、その求めに応じて、必要な指導及び助言を与えることができる。

（公民館の事業又は行為の停止）

第四十条　公民館が第二十三条の規定に違反する行為を行つたときは、市町村の設置する公民館にあつては当該市町村の教育委員会（特定公民館にあつては、当該市町村の長）、法人の設置する公民館にあつては都道府県の教育委員会は、その事業又は行為の停止を命ずることができる。

2　前項の規定による法人の設置する公民館の事業又は行為の停止命令に関し必要な事項は、都道府県の条例で定めることができる。

（罰則）

第四十一条　前条第一項の規定による公民館の事業又は行為の停止命令に違反する行為をした者は、一年以下の懲役若しくは禁錮又は三万円以下の罰金に処する。

（公民館類似施設）

第四十二条　公民館に類似する施設は、何人もこれを設置することができる。

2　前項の施設の運営その他に関しては、第三十九条の規定を準用する。

第六章　学校施設の利用

（適用範囲）

第四十三条　社会教育のためにする国立学校（学校教育法第一条に規定する学校（以下この条において「第一条学校」という。）及び就学前の子どもに関する教育、保育等の総合的な提供の推進に関する法律第二条第七項に規定する幼保連携型認定こども園（以下「幼保連携型認定こども園」という。）であつて国（国立大学法人法（平成十五年法律第百十二号）第二条第一項に規定する国立大学法人（次条第二項において「国立大学法人」という。）及び独立行政法人国立高等専門学校機構を含む。）が設置するものをいう。以下同じ。）又は公立学校（第一条学校及び幼保連携型認定こども園であつて地方公共団体（地方独立行政法人法（平成十五年法律第百十八号）第六十八条第一項に規定する公立大学法人（次条第二項及び第四十八条第一項において「公立大学法人」という。）を含む。）が設置するものをいう。以下同じ。）

の施設の利用に関しては、この章の定めるところによる。

（学校施設の利用）

第四十四条　学校（国立学校又は公立学校をいう。以下この章において同じ。）の管理機関は、学校教育上支障がないと認める限り、その管理する学校の施設を社会教育のために利用に供するように努めなければならない。

2　前項において「学校の管理機関」とは、国立学校にあつては設置者である国立大学法人の学長又は独立行政法人国立高等専門学校機構の理事長、公立学校のうち、大学及び幼保連携型認定こども園にあつては設置者である地方公共団体の長又は公立大学法人の理事長、大学及び幼保連携型認定こども園以外の公立学校にあつては設置者である地方公共団体に設置されている教育委員会又は公立大学法人の理事長をいう。

注　令和二年四月一日から施行

第四十四条第二項中「学長」の次に「若しくは理事長」を加える。

（学校施設利用の許可）

第四十五条　社会教育のために学校の施設を利用しようとする者は、当該学校の管理機関の許可を受けなければならない。

2　前項の規定により、学校の管理機関が学校施設の利用を許可しようとするときは、あらかじめ、学校の長の意見を聞かなければならない。

第四十六条　国又は地方公共団体が社会教育のために、学校の施設を利用しようとするときは、前条の規定にかかわらず、当該学校の管理機関と協議するものとする。

第四十七条　第四十五条の規定による学校施設の利用が一時的である場合には、学校の管理機関は、同条第一項の許可に関する権限を学校の長に委任することができる。

2　前項の権限の委任その他学校施設の利用に関し必要な事項は、学校の管理機関が定める。

（社会教育の講座）

第四十八条　文部科学大臣は国立学校に対し、地方公共団体の長は当該地方公共団体が設置する大学若くは幼保連携型認定こども園又は当該地方公共団体が設立する公立大学法人が設置する公立学校に対し、地方公共団体に設置されている教育委員会は当該地方公共団体が設置する大学及び幼保連携型認定こども園以外の公立学校に対し、その教育組織及び学校の施設の状況に応じ、文化講座、専門講座、夏期講座、社会学級講座等学校施設の利用による社会教育のための講座の開設を求めることができる。

2　文化講座は、成人の一般的教養に関し、専門講座は、成人の専門的学術知識に関し、夏期講座は、夏期休暇中、成人の一般的教養又は専門的学術知識に関し、それぞれ大学、高等専門学校又は高等学校において開設する。

3　社会学級講座は、成人の一般的教養に関し、小学校、中学校又は義務教育学校において開設する。

4　第一項の規定する講座を担当する講師の報酬その他必要な経費は、予算の範囲内において、国又は地方公共団体が負担する。

第七章　通信教育

（適用範囲）

第四十九条　学校教育法第五十四条、第七十条第一項、第八十二条及び第八十四条の規定により行うものを除き、通信による教育に関しては、この章の定めるところによる。

（通信教育の定義）

第五十条　この法律において「通信教育」とは、通信の方法により一定の教育計画の下に、教材、補助教材等を受講者に送付し、これに基き、設問解答、添削指導、質疑応答等を行う教育をいう。

2　通信教育を行う者は、その計画実現のために、必要な指導者を置かなければならない。

（通信教育の認定）

第五十一条　文部科学大臣は、学校又は一般社団法人若しくは一般財団法人の行う通信教育で社会教育上奨励すべきものについて、通信教育の認定（以下「認定」という。）を与えることができる。

2　認定を受けようとする者は、文部科学大臣の定めるところにより、文部科学大臣に申請しなければならない。

3　文部科学大臣が、第一項の規定により、認定を与えようとするときは、あらかじめ、第十三条の政令で定める審議会等に諮問しなければならない。

（認定手数料）

第五十二条　文部科学大臣は、認定を申請する者から実費の範囲内において文部科学省令で定める額の手数料を徴収することができる。ただし、国立学校又は公立学校が行う通信教育に関しては、この限りでない。

第五十三条　削除

（郵便料金の特別取扱）

第五十四条　認定を受けた通信教育に要する郵便料金については、郵便法（昭和二十二年法律第百六十五号）の定めるところにより、特別の取扱を受けるものとする。

（通信教育の廃止）

第五十五条　認定を受けた通信教育を廃止しようとするとき、又はその条件を変更しようとするときは、文部科学大臣の定めるところにより、その許可を受けなければならない。

2　前項の許可に関しては、第五十一条第三項の規定を準用する。

（報告及び措置）

第五十六条　文部科学大臣は、認定を受けた者に対し、必要な報告を求め、又は必要な措置を命ずることができる。

（認定の取消）

第五十七条　認定を受けた者がこの法律若しくはこの法律に基く命令又はこれらに基いてした処分に違反したときは、文部科学大臣は、認定を取り消すことができる。

2　前項の認定の取消に関しては、第五十一条第三項の規定を準用する。

人権教育及び人権啓発の推進に関する法律

（平成十二年十二月六日法律第百四十七号）

（目的）

第一条　この法律は、人権の尊重の緊要性に関する認識の高まり、社会的身分、門地、人種、信条又は性別による不当な差別の発生等の人権侵害の現状その他人権の擁護に関する内外の情勢にかんがみ、人権教育及び人権啓発に関する施策の推進について、国、地方公共団体及び国民の責務を明らかにするとともに、必要な措置を定め、もって人権の擁護に資することを目的とする。

（定義）

第二条　この法律において、人権教育とは、人権尊重の精神の涵養を目的とする教育活動をいい、人権啓発とは、国民の間に人権尊重の理念を普及させ、及びそれに対する国民の理解を深めることを目的とする広報その他の啓発活動（人権教育を除く。）をいう。

（基本理念）

第三条　国及び地方公共団体が行う人権教育及び人権啓発は、学校、地域、家庭、職域その他の様々な場を通じて、国民が、その発達段階に応じ、人権尊重の理念に対する理解を深め、これを体得することができるよう、多様な機会の提供、効果的な手法の採用、国民の自主性の尊重及び実施機関の中立性の確保を旨として行われなければならない。

（国の責務）

第四条　国は、前条に定める人権教育及び人権啓発の基本理念（以下「基本理念」という。）にのっとり、人権教育及び人権啓発に関する施策を策定し、及び実施する責務を有する。

（地方公共団体の責務）

第五条　地方公共団体は、基本理念にのっとり、国との連携を図りつつ、その地域の実情を踏まえ、人権教育及び人権啓発に関する施策を策定し、及び実施する責務を有する。

（国民の責務）

第六条　国民は、人権尊重の精神の涵養に努めるとともに、人権が尊重される社会の実現に寄与するよう努めなければならない。

（基本計画の策定）

第七条　国は、人権教育及び人権啓発に関する施策の総合的かつ計画的な推進を図るため、人権教育及び人権啓発に関する基本的な計画を策定しなければならない。

（年次報告）

第八条　政府は、毎年、国会に、政府が講じた人権教育及び人権啓発に関する施策についての報告を提出しなければならない。

（財政上の措置）

第九条　国は、人権教育及び人権啓発に関する施策を実施する地方公共団体に対し、当該施策に係る事業の委託その他の方法により、財政上の措置を講ずることができる。

和文索引

た行

な行

は行

ま行

ら行

欧文索引

A

ＡＩ（人工知能、Artificial Intelligence） 3, 159, 166, 195, 243, 244

E

ＥＢＰＭ（証拠に基づく政策立案、Evidence-Based Policy Making） 31, 53, 60-64, 66-71

ＥＳＤ → 持続可能な開発のための教育

G

Ｇ８ケルン・サミット 20, 150

N

ＮＰＭ（New Public Management） 22, 29, 30

ＮＰＯ（法人） 4, 27, 80, 91, 92, 100, 102, 104, 108-110, 132, 155, 172, 184, 186, 189, 191-193, 203, 205, 209, 218, 220, 228, 229

O

ＯＥＣＤ（経済開発機構、Organization for Economic Co-operation and Development） 20, 85

P

ＰＤＣＡサイクル 30, 31, 35, 36, 53, 54, 56, 57, 62, 64, 66, 134, 212, 233

ＰＦＩ（Private Finance Initiative） 31, 91, 112, 221

ＰＰＰ（Public Private Partnership） 31, 91

S

ＳＤＧｓ → 持続可能な開発目標

ＳＮＳ（ソーシャル・ネットワーキング・サービス、Social Networking Service） 134, 137, 138, 143

Society5.0 3, 166, 179, 195

著者紹介と執筆分担

浅井　経子（あさい　きょうこ）

第２章第４節、第５章第２、５節担当
八洲学園大学教授、日本生涯教育学会常任理事（元会長）。
主な著作
『生涯学習概論―生涯学習社会の展望―新版』（編著）理想社、2019（令和元）年
『生涯学習の道具箱』（企画編集代表、共編著）一般財団法人社会通信教育協会、2019（平成31）年
『地域をコーディネートする社会教育―新社会教育計画―』（共編著）理想社、2015（平成27）年
『生涯学習支援実践講座　新生涯学習コーディネーター　新支援技法　研修』（社会通信教育テキスト、共企画・著）一般財団法人 社会通信教育協会、2014（平成26）年
『生涯学習支援実践講座　生涯学習コーディネーター研修』（社会通信教育テキスト、共企画・著）一般財団法人 社会通信教育協会、2009（平成21）年
『生涯学習〔自己点検・評価〕ハンドブック』（共編著）文憲堂、2004（平成16）年
『改訂 社会教育法解説』（共著）日本青年館、2008（平成20）年　など。

合田　隆史（ごうだ　たかふみ）

第１章担当
尚絅学院大学学長。日本生涯教育学会会長、同生涯学習実践研究所所長。文化庁次長、文部科学省科学技術・学術政策局長、同生涯学習政策局長、国立教育政策研究所フェローを歴任。
主な著作
『現代の教育改革』（共著）ミネルヴァ書房、2019（令和元）年
『地域をコーディネートする社会教育―新社会教育論―』（共編著）理想社、2015（平成27）年
『大学の運営と展望』（共編著）玉川大学出版部、2010（平成22）年
『学校の制度と機能』（共編著）玉川大学出版部、2010（平成22）年
『大学財政の基礎知識3訂版』（共編著）ジアース教育新社、2009（平成21）年など。

原　義彦（はら　よしひこ）

第２章第１、２、３節担当
秋田大学教授、日本生涯教育学会常任理事
主な著作
『生涯学習概論―生涯学習社会の展望―新版』（共著）理想社、2019（令和元）年
『生涯学習支援の道具箱』（共編著）一般財団法人社会通信教育協会、2019（平成31）年
『生涯学習社会と公民館　経営診断による公民館のエンパワーメント』日本評論社、2015（平成

27）年
『地域をコーディネートする社会教育―新社会教育計画―』（共編著）理想社、2015（平成27）年など。

山本　恒夫（やまもと　つねお）

第５章第１節、第７章第４節、あとがきにかえて担当
（一財）社会通信教育協会顧問・筑波大学名誉教授、教育学博士。日本生涯教育学会常任顧問（元会長）。中央教育審議会委員（生涯学習分科会分科会長）、文科省独立行政法人評価委員会委員（社会教育分科会長）等を歴任。
主な著作
『時代を生き抜く心のマップ』社会通信教育協会（直販）、2012（平成24）年
「生涯学習事象理論」、日本生涯教育学会編『生涯学習研究ｅ事典』（http://ejiten.javea.or.jp/）2013（平成25）年
「事象と関係の理論」同事典、2013（平成25）年など。

船木　茂人（ふなき　しげひと）

第２章第５節担当
文部科学省総合教育政策局調査企画課課長補佐、八洲学園大学非常勤講師
『地域をコディネートする社会教育―新社会教育計画―』（分担執筆）理想社、2015（平成27）年

佐久間　章（さくま　あきら）

第３章第１節、第４章第２、３節、第７章第２節担当
札幌国際大学教授、八洲学園大学非常勤講師
主な著作
『生涯学習支援の道具箱』（分担執筆）一般財団法人社会通信教育協会、2019（平成31）年
『地域をコーディネートする社会教育　―新社会教育計画―』（分担執筆）理想社、2015（平成27）年
『Ｑ＆Ａよくわかる社会教育行政の実務』（分担執筆）ぎょうせい、2009（平成21）年

伊藤　康志（いとう　やすし）

第３章第２節、第６章第３節、第７章第１節担当
東京家政大学学長補佐、八洲学園大学非常勤講師
主な著作

『生涯学習支援の道具箱』（共編著）一般財団法人社会通信教育協会、2019（平成31）年
『生涯学習〔eソサエティ〕ハンドブック』（共編著）文憲堂、2004（平成16）年

猿田　真嗣（さるた　しんじ）

第3章第3、4節、第7章第3節担当
常葉大学教授
『教育の法と制度』（共著）ミネルヴァ書房、2018（平成30）年
「『社会に開かれた教育課程』の実現と地域社会との連携」、『教育制度研究』第24号、2017（平成29）年

渋谷　恵（しぶや　めぐみ）

第3章第5、6節担当
明治学院大学教授
「多文化社会における生涯学習の課題—多様な学習機会の検討に向けた基礎的考察—」、『日本生涯教育学会年報』第40号、2019（平成31）年
『多文化社会に応える地球市民教育—日本・北米・ASEAN・EUのケース—』（分担執筆）ミネルヴァ書房、2016（平成28）年
『多文化と生きる子どもたち—乳幼児期からの異文化教育』（分担執筆）明石書店、2006（平成18）年

水谷　修（みずたに　おさむ）

第4章第1節、第6章第4節担当
東北学院大学教授
主な著作
『生涯学習論』（共著）文憲堂、2007（平成19）年
『社会教育計画』（共著）文憲堂、2007（平成19）年
『豊かな体験が青少年を支える』（共著）全日本社会教育連合会、2003（平成15）年

白木　賢信（しらき　たかのぶ）

第5章第3、4節担当
常葉大学教授
主な著作
『生涯学習研究論—生涯学習社会の展望—　新版』（共著）理想社、2019（令和元）年
『生涯学習支援の道具箱』（共著）一般財団法人社会通信教育協会、2019（平成31）年
『野外教育学研究法』（共著）杏林書院、2018（平成30）年

清國　祐二（きよくに　ゆうじ）

第６章第１、２節担当

独立行政法人教職員支援機構つくば中央研修センター長

主な著作

『生涯学習支援論』（共著）ぎょうせい、2020（令和2）年

『二訂 生涯学習概論』（分担執筆）ぎょうせい、2018（平成30）年

『地域をコーディネートする社会教育―新社会教育計画―』（分担執筆）理想社、2015（平成27）年

桑村　佐和子（くわむら　さわこ）

第６章第５節担当

金沢美術工芸大学教授

主な著作

『市町村における生涯学習援助システムの研究―構造と行動の関係解明―』風間書房、1996（平成８）年

『社会教育計画』（共著）文憲堂、2007（平成19）年

社会教育経営論―新たな系の創造を目指して―

2020年4月15日　第1版第1刷発行

編著者　浅井経子
合田隆史
原　義彦
山本恒夫

発行者　宮本純男

〒270-2231　千葉県松戸市稔台2-58-2
発行所　株式会社 理想社
TEL　047(366)8003
FAX　047(360)7301

ISBN978-4-650-01220-0 C3037　　製作協力　モリモト印刷